U0128592

后浪

[日] 羽田正 编

小岛毅 监修

张雅婷 译

从海洋看历史

东亚海域交流300年

東アジア海域
に漕ぎだす
海から見た歴史

民主与建设出版社
·北京·

© 民主与建设出版社，2023

图书在版编目（CIP）数据

从海洋看历史：东亚海域交流 300 年 /（日）羽田正
编；张雅婷译 . -- 北京：民主与建设出版社，2023.1（2023.5 重印）
ISBN 978-7-5139-4013-9

Ⅰ.①从… Ⅱ.①羽… ②张… Ⅲ.①文化交流—文
化史—东亚—近代 Ⅳ.① K310.3

中国版本图书馆 CIP 数据核字（2022）第 210504 号

HIGASHI ASIA KAIIKI NI KOGIDASU 1 UMI KARA MITA REKISHI
supervised by Takeshi Kojima, edited by Masashi Haneda
Copyright © 2013 Masashi Haneda, Editor
All rights reserved.
Original Japanese edition published by University of Tokyo Press.

This Simplified Chinese language edition is published by arrangement with
University of Tokyo Press, Tokyo in care of Tuttle-Mori Agency, Inc., Tokyo
本书简体中文版由后浪出版咨询（北京）有限责任公司出版。

版权登记号：图字 01-2023-1016

地图审图号：GS（2022）1261 号

从海洋看历史：东亚海域交流 300 年
CONG HAIYANG KAN LISHI DONGYA HAIYU JIAOLIU 300NIAN

编 者	羽田正	
监 修	小岛毅	
译 者	张雅婷	
责任编辑	郝 平	
封面设计	尬 木	
出版发行	民主与建设出版社有限责任公司	
电 话	（010）59417747　59419778	
社 址	北京市海淀区西三环中路 10 号望海楼 E 座 7 层	
邮 编	100142	
印 刷	天津雅图印刷有限公司	
版 次	2023 年 1 月第 1 版	
印 次	2023 年 5 月第 2 次印刷	
开 本	889 毫米 × 1194 毫米　1/32	
印 张	9.5	
字 数	155 千字	
书 号	ISBN 978-7-5139-4013-9	
定 价	66.00 元	

注：如有印、装质量问题，请与出版社联系。

对日本而言，在历史上与中国、韩国的交流意味着什么？

当大家对东亚区域内的关系持高度期待，希望从日常的经济、文化交流上能够愈趋紧密的同时，彼此要如何更进一步地互相理解，就成了迫在眉睫的课题。为了建立更加友好的东亚关系，回顾日本列岛与中国大陆、朝鲜半岛之间的海域世界经历过什么样的历史，结果又是如何塑造出当今的日本文化，就有其探讨的必要性。这一系列丛书属于共同研究的成果，呈现出东亚海域交流的诸面貌以及日本传统文化的形成过程。

通过学校的教科书等教材，一般大众对遣唐使时代的交流有广泛的认知，一直以来也受到社会的强烈关注。然而，提到从894年废除遣唐使到1894年爆发甲午战争这1000年间中日、日韩之间的交流情形，许多人脑海中只能浮现少数的若干事件，也是不争的事实。

本系列丛书以这1000年的时间为对象，观察到虽然东亚区域内几乎没有正式的外交关系，但是经历过多彩和丰富的交流，并且对催生日本的"传统文化"起到了关键性的作用。读者们对一些已知的个别现象是如何产生关联的，应该会感到相当好奇吧。

当读完了这系列的六册书，相信你的世界观会有所改变。

小岛毅

目　录

来自海洋的召唤

一　我们的海图

（一）何谓"从海洋看历史"

唐芋和日本芋

"从海洋看历史"，将会发现什么样的历史呢？和一直以来我们所熟悉的历史有何不同？还有，为什么需要重新检视这样的历史？下面就让我们利用生活周遭的素材来回答这些疑问吧。

在即将迈入17世纪时，东亚各地几乎同时开始栽种原产于拉丁美洲的新农作物，辣椒就是其一。日本列岛把辣椒称为"唐辛子"（唐芥子）或"南蛮"（胡椒），说明这种作物是由唐人（中国人）和南蛮人（葡萄牙人和西班牙人）引进的。在中国，辣椒古时就常被称为"番椒"，意即这东西是从番国（蕃国、蛮国），也就是外国传入的。但在朝鲜半岛，辣椒最初被称为"倭芥子"。另外，在琉球群岛常见的岛唐辛子，又称为"コーレーグス"（koureidasu，高丽胡椒）。有的说法认为"コーレー"（kourei）是指朝鲜半岛的"高丽"。从这些不同的名称可知，各个国家及地区对通过欧洲船舶传入东亚的辣椒来自何处的信息产生了分歧。辣椒几乎是同时传入各地的，但为何会造成这样的结果呢？

再举一例。番薯也是原产于拉丁美洲的作物，日文里的番薯称为"萨摩芋"，意即来自萨摩地区（今鹿儿岛县）的番薯。这个称呼主要在日本的本州以北使用，北九州称为"琉球芋"，而萨摩地区所处的南九州又以"カライモ"（karaimo，唐芋）的称呼较为普遍。然而，番薯在朝鲜半岛被称为"고구마"（goguma），据说是源自对马岛的"コウコイモ"（koukoimo，孝行芋）一词；即使是冲绳，虽然很多时候称为"唐芋"，其实大概在18世纪以前，也会被称为"バンス"（bansu，番薯）。根据琉球史料记载，"バンス"在16世纪末、17世纪初传入，写作"番薯"，而"番薯"（番芋）是在中国流行的称呼。在中国，有关番薯是如何传入的，也因地区不同而说法各异，在广东，有说法认为是1580年广州湾沿岸的东莞县民从安南带回来的；在福建，则说是1593年由闽江河口的长乐县民从吕宋岛带回。

然而，同样是在中国，浙江舟山群岛附近流传的番薯由来却截然不同。这里有一座以观音道场闻名的岛屿普陀山。1607年浙东地区（浙江省东部）的士大夫们编纂了地方要览《普陀山志》，指出"番芋"很早就是该岛的特产之一，在说明"味甚甘美"的同时，也记载了"种自日本来"。番薯的"番"（蕃）

是指日本，换言之，原本在琉球和萨摩被称为"唐芋"的番薯，来到这个地区就成了"日本芋"。这个日本起源说，被百年后刊行的《南海普陀山志》承袭下来。如果以现代"常识"来判断，相较于广东和福建一带认为番薯是商人从东南亚带回来的说法，《普陀山志》的日本起源说缺乏说服力，但这也反映出当时的普陀山是往来日本的海上交通要地。

由上述可知，围绕辣椒和番薯的传播产生了分歧不一的讯息，当中也包括乍一看荒诞无稽的说法，形成众说纷纭的混乱状况。近年来，各种尝试以论证和理论做出合理说明的研究陆续发表。其中，有的研究着眼于品种的不同，值得引起注意；也有很多研究过于执着辨清说法的真伪，舍弃了珍贵的史料和民间传承，或是流于"谁先谁后"这种民族主义的论争。这些讨论很难说具有建设性。为了打破这样的僵局，我们不妨大胆地转换思维吧。

过去的研究和讨论，是以某物从 A 国传播、输入 B 国的看法为前提的。但这前提本身也堪质疑。不妨试想，萨摩人说的"唐"和浙东人说的"日本"，其实是同一个"场所"；或者说，想象这些分别把番薯传入广东的"东莞人"、福建的"长乐人"、浙江的"日本人"，甚至是"南蛮人"，其实都活跃于同一个"舞台"上（虽然彼此的关系不一定友好），会是什么样子呢？

那么，上述的"场所"和"舞台"是哪里呢？是"海"。换言之，不管是番薯还是辣椒，都不是从 A 国或 B 国而来的单向路径，实际上都是来自"海"的。有些地区把这个"海"的世界称为"唐"，有些地区可能称其为"倭"或"日本"，根据具体情况的不同或许又会称"琉球"或"高丽"。

　　读到这里，打算驳斥"简直是牛头不对马嘴"的读者想必很多。但这个思路贯彻了本书标榜的主题，下面就让我们稍微换个角度继续往下看。

"海上"世界和陆地上的"国籍"

　　活跃于"海上"这个舞台的商人，称为"海商"。明明是同一位海商，却可以根据地方不同，在文献记载中成为来自不同国家的人。例如，9世纪日本的留学僧圆仁[1]从唐搭船回国的时候，船长金珍在唐朝被认为是"新罗人"，但一到日本，大宰府又称他为"唐人"。还有，和金珍一起行动的钦良晖，在唐朝是"新罗人"，但之后他在日本帮助圆仁的对手圆珍[2]出国时，却被称为"大唐国商人"。以及同样在背后援助圆珍的李延孝，在日本被称作"大唐商客""本国（日本）商人"，但在中国的港口又摇身一变成为"渤海国商主"。

　　其他扮演政府使节角色的海商身上也有类似的情况发生。1026年从日本启程、以"大宰府进奉使"身份访问中国宁波的周良史，在日本时却被称作"大宋国商客"。1160年代带着外交文书往来宋朝和高丽之间的徐德荣，据记载他在宋朝是"高丽纲首"，但在高丽则被称作"宋都纲"（纲首和都纲都是海商的别称）。还有，在1004年和1019年作为西亚大食的贡使渡海来到宋朝的蒲加心，分别在1011年以勿巡（阿曼的都市苏哈尔）、在1015年以注辇（南印度朱罗王朝）的贡使身份出现。在1391年和1396年，琉球的中山国派遣到明朝的贡使隗谷结致，

1　圆仁：794—864，天台宗的僧侣、慈觉大师，著有《入唐求法巡礼行记》。
2　圆珍：814—891，天台宗的僧侣、智证大师。

在1404年则作为南山国使节前来。也就是说，存在着同一位海商被冠上不同的国名来称呼的情况，那究竟该称他们为哪一国人呢？

由这种乍看混乱的情况可推知，比起海商的出生地和种族，当时的陆地政权更重视他们是从何处来、由哪个政府派遣的。对于来自海上世界的船只或商人，只要持有一个认识的陆地国名作为标签，就不成问题了。

实际上，有些在海上世界生活的人，对自己的出身也不怎么坚持。例如，在宁波发现的记载1167年向寺院参道捐赠铺石费用的石碑，上面刻有张公意、丁渊、张宁这三个名字。从姓名来看，他们显然是华人，但在介绍上分别记载为"建州普城县寄日本国""日本国大宰府博多津居住""日本国大宰府居住"。张公意是暂居日本的建州普城（今福建浦城）县人，与他主动提到自己的故乡相比，其他两位则不拘泥于出生地，而直接用"日本国居民"来表示现在的境遇。

即使是往来于海上世界的船只，也有同样的情况。1323年左右，有一艘从宁波前往博多的贸易船，行经现在的韩国新安附近海域时沉没了。这艘沉船在1976年被发现，从所使用的木材和结构来判断，显然是中国制造的帆船（junk）。但附在货物中的木简上写着东福寺[1]和筥崎宫[2]等多个日本神社、寺院的名称。

1　东福寺：1236年，圆尔受到施主九条道家的布施在京都创建东福寺。之后其成为京都五山排行第四的禅宗寺院。

2　筥崎宫：位于福冈市东区箱崎的八幡宫（祭拜八幡神的神社总称——译校注），为延喜式内社（平安时代编纂的《延喜式》律令中录有朝廷所认可的全国神社的名单，这些神社被称为式内社——译校注），是筑前国排名第一的神社。在古代和大宰府关系密切，也参与日宋贸易。

还有，船上的生活器具中有中国的油炸锅（ザーレン〔zaaren〕，底部有很多孔，用以沥干水和油等）和汤匙，也有日本的漆碗和木屐等，呈现中日混合的状态。船员应该也是混合团队吧。像这样的船，真能单纯称它为"日本船"或"元船"（中国船）吗？

如果把时间拉回辣椒和番薯传入亚洲的时代，就能更明确地了解海上世界的混合状态。17世纪初，朱印船航行到东南亚各地贸易。这些被称为朱印船的船只，是取得德川幕府等政权发行的朱印状（海外渡航许可证）的贸易船，而通常被认为是"日本船"。过去，朱印船曾被视为日本人向南跃进的象征，但实际上朱印状有三成是发给华人和西洋人等"外国人"的。还有，即使是发给日本商人和大名的朱印状，其所属船的船长也有不少是华人和西洋人。相反，也有由华人和西洋人派遣的船只，雇用日本人做船长。1626年，有一艘角仓船的船长是日本人，但海员和舵手是在长崎雇用的"南蛮[1]、阿兰陀（荷兰）等其他擅长航海的人士"。这样，若将范围扩大到船上的骨干船员来看，船员的混合率甚至更高；货物的货主和出钱的金主也是如此吧。

接下来，把焦点放在船只构造上。比如位于平户（长崎县西北）的英国商馆派遣的朱印船是中式帆船。绘马上残留的日本商人的朱印船也是中式帆船，但船首等部位被改装成西洋船的样式。还有，1630年荷兰商馆员在长崎所见的两艘西洋小型排桨帆船（Galiot），一艘是中国商人所有，另一艘是日本人所有，后者是华商借来出海的，其船员是长期搭乘航行于太平洋上的西班牙船往来长崎的荷兰人，他们后来娶日本人为妻，改行从事贸易。

---

1 南蛮：指东南亚诸国人以及经由该地来到日本的西洋人。——译校注

这样的船该归属哪国呢？如英国商馆的朱印船，如果着眼于其朱印状是由日本发给的，或许可以认为是日本船，但以经营者的角度来说是英国船，以船只构造来说是中国船，这些说法似乎都说得通。所以如果抱着人和船均具有国籍这种近代观念来看待这些发生在近代以前的海洋上的现象，就会得到支离破碎的结果。

何谓海域

本书以"海域"称呼这片不能以"国家"为单位区分来理解的汪洋世界。这里的"海域"不同于自然地理中被划分成好几个区域的海的用法，而是指人类的生活空间，是作为人、物品、信息的移动与交流的场域。就像"地域"一词，也不是单纯的陆地划分，多数时候是指各种不同规模的生活和活动的场域。或者，"海域"可说是以海为中心的"地域"。但这么一来，对于习惯以国家为单位来看历史、以陆地为人类活动的中心来思考的人来说，"海域"的形态就变得难以描摹，而且难以理解。不管是现在还是以前都一样。所以对经由海域而来的人或物品，人们还是会习惯性地冠上"唐"或"高丽"等象征海外陆地世界的各种地名、国名。

如果从以陆地为中心的观点出发，海域会像个只知道其入口和出口的黑盒空间，或者说它反映的是一个海盗和走私者四处流窜、无法无天的世界。但对在海域中的岛屿或沿岸捕鱼、制盐的居民，以及利用船舶运送人和物品的商人、船员们来说，海域是他们日常生活、劳作的地方；也是秉照上意的外交使节和笃志向学的僧侣，偶尔还有载满士兵的战船来往穿梭的历史空间。我们在这本书里想要描绘的，就是这个"海域"的历史。

　　但我们并非主张历史是从海上开始的，也不是要将海域从陆地切割开来讨论历史。这一点希望大家不要误会。本书的论述，将尝试站在生活于这片海域——催生了人、物品、信息交流的历史空间——的人们的角度来进行。

　　举一个例子。过去的东亚曾实行严格限制私人参与海上活动和从事海外通商贸易的海禁政策。大力推行这个政策的明朝永乐皇帝在即位后，根据"使臣的报告中说，有许多番国人迁居至海岛，与我国兵卒、民众中的无赖暗中勾结，成为盗寇"，立刻下令"番国人尽速返回本国，若作为国王的使者前来朝贡者，必礼遇接待。自我国逃匿之人，皆不计前嫌，复其本业，永远以良民对待。若借口海路凶险遥远而不从，即派兵歼灭之"。由此可见陆地政权对海域的看法：实行海禁是为了恢复国内治安和外交秩序，但也可隐约窥见当时陆上政权感到海域对自己造成了威胁的状况。本书也将厘清这部分的实情。

　　一直以来，我们当中许多人不自觉地从陆地权力的角度去理解当时的历史。但是，若从海域的角度来看，同样的对象却可以看到不同的面貌，不是吗？重新检视迄今为止以陆地政权为中心所记载的东亚史，设想东亚是由海与陆结合而成，再描写其历史；从以海洋为中心谋生的民众角度思考历史，就是本书的基本立场。

　　再次强调，从陆地世界来看海域存在着局限。历史论述必须根据史料，但遗憾的是，像船员和海盗这些以海为生的人，自己书写保存下来的资料并不多。现存的古代文献和记录，几乎都是以陆地的角度、逻辑书写的。但是，在明确的问题意识指导下，细心重构史料讲述的信息，则具体勾勒出海域的真实面貌以及海域和"陆域"的关系，并非不可能。在海上生活的人，他们对权力的归属感、和"外人"所保持的距离，与陆地上的人相同吗？还有，"为养家糊口而奋斗"的渔夫和船员，跟"杀人不眨眼"的海盗和士兵之间，存在着怎样的关系？当以海域为中心的历史，也就是"从海洋所看到的历史"变得清晰时，我们也可为这些问题找到答案吧。

（二）本书的舞台和构成

东亚海域的范围

南太平洋上，边架艇独木舟（Outrigger Canoe）联结起了星罗棋布的岛屿。维京人和汉萨同盟（Hanseatic League）[1]的船只恣意航行在欧洲西北部的海上。顺着信风（trade wind）[2]航行的单桅三角帆船（Dhow）和西班牙的盖伦帆船（Galleon）往来于印度洋。世界的历史里存在着多彩多姿的海域世界，而作为本书舞台的海域，就是欧亚大陆东方的"东亚"。

首先，就"东亚"[3]一词的用法来说明本书的立场。在日本，这个词通常是作为包括了中国大陆、朝鲜半岛、日本列岛等区域的称呼，但它涵盖的范围其实很多样，并非固定不变。近年来，东亚也想要仿效像欧盟（EU）这样的区域共同体，计划组织"东

---

1 汉萨同盟：12世纪到16世纪，垄断波罗的海沿岸贸易的商业城市同盟。在巅峰期，以德国北部为中心，有200个以上的城市加盟。

2 信风：也称为"贸易风"，指季风。在印度洋，从5月到9月吹西南风，10月到次年4月则吹东北风。

3 东亚：本书所使用的"东亚"，原文都写作"東アジア"，这个词有别于具有军国主义色彩的"東亜"。——译校注

亚联盟"（EAU），但这个"东亚"还包括了东南亚各国，甚至还有人提议将加盟对象扩大到印度和澳大利亚。在日本，反省"二战"前的对外政策、重视此区域内国际关系的历史研究者，也使用"东亚"一词。有时也将使用汉字、深受儒教影响的文化圈称为"东亚"。

从地理上来看，亚洲可分为东、南、西、北四区，而东部地区又可分为东南和东北两个地区。如此一来，这些地区可以归入东北亚的范围内。另外，也有把中国从中间分开，聚焦于中国南部和东南亚的连续性（continuity）的观点。在韩国，一般是把中国、朝鲜、日本统称为"东北亚"，日本的考古学等领域也经常使用"东北亚"一词。"东亚"这个词，会因使用者立场和想法的差异，表示不同的地理空间。

本书的主要舞台，具体来说是以东海和黄海为中心，北至日本海、鄂霍次克海，往南通向南海，并包含了欧亚大陆东边南北相连的海域。在此，我们考虑到"东亚"一词的历史性和文化意义，将欧亚大陆东边相连的海洋及其周边区域合称为"东亚海域"。

话虽如此，本书并不单以"东亚海域"为探讨对象。奈良法隆寺8世纪中期奉纳的白檀木上，铭刻、烫印着商人的名字和商号。还有，横跨欧亚大陆中部四处经商的粟特人（Sogdian）[1]的粟特文烫印出土后，近年虽然也有其实是汉字一说，但事实证明了它的刻铭就是在遥远西方伊朗高原使用的巴列维文字。当我们在谈论这样的产品时，也必须把目光放远到欧亚大陆南

---

1 粟特人：其出身为欧亚大陆中部的索格底亚那（Sogdiana）地方的绿洲，语言是伊朗语系的粟特语，文字是属于西亚地区的阿拉米字母（Aramaic alphabet）的粟特文字。在公元后第一个千年，粟特人是丝路贸易的旗手，相当活跃。

方的印度洋海域世界；甚至为说明人类的历史以全球规模发展的16世纪以后的海域，也必须顾及世界各海域世界的动向。和陆地不同，海洋在世界各地是连成一片的。因此，在这里想要声明，根据主题和时代不同，本书讨论的地理范围不会有所增减。换言之，虽然每个时代的看法、规模大小有差异，但站在东海中央位置环顾四周时，放眼所及的人类活动的空间，就是这里所称的"东亚海域"。

本书对位处"东亚"的海并非一视同仁。读者继续往下看也会发现，关于鄂霍次克海和日本海的讨论较少；在谈及东海和南海的部分，也是把重点放在前者。在论述上的轻重取舍是基于几个原因，首先是受到日本历史研究把"东亚"作为文化圈和国际关系框架的影响。

但更重要的原因，是到目前为止，以东海和黄海为中心的海域历史几乎鲜少被讨论。南海与鄂霍次克海及其周边的部分，在不以近代国界、国籍为前提的文献史学和考古学的研究已有长久的历史；从海洋角度勾勒出的历史脉络，也具有比较清晰的认识。与此不同的是，围绕东海和黄海的地区，在历史研究中被以近代国家的概念分为日本史、中国史、朝鲜史等，而海的历史研究只是该框架里的一部分。这样一来，海洋被视为陆地的附属品，容易演变成竞相搜证去证明"我国如何积极地和海域建立联系"的状态。但在日本，这样的历史研究状况在近二三十年间急速转变，高举"海域亚洲史"或"东亚的海域交流"等旗帜的研究大为活跃，以东海为主要舞台的多元的研究成果也纷纷涌现。本书尤其着重于以东海为中心的论述，也是以近年的成果为基础，想要提供给读者不同于一国史观的看待历史的角度。

　　我们为避免将近现代和近代以前的国家混为一谈，尽可能不将"日本""中国""朝鲜"等作为国家名称使用。本书中出现的"日本""中国""朝鲜"，是指日本列岛、中国大陆、朝鲜半岛等地域空间，而统治陆地的权力体系则以"王朝、朝廷""政权"等词语表示。另外，日本人和高丽人等"××人"的叫法，也不是指该国的人，而是指该地区的人。其他像中国东北地方的女真人或蒙古人等，则使用民族集团的名称。还有，"中国人"在现今指的是"中国的国民"，也包含居住海外的汉族移民，比较模糊。在英文里要特别强调后者时，会使用Han-Chinese来称呼。在本书中，当把焦点放在其共通的言语、习惯等民族特性时，主要用"华人"一词，但可能的话会尽量以"福建人"或"广东人"这样具体的地区来称呼。还有，根据语境而使用"中国人"（关于中国北部的叙述，则会按语境使用"汉人"）一词时，则泛指住在中国大陆的民众。

三部构成的全景剧

　　本书的目的是想要描述从海洋的视角所看到的东亚史，故尝试稍微不同的论述方式。一般历史书是按时间顺序来做通史式记述，而本书则将举出三个不同时期，原原本本地重现该时代的海域及周遭的环境特征。这样的结构不是抽象的概论，而是尽可能以海的中心为视角做360度的环视，将全景图般的具体景象呈现给读者。但碍于篇幅和时间的限制，无法如此记述全部时代。故为凸显海域历史的特质，选出了三个"百年"，具体描写各时代的特征和多样性。这样的手法在戏剧里很常见，读者也可将本书视为从海洋观点诠释的历史剧三部曲吧。

这三个"百年"的区分如下：

第一部　1250—1350年　开拓海疆

第二部　1500—1600年　相互争夺

第三部　1700—1800年　分栖共存

这三个"百年"各自的主题，是我们用一句话概括出来的该时代的海域特征。它们并不是从同一空间撷取连贯历史的一部分，而是把视点放在海的中央所呈现出的三幅空间全景素描图。当然，素描图的尺寸和图案各有差异。即使同样从海洋环视周遭，眼前的景象也会随着时代发生很大变化。虽然如此，要指出哪里不同，要对这些素描图进行比较的话，还须在各章节的叙述上下功夫。本书在分别叙述这三个"百年"的历史时，将从海的视角和尺度、叙述的流程等尽可能地做好全面准备，而具体情况如下所示。

首先，各章节以"时代的素描"开头，说明各个"百年"的海域定位和特征。接着以"人"为主题，我们把和海域有关的人分为：（1）拥有政治权力或与之有密切往来的人；（2）与航海或贸易有关的人；（3）在沿海地区生活的人。探讨各类人在海域历史的发展中扮演什么样的角色，如何参与其中；还有，也将叙述在各时代作为海域交流舞台的港口和港口贸易的情况，以及"国外"来的人的生活形态和权力管理等特征。接下来是"物品"，除了说明在海上运送的物品的多样性和时代特色，也从物品的角度出发，讨论各时代东亚海域经济方面的特征。最后则是"信息"，列举技术、文艺、美术、信仰、思想等广义上和"信息"相关的要素，以及其被接受或被拒绝的各种表现，并说明各自与东亚海域的历史关联性。

舞台概要

这三个"百年"的历史定位，将在各自的"时代的素描"说明。但为使这些说明更易理解，这里先按时间顺序对包含这三个时代的东亚海域历史做一个概述。如果套用戏剧的说法，就相当于剧情概要。在节目开始前，先掌握剧情概要的话，就能更正确且深入地理解台词和动作，以便愉快地欣赏。为了让观众享受接下来登场的全景剧，故准备了以下的基础知识。

近代以前，人们通常是用以自我为中心的世界观来理解世界。在中国，这可见于以中华思想（华夷思想）为基础形成的体系。根据这一思想体系，被天赋予了地上的至高统治权的天子（皇帝），其主宰世界秩序的基本在于"朝贡"这个制度。朝贡是指番夷首领仰慕天子的德政，故派使者送呈贡品，作为回礼，天子将回赠比贡品更珍贵的赏赐。

然而，朝贡自始至终只是王朝的官方模式。与此不同的是，很多海商在更早之前为追求利益来到中国各地的港口，从事各种商业活动。在唐朝（7—9世纪），很多从南海、印度洋方面来的穆斯林海商被朝廷视为仰慕皇帝德政的番客，广州等地的港口有被称为番坊的居留地。来自黄海、东海方面的海商被称为新罗商客，山东半岛等地有新罗坊。据说浙江中部的宁波曾设置波斯团（波斯人的居留地），也是番坊的一种。而新罗坊的南界是浙南的台州，南北海商的活动范围就在杭州湾附近交汇。

从圆仁和圆珍留学的唐末9世纪开始，东亚海域上的华人海商活动迅速活跃起来。他们在东海取代了新罗人，在南海和穆斯林海商势均力敌。鉴于海上交易的活跃，宋朝（10—13世纪）在主要港口设立市舶司管理海商，并对商品课税以获得财政收入。宋朝已注意到海上贸易的重要性。在这个时代，日本的博多和在近郊拥有外港礼成港的高丽国都开京，还有东南亚的主要港口，皆有许多华人海商进出，甚至居留。应该有很多人听说过居住在博多的宋商谢国明吧。往来东海的商船上，以中国各寺院为目的地的日本和高丽僧侣也很引人注目。

延续宋代由华人海商发展起来的海上贸易荣景，就是"第一部　开拓海疆"的时代。在这一时期，蒙古为扩张势力南下，灭南宋，统治了中国大陆全境。在第一部，将会详细解说受这股来势汹汹的蒙古势力影响、被强烈震撼的东亚海域所呈现的各种面貌。

14世纪中叶，元朝进入末期，东亚各地对陆上的政治权力逐渐失去向心力，层出不穷的内战和宗室纷争令统治动摇，各地涌现拥兵自立的势力（军阀）。在党争愈演愈烈的高丽，也多次发生国王的废立；日本列岛则长期处于南北朝之乱中。陆地的力量风雨飘摇，东海周遭沿岸各地、岛屿，各种势力蠢蠢欲动。中国沿海有方国珍和张士诚；日本列岛各地的海上势力，则在南北朝两方的旗帜下冲突不断，其中一部分甚至波及朝鲜半岛和山东半岛的沿岸，成为扰乱海上治安的主因。他们可称为前期倭寇[1]。

1　前期倭寇：指以14世纪后半期为中心，在朝鲜和中国的沿岸从事海盗活动的集团。主要发源地是对马、壹岐、松浦等九州北部的岛屿、沿岸。有关其社会特色和民族个性等，有各种说法；和第二部探讨的16世纪后期倭寇有所区别。

　　后来，驱逐蒙古势力建立明朝的洪武皇帝，通过实施集权统治体制重建社会秩序，以期收拾元末的混乱局面。对于向自立发展的海域，他落实原本仅是理念的"朝贡"，并结合"海禁"政策，推动王朝建立起外交和贸易的一元管理体制；又采用空岛政策截断海域的各方势力，意图将其歼灭。明朝的这项海禁政策是很典型的例子，显示出在东亚海域，陆地政治权力对于海域的动向相当警惕，倾向于采取干涉和管制的手段。这与政治权力对海上世界不太感兴趣的印度洋海域形成对照。海域经常成为政治角力的战场是东亚海域的一大特征。

　　"第二部　相互争夺"讲的是明王朝后半期的情况。这也是西班牙人和葡萄牙人在全球范围内形成联结海域的时代。这部分会探讨明朝建立起的体制的动摇和海域势力对明朝统治的抵抗，以及东亚海域由于来自伊比利亚半岛的新兴势力加入而逐渐生动蓬勃的景象。

　　17世纪前半期，东亚海域史出现一大转折。在长久以来处于权力分散状态的日本列岛，德川政权以强大军事力实现了政治统一，之后对海域实施严格的海禁和管理贸易体制。在大陆，满洲（女真）人的清朝取代了在内乱中自我灭亡的明朝，建立了强大的支配体制（1644年）。另一方面，海域上各势力的统合和自立倾向也逐渐扩大。例如，纠集黄海北部海域诸势力的毛文龙[1]，在南部以东海和南海的海域势力为后盾的郑芝龙[2]、郑成

1　毛文龙：1576—1629，明朝将领，往来于明朝和朝鲜国境，因率兵抵抗后金（后来的清朝）著称。但因成为海上军阀、不服统治，故被强硬的袁崇焕诛杀。

2　郑芝龙：1604—1661，福建泉州人，率领武装海商集团，掌控了福建沿岸的海上贸易。明朝灭亡后，于1646年降清，因其子郑成功坚持抗清而被处死。

功。尤其后者在17世纪后半期以台湾为据点，发展成影响遍及中国大陆中南部沿岸各地的一大势力，可以说是将海域的力量发挥到最大限度。清廷为对付他们，颁布禁止民众沿岸居住和出海的迁界令，同时积极从内部瓦解郑氏政权，终于在1683年攻取了郑氏的根据地台湾。

清朝攻克台湾后颁布了"展海令"，解禁了居民出海，大量华人商船频繁来往于东海和南海。但在仍处于管理贸易体制下的日本长崎，过多的唐船却造成了很大的困扰。还有，欧洲各方势力中，因与基督教传教活动关系密切，而被东亚诸政权提防戒备的葡萄牙人和西班牙人的航海活动逐渐消退，取而代之的是有组织地展开商业活动的荷兰东印度公司[1]。它们是德川政权的管理贸易体制唯一允许对日贸易的欧洲国家，获得了庞大的利益。由此可见，在17世纪后半期，随着陆地开始发挥强大权力，海域诸势力逐渐失去自主性，进而被纳入陆地政权的管辖范围。

"第三部　分栖共存"探讨的是上述各种争夺掀起的波涛平息后海域的样貌。我们可从中窥见种种现代性的地域特征。第三部的百年一旦落幕，东亚海域将迎来崭新的时代，即由鸦片战争所象征的"近代"。

以上就是剧情概要。在这部全景剧开演之前，请再耐心等候一些时间。在赏鉴三个具体的"百年"之前，请观众务必理解我们探讨的历史所需的舞台装置和大道具，也就是海和风，

---

1 荷兰东印度公司：简称 VOC，正式名称为联合东印度公司，于 1602 年由荷兰各地的六家贸易公司结合而成。在东亚海域，它以巴达维亚（今印度尼西亚雅加达）为根据地，几乎从印度洋到东海的所有海域都是其活动范围。

还有船与航海的实际情况。人的移动和物品、信息的流通，必然会受东亚的海洋和周遭自然环境的影响，因为它们要借助造船和航海技术才得以实现。

二　海洋环境和船

（一）欧亚大陆东侧的海和风

海洋的面貌

用人造卫星观察我们的地球，海洋和陆地呈现迷人的对比，其中面积最大的海洋和陆地相遇的地方，就是本书的舞台。仔细一看，太平洋和欧亚大陆并非直接相连，两者之间的千岛群岛、日本列岛、西南群岛、菲律宾群岛相互连接，勾勒出美丽的弧线。北太平洋西边的这些岛弧，由地球板块之间的交界处挤压生成，故各岛屿两侧的海底形态也大不相同。在太平洋一侧是平均深达4000米的广阔海底，岛弧的边缘是坡度陡急、水深达8000米左右的海沟，接着是一口气急升形成深度差达6000米的巨大外壁。大陆这边的海底，则是深3000米左右、坡度缓和的海盆。朝着陆地前进的话，有些地方平缓、有些地方陡升，接着是延伸至岸边、地势平坦的大陆架。

这个弧形的联结，由包括堪察加半岛、库页岛、朝鲜半岛、台湾岛等半岛和岛屿提供了石柱般的支撑。这些半岛和岛屿同时也扮演了将大洋和大陆之间的边缘海切分的角色，这样一来，才形成了鄂霍次克海、日本海、黄海和东海[1]、南海这四个海域。当然，这四个海并非完全封闭的空间，而是通过宗谷海峡、对马海峡、台湾海峡等海峡联结起来。而且，岛和岛之间存在着大小不一的缝隙，可以从太平洋方向进出。四个海洋就像是被各种风格的建筑物组成的巨大回廊所环绕的广场和中庭。

在地球上所有的大陆海岸线之中，横跨如此遥远的距离、被列岛或半岛包围且相通的水域，只有欧亚大陆的东边而已。这四个海域连起来，可以从北极圈附近延伸到赤道正下方，长达8500千米。这条回廊甚至延伸到北美洲和大洋洲。这片海洋的形状对于欧亚大陆东部的人、物品、信息的流通和交流方式，影响甚巨。

海洋的个性

从北到南彼此相连的这四个海域，在本书里并非配置同等的舞台。虽然随着时代变迁而有所差异，但作为舞台，最频繁出现的是东海；其次是南海，日本海偶尔会登场；北方的鄂霍次克海除了在第三部出现外，几乎不见踪影。这当然是根据前述本书的构成和内容，亦即剧本所做的安排。但就像从宁波前往博多的船运送南海一带的苏木和香料一样，鄂霍次克海产的海獭毛皮也被博多前往宁波的船只运载过去；换言之，没有出现在舞台上的，并不代表和本书毫无关系。有鉴于此，在此先简单说明这四个海域的个性，亦即其地理上的特征。

最北方的鄂霍次克海，其北、东、西三面被大陆、堪察加

---

1 黄海和东海：东海、黄海和渤海经常被分开讨论，但其水域相连，故在此称为黄海和东海，将其视为一体来讨论。

半岛、库页岛围绕，南边则跟千岛群岛相连。其表面积大约150平方千米，平均水深838米。海底的北部沿岸是大陆架，中央是宽阔、深1000—1600米的海盆，南部甚至有最深达3700米的海盆，其特征是从北往南逐渐变深。要比喻的话，就是簸箕形的海域。千岛群岛周围的海底，水深也有1000—2000米。其海域内除了前面提过的那几座岛，没有其他显著的岛屿，只在北部沿岸点缀着一些中小型岛屿而已。

西边的黑龙江出海口可以突显鄂霍次克海的个性。因为有大量淡水和营养物质从这里注入海中，令海水的盐分浓度下降，海水就容易冻结，冬天七成以上的海面都被冰层覆盖。海冰进而变成流冰，涌向北海道沿岸。另外，冻结时海水会发生对流混合现象，使沉在海底的营养物质上升浮起，令浮游生物大量繁殖。这孕育了丰富的水产资源，并成为拥有漂亮毛皮的海兽们的乐园。但恶劣气候和冰封造成了北部海域的严酷环境，海上交通受阻，长久以来只有少数沿岸居民在这里打鱼捕捞，以港口城市来说并不发达。

日本海被大陆、库页岛、日本列岛、朝鲜半岛环绕，面积约100万平方千米，是这四个海域里面积最小的，平均深度达1700米。深度是日本海的特征，环绕着中部大和堆（深400米）的，是北边深3000米的日本海盆、东南深2500米的大和海盆和西南深2500米的对马海盆，可说是深锅形的海。只有海域的东北和西南存在少部分大陆架。除海域西部的郁陵岛和竹岛外，几乎所有岛屿都散落在陆地沿岸，比如日本沿岸的隐岐、佐渡、利尻等比较显眼的岛屿。日本海的另一特征是封闭性。它和周边海域的联系，只通过间宫、宗谷、津轻、关门、对马这五个狭

窄、水浅的海峡。海水的进出受到限制，造成了日本海潮汐水
位变化小的特点。也因为几乎没有潮差，故沿岸的滩涂并不发达。
位于日本海南端的对马海峡，是连接朝鲜半岛和日本列岛的重
要通道，在其两岸发展出以釜山为首的三浦[1]、博多、下关这些作
为海域交流据点的港口城市。沿日本列岛从北海道到博多的各
个港湾处，因沿岸贸易而兴起的港口城市也相当兴盛。

　　这四个海域里第二大的海域，是被大陆和朝鲜半岛、九州
三方包围，南接琉球群岛的水域，包括东海（约125万平方千米）
和黄海（约40万平方千米），以及渤海（约10万平方千米）共
约175万平方千米。其海底和鄂霍次克海相似，从北方的大陆架
到西南群岛附近的深度达2000米的海盆（冲绳海槽），越来越深。
但这个海的明显特征是相对较浅，冲绳海槽仅宽200—300千米，
属狭窄形，90%以上是深度小于200米的大陆架。北部更浅，黄
海的平均深度为40米，渤海则只有10米而已。要比喻的话，就
像大阪烧煎匙（平铲）的形状。

　　在这片海域里，除西南群岛外，岛屿都集中在陆地沿岸，
也因为是浅水域，岛屿数量很多。尤其是朝鲜半岛西南部和杭
州湾口的舟山群岛等，呈现群岛海区（archipelago）的样貌。朝
鲜半岛西岸的内湾，有的地方潮差近10米，形成一片广阔的潮
滩。在离陆地稍远的海上，分布着对马岛、五岛列岛、济州岛等明
显的岛屿，经常成为活跃在海上的人们的据点。

　　我们也不可忘记长江的存在。它和淮河排出大量泥沙，是
造成两处河口之间的沿岸地区累积巨大泥沙群的主因。这些河

1　三浦：指位于朝鲜半岛东南部，15至16世纪设有倭馆的富山浦（釜山）、乃
而浦（荠浦）、盐浦三个港口城市。

口同时也向海洋输出大量淡水，并汇合了来自西南群岛、台湾、对马海峡的海水，在这片海域中形成了各种不同来源的水团（water mass）混合存在的状态。其结果，是造就了多样化的海洋生态系统，拥有了与鄂霍次克海截然不同的丰富水产资源。

以长江为首，大陆上有多条河川汇入这片海域，所以很多港口城市是在海洋沿河川稍微上溯一些的地区发展起来的，如江南的上海、宁波，福建的福州、泉州。海上航行的船只可以在涨潮时顺着潮汐沿河上行抵达港口城市。虽然常被忽略，不过这些东海沿岸的河流的确在沟通海上交通和陆上交通方面扮演了重要角色。位于日本列岛西部绵延数百千米的濑户内海，也和这些河流的性质相似。海洋能够与这种内陆水路联结，大概是这片海域的特征。

位于最南边的南海，面积约360万平方千米，比其他三个海域大了两倍以上。其平均深度是1200米，西南部和北部是广阔的大陆架，东部是巨大的海盆，其最深处是深度超过5000米的马尼拉海沟，整体的地形构造很像平底锅和汤锅结合在一起。被大陆和半岛包围的西北部，被岛屿、水路、海峡塑造的东南部，还有开口宽阔的吕宋海峡和细长狭窄的马六甲海峡，以及属于大陆岛的海南岛和散落在辽阔水域中的岛礁群。甚至可以说，这片海域的个性就是它的混合性（hybrid）。它的西边与安达曼海、苏禄海、爪哇海等相连，属开放性质的海域。

南海的大部分位于热带地区，岛屿部分的珊瑚礁很发达，大陆沿岸有广袤的红树林。其上的湿地和浅海大陆架区物资相当丰富，种类繁多的鱼虾、贝类吸引了很多靠捕捞这些海产维持生计的百姓。

　　南海沿岸出现了几个较大的贸易据点。在大陆那边，和东海一样，沿河流上溯的地方形成了像广州、柬埔寨的金边、泰国的大城（Ayutthaya）这样颇具规模的港口城市，另外也有像马六甲和会安[1]等在河口处发展起来的港口城市。欧洲的航行者在16世纪中期以后来到这个地区，于是产生了像澳门、马尼拉[2]、巴达维亚[3]等作为临海地区的贸易据点而诞生的港口城市。从菲律宾到南部的东南亚诸岛，也居住了很多以海为生活舞台的人。

风的知识

　　这四片海域上分别吹拂着不同的风。例如日本海受偏西风影响，整年都吹着西风和西北风。相对地，其南边的东海和南海则以季风为特色，根据季节不同，风向也会改变。操作帆船的船员要很了解季风的动向。

　　汇集了18世纪中国南部船员智慧的航海书籍《指南广义》写道："清明以后，地气自南而北，则以南风为常风。霜降以后，地气自北而南，则以北风为常风。"一到夏季，被太阳照耀而升温的大陆，南边会吹来印度洋方面的西南风，北边是太平洋高

1　会安：位于越南中部，从古时因贸易而繁荣的港口城市，17世纪前曾经出现过日本人街。

2　马尼拉：原是吕宋岛南部的穆斯林首领的贸易据点，但1571年首任菲律宾总督米格尔·洛佩斯·德·莱加斯皮（Miguel López de Legazpi）把这里作为殖民地首都，之后西班牙盖伦帆船横渡太平洋，在马尼拉和西班牙属墨西哥阿卡普尔科之间往返。

3　巴达维亚：爪哇岛西部的城市，今印尼首都雅加达。17世纪初荷兰在这里设置商馆，成为以后贸易、统治的据点。

气压输送来的东南风。相反，冬天则从寒冷大陆上吹来强劲的东北风或西北风。

风向随着季节交替，给环海的自然环境打下深刻烙印，并深深影响着当地居民的生计和文化。热带、亚热带的地区一年分为多雨和少雨的两个季节，季风就成了雨季的代名词。在温带地区季风的交替存在缝隙，产生了四季分明的季节。四季在不同的地区也存在差异。从南海北部、东海到日本海南部的居民，虽然有时间上的差异，但他们有共通的"梅雨"季节。但对生活在黄海和日本海北部的人来说，即使在知识上学到这个词，也仍缺乏实感。比起来自太平洋的东南风，该地区更多地受到从印度洋穿越喜马拉雅山并通过中国内陆的干燥西南风影响。这样的差异也影响了植被种类和农业形态。

风，不仅有季风。《指南广义》还有这样的记述："风大而烈者为飓，又甚者为台。飓常骤发，台则有渐。飓或瞬发骤止，台则常连日夜，或数日而止。大约正、二、三、四月发者为飓，五、六、七、八月发者为台。九月则北风初烈或至连月，俗称为'九降风'。间或有台，则骤至如春飓。船在洋中，遇飓犹可为，遇台不可当矣。十月以后，北风常作，然台飓无定期，舟人视风隙以来往。"由夏天到秋天的台风和低气压的暴风，又或是突如其来的旋风等，都对航行造成威胁。

为免船只受突发强风袭击，必须预测气象。《指南广义》这样说："云头从东起，必有东风；从西起，必有西风。南北亦然。""云片片相逐、聚散不常，天色昏惨，鸢鸟高飞，云脚黄，日色赤，皆主大风。云行急，星动摇，日月昏晕，太白昼见，人首颊热，灯火焰明作声，皆主大风。"气流急速流动和大气不稳定时，须尽早避险和采取对策。

"春夏二季，常有风暴。若遇天气湿热闷人，其日午后，或云起、或雷声所起之方，必有暴风急雨。"当酷热高温时，就要注意午后雷阵雨的发生。要了解气象稳定与否，必须早起："秋冬二季，虽无风暴，每日行船，先观四方天色明净。五更初解缆，至辰时以来，天色不变。虽有微风，毋论顺与不顺，行船不妨。"即使顺风，但是风势过强，则会引起大浪而转为不利。

据日本气象厅统计，东海平均浪高4米的天数，从1月到3月是8.3日，4月到6月是1.2日，7月到9月是6.1日，10月到12月是8日（2004年起5年间的平均值）。这片海域从春季到夏季前半段最为平稳，而从夏季后半起就有台风，深秋之后也会因西北季风而波涛汹涌，虎视眈眈地环伺出航的船只。

海流的影响

海流当中最重要的莫过于黑潮。黑潮从菲律宾群岛横跨数千千米抵达日本列岛，宽度约100千米，堪称太平洋规模最大的暖流。它对海洋气候和资源，以及沿岸的生态系统都产生了很大的影响。但对过去在东亚海域活动的旅人和谋生的人而言，黑潮并非可以切身感受到的存在。因为这片海域的航海活动，主要是在被弧形分布的岛屿包围的边缘海内侧展开。诚然，东海的东南部有黑潮通过的回廊，但黑潮深达数千米，因此较浅的东海无法容纳全部潮流。一部分的潮流会沿着海沟壁，经琉球岛弧的外侧北上，与经过回廊的支流在四国近海汇合。东海的黑潮在流量和流速上都比太平洋的潮流要低一半。虽然有前往琉球的中国使节以"黑水""黑水沟"来形容它，但这反映的是他们观察到的大陆架和冲绳海槽之间的深度差，而非潮流本身。例外的是，在回廊出口位置的吐噶喇列岛近海，潮流会向东改变方位朝着汇合点急速前进，故被比拟为古典的"落漈"（海底断层面的瀑布），或被记载为行船的危险水域"天水之渡"。不过，也有船只平安通过的记录，因此可推知季节和风况等外部因素也有很大的影响。换个角度来看，对近代以前的海洋航行来说，太平洋上的黑潮是难以克服的天险，故船只活动也几乎仅限于在近海附近。

　　进入东海的黑潮支流，接下来再分流进入日本海，这就是对马海流。这股暖流为冬天越过日本海的西北季风提供了大量的水蒸气，故日本海沿岸的各地才会降下大雪。还有，直到17世纪后半期左右，来自朝鲜半岛、九州北岸、山阴地方等地的船会前往若狭湾卸货。通常这些货物会经过琵琶湖和淀川，运往京都、大阪。比起没有海流的濑户内海，乘着对马海流能更快地抵达京都附近。

（二）船和航海

中国的船

　　在本书的舞台亦即东亚海域上，实际航行的船只是什么类型的呢？根据所划分的三个时代，还有地点的不同，船只的形状与性能以及航海方法是否存在很大的差异呢？遗憾的是，和西洋船比起来，关于东亚海域的船只研究并不充分，还有很多尚未解开的谜团。这里先就目前已知的资料，概括介绍中国和日本的船只，并且主要是用于海上贸易的船只。当然其他还有像河船、战船、渔船等种类繁多的船，但在此不提。

以本书所探讨的时代来看，中国大陆沿岸使用的船，大致可分两种。一种是主要航行于河川、运河沿岸的平底船，称为沙船。其特征是船底浅平，可以在水面航行，结构能抵抗风浪。长江口以北沿岸多沙洲，不利航行，海上交通原本不太发达。但在本书第一部分的元代和第三部分的清代，沙船的使用变得相当广泛。沙船也用于远洋航行，江户时代前往长崎的中国船中就曾出现过沙船。

另一种是尖底船。尖底船，顾名思义，船底是尖的，吃水深，适合在水深的外海破浪前进。主要是在长江口以南的地区修造，用于远洋航海。9世纪左右，开始有中国海商使用这种船在沿岸航行，经南海往来于南方的东南亚。也是在9世纪左右，以江南为据点的海商开始搭乘这种船渡过东海，在中国大陆和日本列岛之间从事交易活动。尖底船还可细分为福船、鸟船等不同种类。我们虽然知道15—16世纪福建开发出来的鸟船因为速度卓越，经常用于和远方地区的海上交通，但目前还不是很清楚各种船只的详细特征与差异。

这些船通常被称为junk（戎克船），今日多被写作汉字"戎克"，但其实是中文的"船"的发音转讹为马来语的"jōng"或葡萄牙语的"junco"，之后传入英语就成了"junk"。

今日大家所熟知的戎克船有两个特征。其一是结构上有被称为"梁"的隔舱板。这有利于提升船体的横向强度和防水性能。虽然会因船只大小而有所不同，但通常有十条以上的梁嵌在船体上。另一个特征是使用被称为"篷"的方形纵帆。篷，使用竹子编成网状制成，中间还嵌入有叶的细竹枝进行加固。因为重量增加，张篷时比较耗时费力，但优点是收帆简单，可以迅速应对海上急遽变化的天候。还有，造价便宜也是优点。如果说，兼具这两个特征的船就是戎克船的话，则戎克船约在8—9世纪就已出现，而之前在中国大陆沿岸所造的船就不能称为戎克船；另一方面，在中国之外也存在着非中国人造的戎克船。还有，不管其用途是所谓的商船或是战船，都是戎克船。因此，戎克船一词是相当模糊不清的。

　　不只是用语，船只实际的大小和形态、锚和船桨的形状、帆的数量等，都没有清楚的规定。不过一般常说的商船，还是有个大致标准的。这一标准在本书所探讨的三个时代里，其实没有很大的差别。戎克船的制作技术在11—12世纪的宋朝奠定了基础，其主要部分直到19世纪都没有发生太大变化。当然，随着时代改变，船的细节也经历了很多改良，融入了巧妙的构思。比如说，当葡萄牙和荷兰等海外国家的"西洋船"来到东亚海域时，其船艏帆和高船艉楼的构造就被戎克船采用了。

　　出现在本书第一部中的船包括：出土于福建省泉州的沉船，该船体长约34米、宽11米，可载重200吨左右；朝鲜半岛西南部的新安郡近海发现的沉船（14世纪前半期），几乎和泉州船同样规模；15世纪明朝派遣的从东南亚前往印度洋的郑和船队中被称为宝船的巨船。有说法认为宝船长达150米，但最近的研究显示，以当时的木造戎克船来说，很难达到这样的规模。认为最大型的船全长大约为70米的观点比较合理。

　　相当于第三部的时代——18世纪的船只，在九州平户的松浦史料博物馆收藏的《唐船之图》中得到生动呈现。这幅画卷收录了宁波船、南京船、广东船等11艘中国船的详细尺寸和图像。除了南京船有沙船的特征外，其他10艘都是尖底船，其中台湾船长约32米。虽然规模大小略有不同，但各船的尺寸其实相差无多。

　　这样一来，基本可以说，在这三个时代里往来于中国大陆和日本列岛之间的戎克船，其规模大约是长30米、载重200吨。料材方面，通常龙骨等船底部分使用不易腐蚀的松木，梁使用适于打钉子的樟木，外板则是容易浮水的杉木。还有，外板的衔接处为防浸水，会在缝隙里塞入麻，甚至抹上用桐油混合石灰或牡蛎灰的涂料。

日本的船

　　关于日本列岛沿岸使用的船只，具体资料不足，尤其是航往中国大陆的船只情况，到15世纪以后才明朗起来。奈良、平安时代日本派往中国大陆的遣唐使船，其具体情况则无从得知。还有，在第一部的时代里，除了从中国航往博多等日本列岛港口的戎克船以外，假如有日本修造的、前往中国的船只，其大小和形状等信息也不清楚。

　　第二部中提到的遣明船（15—16世纪）留下了一些线索。按照惯例，船上除了前往明朝的使节，通常也会搭载为数不少的商人，乘船人数从150到200不等。由此可推知其是大型船只。但这并非特别打造的船只，而是征用了列岛沿岸使用的商船，其中规模较大的载重达1800石（270吨）。这即使放到17世纪后半期来说，也是非常庞大的船型。同个时期，投入使用的还有采用"棚板造"[1]的技术组装而成的构造船[2]。

1445年，通过濑户内海的东大寺领兵库北关前往大阪方向的船只共1903艘，知道载重量的有1687艘，其中一半以上都是不到100石（约15吨）的小船，600石（约90吨）以上的船有13艘。被转用于明日两国贸易的就是这些格外大的船吧。这些船分别属于门司（丰前）、富田、上关、柳井（周防）、高崎、蒲苅（安艺）、尾道（备后）、兵库（摄津）。

还有16世纪后期倭寇使用的平底日式小船。这种船没有龙骨，遭遇横风或逆风时，不易于破浪前进，横渡东海大约需要一个月。但之后来自福建的华人把日本船的船底加工改造成戎克船的尖底式，倭寇于是可以在短期内穿越东海。

在本书没有直接涉及的17世纪，日本列岛掀起了空前的戎克船热潮。在这个世纪前半期仅仅30年间，共有超过356艘的朱印船从日本列岛驶往东南亚方面。这些坚固得足以应对远洋航行的朱印船大多是戎克船，其中多数是在日本修造的，也有从福建和暹罗购入的，其载重量从72吨到480吨不等。长崎历史文化博物馆藏有参与朱印船贸易的长崎代官[3]末次平藏和同样

1　棚板造：将"航"（和船从船首到船尾连接为一体的厚船底板，相当于西洋船的龙骨）和船侧结构的外板（由底往上为根棚、中棚、上棚等板材）互相固定，再用多根船梁加固的造船方法。——译注

2　构造船：准构造船是把以楠木制成的刳木部材，分为船首、胴、船尾三部分组装而成的船只，船底并非以单数而是以复数刳木材料构成，两侧再拼装棚板。从准构造船发展出了像棚板造和面木造这样结构更复杂的构造船。——译注

3　长崎代官：长崎本地的首席官员，作为居民的领导人辅佐长崎奉行，对长崎市政有很大影响力，甚至可支配周边的天领地（幕府直辖的土地，很多是经济要地——译校注）。历经村山等安、末次平藏家族，1739年后由高木作右卫门家世袭。

为长崎商人的荒木宗太郎的船只图像。根据复原的结果，这些船约长49米，宽8到9米，似乎比普通的戎克船还要大很多。

在所谓的"锁国"之后，德川政权并没有禁止修造大船。虽然对安宅船等军用大船有限制，但没有禁止戎克船型的航海船。熊本藩和仙台藩建造戎克船的申请得到了批准，1669年又命长崎代官末次平藏、末次茂朝建造"唐船"。1675年，这艘船前往小笠原诸岛探险，这也成为后来日本主张拥有这些岛屿的根据。

但进入第三部所探讨的18世纪，日本列岛逐渐减少了建造用以远航海外的戎克船。取而代之的是国内水运飞跃性发展，使用的船只各式各样，大致上可分为河船和海船，海船又可按船体构造分为两种：一种是航行于濑户内海和太平洋之间的棚板造，另一种是航行于日本海的面木造[1]。其中，以前就用于濑户内海和太平洋之间航行的弁才船，在18世纪普及日本列岛各地，当时一提到商船，几乎都是指这种船。今日，我们听到"和船"，浮现在脑海的就是这种船。普及的原因在于弁才船不需要特殊构件，只要一般的板材和梁材即可建造，所以造价便宜，操帆航行的性能可能也很优越。菱垣廻船和樽廻船[2]，以及日本海的北前

1　面木造：面木是将用于船底部位的刳木分割、形成断面形状接近L字形的船材。在船底平板两侧并上面木，下方用铰链固定使之衔接作为船底部，其特点是可增加船底宽度。上方再依序组并舷侧部材，最后装上棚板，即完成船体。面木造和棚板造属于完全不同的技术，从连续性的外板组装和以固定具衔接材料的方法即可判断。——译注

2　菱垣廻船和樽廻船：菱垣廻船混载了不同货主委托的各式货物，菱垣的称呼得名于两舷呈菱形格子状。1730年专门运送酒的樽廻船独立出来，不久之后也开始运送酒以外的货物，两者是竞争关系。

船[1]等，虽然在形状上有若干差异，但都属于弁才船。

这种船是以被称为航的平坦船底板为中心，两侧由被称为棚板的木材拼装而成。船中央竖立一根桅杆，帆则是17世纪中期以前商船普遍使用的木棉帆。在18世纪初前后，操帆航行的航海技术诞生，几乎不再使用橹和桨。船舵也逐渐变大，18世纪后半期的千石船，舵的面积约为6叠（1叠约为1.62平方米）。

在与远方的贸易变得兴盛的18世纪，船也越来越大。所谓的千石船（载重150吨）也变得不稀奇，但不能忘记的是，日本国内的水运还是以载重量200石（约30吨）以下的小船占绝大多数。

朝鲜半岛的船

在9世纪的朝鲜半岛，新罗商人的对外贸易相当活跃，但我们对他们所用的船只却一无所知。在（朝鲜半岛）西岸，曾发现了几艘与10世纪初到14世纪末的高丽时代有关、主要用于沿岸航行的船只实物。其船体的主要材料是松木，有平坦的船底和船首，船的左右外板使用被称为加龙木的数根棒形木材代替隔板和肋材，以起到加强船体的作用。这种使用厚实的松材、外观呈箱形的船体，在近代以前的朝鲜半岛沿岸以西海岸为核心的航海活动中十分常见，是渔船、货船、战船等多种船只的通用船体。如果与戎克船或弁才船比较的话，这种船的机动性比较差，吃水也浅，不适合在外海乘风破浪，但在湿地等广阔

1　北前船：北前船指将虾夷地（明治以前对今北海道、千岛群岛、库页岛的总称）、北陆地方的物产绕到西边送入大阪的廻船（定期往返的货船）的统称。这些船在北方也被称为弁才船。船主多以日本海沿岸为根据地，其中很多船主自己也兼货主从事贸易。

的浅水海域航行时，则可避免触礁翻覆的危险。

在海域交流活跃的高丽时代，除了作为主体的华人海商的戎克船外，或许还有由朝鲜建造、用于国际贸易的船只，但情况不详。在14世纪末到19世纪中期的朝鲜时代，通过海域与中国的来往除了部分漂流船的例外事件，几乎中断了，但朝鲜偶尔会派遣使节乘船前往日本。这些在江户时代被派遣到日本的通信使船，基本上是朝鲜传统的平底船，但出于外海航行的需要，船体多少进行了一些改造。还有，在这个时代里与中国来往时，如陆上交通发生阻碍，也会罕见地派使节横渡黄海前往山东半岛。如果是短距离航行或是通过风平浪静的水域，那即使是平底船也能够应对吧。

航海技术和信仰

古时，驾驶帆船航行在完全看不到陆地的大海上，想必需要莫大的勇气。考虑到触礁的危险，则等待风平浪静或天候稳定，然后顺着沿岸的各种地标谨慎前进，无疑更令人安心。横渡大海时，必须具备海流、险处、天文、气象、地理等相关知识，不然要横渡东海这样的大海是很困难的。

从7世纪到9世纪，遣唐使船所途经的路线，最初是从壹岐岛、对马岛沿着朝鲜半岛西岸北上，渡过黄海抵达山东半岛，可以说全程都是沿岸行驶的，遭遇海难的危险比较少。后来因为朝鲜半岛的政治情势变化等，才展开横渡东海的直行。总共八次的直航，成功往返的仅有一次。

其后航海所需的基本信息逐渐累积，还发明了使用磁石的罗盘针，要横渡东海就没那么困难了。船体、帆、舵等也经过改良，船的性能由是得到提升。尤其是不论遇到逆风或横风船只都能继续前进的卓越航海技术，大幅延长了船只能在大海中航行的时间。这样一来，在本书即将开始介绍的三个时期，横渡东海和南海已是平常之事。

话虽如此，但航海本身就伴随着遭遇海难的风险，偶尔会因无法预期的天候剧变和船身故障导致航行困难。尤其是在潮差大的沿岸地带行船时，需要十分谨慎地避免触礁。根据明治之后的记录，1880年代到1890年代，日式船只遭遇海难的概率是2%—4%，这几乎和17—18世纪西欧诸国的东印度公司的海难发生率相同，可以说这种程度的船难比例是无法避免的。

对于以海为生的所有人来说，航海安全是共同的愿望。他们经常向神灵祈求平安，在航海途中一边占卜神意一边前进。这是在面对大海这样难以抵御的大自然时的人之常情。实际祈求的对象类型丰富。原本，渔民和船员信仰的是故乡的神祇，在贸易船往来频繁的港口会出现航海守护神，如宁波的招宝七郎神或是泉州的通远王等；也有像海南岛南岸的华人社会的舶主神、伊斯兰社会的番神庙这样沿航路祭祀的海神。另一方面，还存在超越地区被广泛信仰的神明，如在受暴风雨和海潮影响不易通行之处而被神格化的龙王神，以及出自佛教典故的观音和守夜神等。中国、朝鲜的东海神和南海神，以及日本的八幡神，则是与国家结合、作为守护使节和战船的海神。从海上望去，醒目的山丘、海流复杂的港口入海处的小岛、投锚的码头或涌出清泉的井口旁等，与航海密切相关的神明祭祀之所形形色色。船内也可能贴着早晚祭拜的守护符或挂着神明的画像，远洋渔船的船长室里可能就设置了小小的祭坛来安放神像。

　　在日本，住吉神社和金比罗宫的观音都是相当有名的航海安全守护神。今日造访日本各地的港口，一定会在邻近海边的某处发现保佑航海安全的神社寺庙。在过去，接触海洋的人必定会到这些神社寺庙祭祀，献上绘马，虔诚祈求神明保佑航海平安。

　　在东亚海域，远近驰名的妈祖从地方神祇升格成了超地域的海神。据说，她原本是宋代福建省莆田附近湄洲岛林家的女儿，拥有与生俱来的灵力，一开始只是受当地船员崇敬，但他们活跃的海上行动将这个信仰扩展到中国沿岸。在港口，祭祀妈祖的庙宇纷纷落成，船内安置小型妈祖神像的"船头妈"习俗传播开来。此外，将妈祖附会为观音化身或龙王女儿等广为人知的神祇的故事，也层出不穷。

　　在宋代本来只是福建南部航海神的妈祖，到本书第一部的时代，被认为有功于征讨南宋和海上运输，由元朝皇帝赐予了天妃的封号，成为国家神。在第二部的时代，随着妈祖为拯救在海上遇难的父兄而显灵、但因只救得父亲一人而悔恨投海化为神明这则感人故事在船员中口耳相传，妈祖信仰也随之遍及东亚各地。到了第三部的时代，因征服郑氏政权的功绩，清康熙帝将她晋封为天后，而日本列岛上的妈祖信仰也有独立的发展。现在，长崎县的兴福寺、崇福寺这些唐寺里设有妈祖堂，堂内左右都放置柜子——过去唐船入港后，会将船头妈暂寄于此，出港时再请回。东亚海域的各地沿岸都能见到的妈祖庙，可以说就是海上交流的历史见证人。

　　那么，大家都差不多准备好了吧，我们也该启航了。接下来，讲述东亚海域三个时代的本剧就要正式开演了。请大家尽情地享受这出由三幕构成的舞台剧吧。

开拓海疆

1250—1350 年

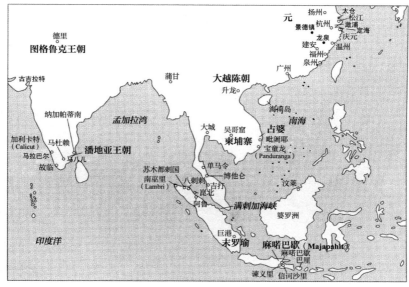

1250—1350 年的东亚海域

一　时代的素描

1250—1350年的"百年"，中国正处于南宋灭亡、元朝（蒙古帝国）建立霸权的时代，朝鲜处于高丽王朝（918—1392）后半期，日本则处于镰仓时代（1192—1333）中期到南北朝时代（1336—1392）前半期的时段。

要形容这个时代的东亚海域特征，适合用"开拓海疆"这个关键词。而"开拓海疆"的情况大致可以从以下的角度进行说明。

第一，这个时代以海上贸易为中心的东亚海域交流，作为欧亚大陆的东西部以至印度洋的广域交流中的一环，不仅限于东海、南海一带，也对此外的世界呈现相当开放的状态。

第二，民族、宗教方面，多样的"外来者"在频繁往来的同时，又在各地形成独自的社区（community），并融入当地社会。他们建立起的交通网络成为海域交流的基础。

第三，沿岸各地的各种不同的政治权力，对海上贸易采取比较宽松弹性的管理体制，有时候也表现出积极保护、振兴贸易的态度，甚至在国家之间产生紧张关系的状态下，贸易与其他的交流活动也愈见活跃。

本章的结构是先列举代表事例来概观上述三点特征，再宏观地说明作为探讨对象的海域全貌。

扩及欧亚大陆、印度洋的东亚海域

　　日本（马可·波罗记为"Chipangu"）群岛坐落在名为秦海（中国之海）的海洋上。在日本的语言里，秦指的是蛮子（中国南部），故其意是面向蛮子的海。根据惯于航行此海且经验老到的水手和引航者的描述，有7448个岛散布在这片海上，大部分有人居住。……刺桐（泉州）和行在（杭州）的商船前往群岛者皆获莫大利益，但代价是一整年不易航海的困境。因为秦海上只吹拂两种风。其一是冬天的风，去那里是顺风；其二是夏天吹的逆风，也是从那里返回时利用的风，故必须冬天出发，夏天回来。……还有，此海虽名为秦海，其实是一片大洋，如同欧洲人称呼英吉利海或罗谢尔海一样，此地居民也这样称为"秦海"或"印度海"，实际上皆为大海的一部分。

　　这是约700年前有关东亚海域的记录，记录者是马可·波罗（Marco Polo）。他从威尼斯跨越欧亚大陆到达中国，回程则走海路，从南海横渡印度洋，再从波斯湾往地中海，所以留下这样的记录。刚好他目睹了这个时代的亚洲海域——本书暂将其界定为从东海及其周边海域到印度洋的海域的统称——的大部分。如上所引，马可·波罗在有关Chipangu即日本的记载中，提到"秦海"。虽然有人认为马可·波罗说的"秦海"是把现在的东海与南海混为一谈了，但比起中国当地的地理概念，马可·波罗的知识是以欧亚大陆西方的托勒密（Claudius Ptolemy）

以来的地理概念[1]为基础，不分东海、南海，将两者视为一体是很自然的。

这段引述中引人注意的是马可·波罗提到了季风。季风不只吹拂于东海和南海，也是印度洋显著的自然现象，是推动船舶活动、促使各海域互相联系的要因。马可·波罗的记述以"秦海"的前方是广阔的"印度海"为前提。

实际上，这个时代的亚洲海域里最大的贸易港口——中国的福建泉州，能直通印度洋，其繁荣程度在当时世界上首屈一指。再度回到马可·波罗的记述：

> （离开福州后）第五天，傍晚抵达宏伟繁华的刺桐城（泉州）。这里是港口城市，陆续入港的印度船上载着奢侈品和高价宝石以及大颗珍珠等贵重商品。这里还聚集了来自周边蛮子（中国南部）地区的商人。总之，盛况空前的各种商品、宝石、珍珠的交易，让我只有连声惊叹。这个港口城市集聚的商品之后会运往蛮子全域贩卖。假如为了向基督教国家推销，如果有一艘运胡椒的船停靠亚历山大或其他港口，就有百艘船在刺桐入港。从贸易额来看，可以肯定地说，刺桐港是世界上最大的两个港埠之一。

从印度来的商船陆续驶入泉州港，来自中国南部各地的商人也络绎不绝，马可·波罗的记录如实呈现了以南海作为衔接

---

1 托勒密以来的地理概念：由天文、地理学者托勒密（2世纪左右）所代表的古代希腊、罗马的地理概念，后来被西亚、北非的穆斯林社会所继承、发展，再传入中世纪的欧洲。

域（nodal region）、从东亚海域至印度洋之间相互连接而形成的一大片海域，泉州则成为海路和陆路的接点。马可·波罗称泉州为"世界上最大"的港口城市，也绝非夸大之词。伊斯兰世界里最有名的旅行家、摩洛哥的伊本·白图泰（Ibn Battuta）[1]，也曾给予泉州同样的评价：

> 我们渡海到达的第一座城市叫刺桐城（泉州），但此地并无刺桐（橄榄），中国和印度四处不见刺桐，却取其名。刺桐城壮丽广大，作为锦纱和绢织物的产地而知名，其产品较杭纱（杭州）及汗八里纱（大都）更优。该城的港口是世界级大港口之一，甚至是最大的。我看到港内停泊了约百艘中国大帆船，小船则不可胜数。在大河入海处有辽阔港湾，海上的船舶从那里驶入。

当时伊本·白图泰作为印度图格鲁克王朝（1320—1413）的使节渡海而来，在1340年代抵达中国，回程又经海路抵达非洲西北部的马格里布（Maghreb）。虽然白图泰不过是当时穿梭于亚洲海域的众多穆斯林之一，但他口述留下的游记也显示了南海作为衔接域，将东亚海域和印度洋连为一体。

这种情况的背景是13世纪初兴起于蒙古高原的蒙古帝国，其霸权的扩张东至朝鲜，西至西亚、俄罗斯平原，于是在广阔的范围内实现了被称为"蒙古和平"（Pax Mongolica）的政治安定，

1　伊本·白图泰：1304—1377 或 1368/69，伊斯兰法学者。1325 年为前往麦加朝圣从摩洛哥出发，后经西亚、中亚、印度、苏门答腊、爪哇，抵达中国。著有《伊本·白图泰游记》。

由此连接起欧亚大陆和印度洋的人、物品、文化、讯息的流动
也达到极盛。从13到14世纪，这百年间通过中亚大陆、印度洋，
地中海、伊斯兰圈得以与东亚联系，成为横跨欧亚大陆的东西
交流十分繁荣的一个时期。

例如当时意大利佛罗伦萨巴尔迪商会（Bardi）的商人弗朗
切斯科·巴尔杜奇·佩戈洛提（Francesco Balducci Pegolotti）留
下的商业手册《商业实务》（*La Pratica della Mercatura*）曾写道，
从意大利经由安纳托利亚高原前往中国的商路，修筑完善的大
道上有蒙古卫兵驻守，只要不遭遇内乱和政权交替的动荡局势，
不论昼夜，旅途中的安全都受到保障。

海上航线虽然没有直接受到蒙古的支配和统治，但蒙古时
代之前就已存在着利用季风往来海上的交通网络，其与陆上的
"蒙古和平"联动，呈现安定的局面。据当时海上交通的重要人
物之一伊本·白图泰的记述，在亚洲海域，阿比西尼亚人（衣
索比亚人）是远近驰名的海上领航者，只要聘雇他们上船，就
能在他们的护卫下保障航海的安全。

如上所述，海路和陆路稳定且互相联结，为这个时代带来
了东西交通的繁荣，也正是在这个时代，欧亚大陆和亚洲海域
的连环构造达到巅峰。陆上有蒙古帝国称霸，海上则是东海、
南海、印度洋、地中海等海上交流的多重核心互相连锁，并和
亚洲大陆的干线结合，形成一个大环流。在这个空间里面，如
果站在重视人和物品的移动、交流的角度来说，或许能称之为"环
欧亚大陆交流圈"。这个时代的东亚海域也是其中一部分，不单
是东海和南海，与印度洋也密切联结，欧亚大陆的东西方呈现
相当开放的状态。

扩散、共生的人们

不只是马可·波罗和伊本·白图泰，这个时期的东亚海域上还穿梭着来自四面八方和拥有不同宗教信仰的人。有些人被延揽进当地政权的内部，同时以沿海地区为中心建立起活动据点，并在当地形成社区。而这些社区的存在招徕或接纳了更多的来访者，让海上交流越加活跃。这种动向表现最为明显的是穆斯林和华人海商的社区。

如伊本·白图泰在前引有关泉州的记述后又说：

　　穆斯林生活在独立的城区。我抵达的当天，在这里见到那位被派遣为使节、携带礼物前往印度的埃米尔（将军）。他原本与我们同行，但他的戎克船在那里（印度）沉没了。他问候我，并介绍行政长官（Sahib Diwan）给我认识，还替我安排了豪华的住所。之后，当地穆斯林法官塔什丁·达希利（他是位博学多闻、地位崇高的人）和长老卡玛尔·阿布杜拉·伊斯法哈尼（他是位敬虔奉教的人）两位来访。还有，当地的富商巨贾们也来了，其中有位色拉夫丁·塔布里兹，是我在印度时曾借钱给我的商人之一。他是这群商人里面最善待他人的一位，能优美地背诵《可兰经》。这些商人住在异教徒的城市，所以每当有穆斯林来访时，他们都特别高兴。他们非常喜悦地说"他来自伊斯兰的国度"，且会依自己财富的多寡布施给那人，使来访者能像他们一样富有。布尔汗丁·卡兹鲁尼是这里最博学的长老之一。他在这个城区外有修道场，商人会在那里向（航海守护圣者）

谢赫·阿布·伊斯哈克·卡兹鲁尼祈求（航海安全）并献上供奉用的金钱。

伊本·白图泰列举了在泉州时关照自己的行政长官、长老、法官、富商等人的名字。在亚洲海域各地的穆斯林社区均有长老和法官，作为宗教指导者和仲裁者统辖该区域。被称为行政长官的，是在元朝地方政府里担任要职的穆斯林。伊本·白图泰的记录指出，穆斯林社区在接纳来访者时，商人扮演了非常重要的角色。换言之，存在着将教团、官吏、商人集结为共同体生活的社区。

商人渡海使各地社区互相联结，其时各地的宗教据点也发挥重要作用。伊本·白图泰所说的谢赫·阿布·伊斯哈克·卡兹鲁尼教团（卡兹鲁尼教团）[1]，在从波斯湾到南海的各个港埠设有会堂，成为海商的信仰之地。亚洲海域各地的穆斯林社区，通过商业和宗教结成紧密的网络。

航海目的地这样形成的社区，形态各异，而在9世纪后频繁往来于东海、南海沿岸各地的华人海商，也有同样情况。

这些华商往往成为居住、停留地政权与中国政权之间的外交、贸易媒介，而当地的商人和船员也都参与其中。后者的参与有助于在当地社会累积进出海域时所需的技术和知识，为其后各地区的海域交流打下基础。

这样，拥有多层次、复合构造的沿岸社会，其多样化的网

---

1 卡兹鲁尼教团：由伊朗卡泽伦出身的谢赫·阿布·伊斯哈克·卡兹鲁尼（993—1033）创立的伊斯兰苏菲派教团。该教团发行的保护符被船员和商人用来祈求航海安全、生意兴隆。

络甚至超越了政治领域，空间广阔，以这样的连锁为基础，以贸易为主的海域交流由是得以成立，并相当活跃。

政治权力的宽松或柔软姿态

当时的东亚海域，以国家为首的政治权力主要靠管理港口城市来控制海域上的人类活动。

例如在中国，主要港口设有市舶司，检查和管理出入的海商、船舶、货物。元朝还对13世纪后半期的南海贸易（经由南海、印度洋的贸易）设置了管理商人的行泉府司[1]，最高级的地方政府（行省）也参与其中。但实际上这些机关并不能严格管制港湾外的船舶活动，也无法限制海商的活动自由。即使形式上有严格规定，但现实中采取柔软的姿态对待海上贸易，至少以结果来看是宽松的。

像这样政治权力对港湾的管制，不见得会成为阻碍海域交流的因素。伊本·白图泰从穆斯林的角度来看，元朝的贸易、港湾管制比起其他地区更加缜密严格，但他也认同这样的严格当然令行旅的安全有保障。总之，在东亚海域的海上交通、贸易繁荣的背后，政权的危机管理和安全保障是一大要因。

这个时期，中国政权对海域交流的态度出现了变化。相较于以往倾向于只是对入港的商船采取检查和征税这种比较被动的举措，这个时代的政权则积极地提供资金给商人，委托其代

---

1 行泉府司：替蒙古、突厥游牧民管理其资金的伙伴称为斡脱，在蒙古帝国时代主要由穆斯林或回纥商人肩负这样的角色。到了元朝，则设置泉府司作为负责借出资金和管理斡脱的中央官署，并在杭州、龙兴设置行泉府司作为江南分司。

理官方贸易，亦即对贸易的
姿态转为主动。这和上述在
蒙古霸权下整个欧亚大陆
交流范围的极大化不无关
系。蒙古政权还将很多从事
商业活动的西亚、中亚穆
斯林和回纥人任用为财务
官僚，更加促进了这样的
状况。

泉州市内现存的阿拉伯文石刻

　　另一方面，当时东亚海域上的政治形势呈现紧张局面。

　　1305年，一艘来自日本的贸易船驶入庆元（今浙江宁波）。
这艘船搭载了一位出身下总（今日本千叶县北部及茨城县的一
部分）的僧侣，名字叫龙山德见，他打算拜访天童寺的僧侣东
岩净日[1]。位于庆元的天童寺，是在中国禅宗寺院中也拥有很高规
格的五山之一。龙山曾在镰仓圆觉寺[2]跟随一山一宁禅师（1247—
1317）学习。一山是中国僧侣，于1299年作为元使赴日，要求
日本政府向元朝纳贡，却被当时的镰仓幕府扣留。但他是有地
位的僧侣，因此没有像之前的元使一样被处死，不久之后就被
释放。他相继在镰仓和京都的禅宗寺院修行，收了众多日本僧
为弟子。可能龙山也是在一山的身旁学习时，了解到当时的中
国情况，故立志前往中国留学。

1　东岩净日：1221—1308，元朝临济宗僧侣，南康路都昌人，庆元天童寺的
四十七代住持。

2　圆觉寺：镰仓五山第二位的禅宗寺院。镰仓幕府第八代执权北条时宗为檀越（施
主），1282年由南宋出身的僧侣无学祖元创建。

　　然而，龙山的留学之路并不顺遂。他在中国经历了不少苦难，最初就是在入国的时候。据龙山的传记，当时元朝提高了对日本船的税率，并禁止商人和僧侣上岸，元代史料中也可找到这项禁止登陆的措施。日本船远航而来，日本人不能进入城市，却又规定应完成贸易。龙山遂避开官吏的耳目，偷偷翻越城墙进入市内，闯入民家而被屋主绑起来。但当龙山说明了他修行的决心后，屋主深受感动并向官吏陈情请求赦免他，龙山才得以实现前往天童寺的心愿。

　　虽然元朝对和日本贸易感兴趣，却对航海而来的日本人心存警戒，这种担忧后来愈演愈烈。1309年，日商对于庆元贸易管理官员的不法行为感到愤慨，遂点燃贸易用的硫黄，放火烧了官衙，火势蔓延到人口密集的庆元市区，造成巨大损失。元朝因此一度采取戒备状态，日本方面通过商船风闻元朝即将入侵，镰仓幕府遂命令各地祈祷"异国降伏"。于是，滞留中国的日僧也被怀疑与纵火事件有关，纷纷被各地寺院举报，遭处死或流放。龙山被送到洛阳，在那里过了几年。之后，像这样逮捕日本人的情况也层出不穷。

　　元朝对日本会采取这样的态度，是由于1274年、1281年曾两度侵略日本失败，又存在防备日本反攻的警戒心理，这点详待后叙。除了日本，元朝也对拒绝纳贡和提供支援的爪哇、占婆[1]、

1　占婆：2世纪左右越南南部出现的占族人政权。中国文献里记载为林邑、环王、占婆城、占城等。1471年受越南北部的黎朝攻击，首都毗阇耶（Vijaya）沦陷，17世纪末其残留势力也被阮氏征服，但直到1832年，它作为特殊的属国一直维持着一定的自治权。

大越陈朝[1]出兵。元朝对外发动的这些战争是这个时代东亚海域的特征。

但即使存在这些政治、军事上的紧张局势，战事平息后，各地区的贸易并未中断，反而呈现出繁荣景象，甚至有评论认为其盛况更胜于它前后的时代。实际上，近代以前从日本前往中国的僧侣人数在14世纪达到最高峰，这也意味着他们渡航搭乘的中日贸易船，其往来是固定而频繁的。

日本方面对元朝的态度也是一样，一方面采取军事上的警戒状态，另一方面又准许通商。而日本朝廷（公家政权）和幕府（武家政权），不仅不怎么限制贸易船，而且为了筹措经营寺院神社所需的资金，用赞助的方式参与中日贸易。各地的政权共通地采取宽松弹性的港湾管理，对贸易持积极态度，这种状态伴随着政治、军事上的紧张依然能够维持或是增进，成为这个时代海域交流呈现出"开放性"的样貌的基础。

东亚海域的两个局面

以上概观了东亚海域的开放性样貌，接着要确认这个时期东亚海域的空间示意图。当时的东亚海域由两个并行的局面构成。

一个是从南海到印度洋的情况。在这里，以穆斯林和华人为首，有各种各样的海商从事多国间的贸易，可视为蒙古霸权下的"环欧亚大陆交流圈"的一段干线。这个状况即使在14世

---

1 大越陈朝：1225—1400，越南沿岸地区的水上势力建立的王朝，继李朝之后统治越南北部。陈朝曾开拓红河三角洲，13世纪末击退入侵的元朝，14世纪末攻击占婆失败而导致衰退。

纪后半期各地的蒙古帝国继承政权[1]陆续瓦解后依然持续着。但15世纪中期随着蒙古高原上的瓦剌[2]势力扩张，还有明朝对海域交流的态度消极，于是"环欧亚大陆交流圈"的整体性逐渐丧失了。

　　另一个是在以东海为中心，涵盖黄海、南海的海域里展开的情况。其中，以联结中国江南的浙江、福建和日本、朝鲜、东南亚岛屿群的一线为主轴，在13世纪以前主要是华人海商的活跃舞台，但从14世纪前后开始，各处的本地商人也逐渐加入。14世纪后半期以来，这些商人与华人海商在竞争、合作的过程中，也形成了交易圈。这里的特征是支配陆地的政权对海域交流产生很大影响。尤其是在接下来的时代，取代元的明朝的对外贸易只有朝贡体制，周遭各国也只能配合要求，故政权的逻辑越发明显地投射在海域交流中。但另一方面作为其反作用力，想要打破政权的干涉的声浪逐渐高涨。

　　从以上两个局面可知，南海和东海在空间上并不能明确区分开，而是以浙江—福建、琉球、越南等南海和东海的衔接地域为轴，彼此重叠。差别在于中坚力量的不同：在南海是包含穆斯林、华人在内的各种海商，在东海则是华人海商握有主导权。这样的东亚海域形势在"环欧亚大陆交流圈"瓦解后也持续了一段时间，不过到15世纪中期以后，华人海商占据了马六甲海

---

1 蒙古帝国继承政权：蒙古帝国的势力扩张后，成吉思汗的儿子和孙子所建立的元朝（大元）、伊儿汗国、钦察汗国、察合台汗国。

2 瓦剌：蒙古帝国的建国阶段居住在蒙古高原西北到西伯利亚南部的强大游牧民族，作为蒙古皇族的姻亲，在帝国占有重要地位。成吉思汗一族的政权瓦解后，也维持了庞大势力。15世纪的也先太师统一蒙古高原，17世纪的准噶尔汗国则统治了蒙古高原西部到塔里木盆地一带。

峡以北对中国贸易的优势地位，令东海和南海成为一个交易圈，内部联结越加紧密。

二 海域交流的舞台背景和旗手

本章将介绍1250到1350年间与东亚海域相关的各地区的社会状况，从事海域交流的主要人物，以及他们所属的集团、机构。在上一章仅略提及了当时东亚海域的要点，其具体面貌将在第三章以后详述。

沿岸各地区的社会动向

从8—9世纪的唐朝以来，中国南方随着运河、耕地的推广得到开发，发生大规模的人口迁移，结果是经济重心移往东南沿海的浙江、福建、广东。这种状况在1250到1350年间持续进行。

上述地区是元朝江浙行省和江西行省的辖区。当时元朝税收的37%来自江浙行省，10%来自江西行省，光这两地的税收就占了整体的近半。这种变化符合经济重心从华北往江南移动这个中国社会的历史大潮流，同时还包括了经济重心从内陆往沿海移动的趋势。

另一方面，距元朝政治中心较近的华北，其人口在金末元初的战乱期跌入谷底。例如，山东在12世纪的北宋末期到金朝期间，人口为1000万到1250万，经历蒙古侵略和之后的混乱，一下子骤减到450万。虽然13世纪后半期推行耕地、盐场、矿山的开发，但直到14世纪前半期，人口还是停滞在800万左右。沿海地带的海上交通，也是以从江南搭乘船只为中心来展开的。

其中，商业与流通的发展延续了1250年以前的情况。在元朝统治下，一直以来联结了政治上分裂的华北和江南的水陆交通愈加完备，作为粮仓地区的江南所收缴的稻谷采用海上运输的方式运往国都大都（今北京），海上交通发展备受瞩目。可以说，这个时代是通过东海、南海等与海外进行交流的海路在中国历史上的内外交通中占据相当重要地位的时期。

从10世纪左右开始，日本进行了大规模的农地开发。受此影响，12世纪贵族和大型寺院神社的庄园蓬勃发展，到13世纪趋于平缓。一年两熟、旱田作物的普及，使生产集约化的程度和生产效率提高，经济作物的栽培广为盛行，于是造成了农产品和手工业品过剩，成为促进商品经济发达的原因之一。以京都、镰仓两大城市为核心的城市间交通，以及联结这两座城市与周边的交通也很发达，港埠间还有定期的往来航线穿梭。交通要地旅店林立，物流要地则出现负责搬运、委托贩卖的问（问丸）[1]。于是，公家政权（朝廷）、武家政权（镰仓、室町幕府）、庄园领主、大型寺院神社等，各种权力者设置了关所（负责征税与检验）征收关钱（通行费）。作为交换和支付手段，当时输入日本的中国铜钱发挥了主要作用，并开始使用汇票。

1　问丸：日本中世时期港口和重要都市中，负责年贡等物资的输送保管、中继贸易、船舶准备、住宿等的业者。——译注

　　实际掌握镰仓幕府实权的北条氏[1]为积极掌握这些交通、物流重地，在镰仓末期打算将这些地方列为领地，京都的朝廷也关注到交通、物流，积极地把津料（港湾通行费）的征收权以捐献方式移交给大型寺院神社。佛教团体注意到这些地方可以作为活动场所，13世纪中期叡尊[2]创始的西大寺流律宗与北条氏联合起来，活跃于全国的驿站、港口城市。

　　由上可知，在当时的日本，交通、物流带来的可观财富相当重要，海外贸易的盛况也是其中一环。在这个时代逐渐问题化的"海贼"和"恶霸"[3]，其中有不少人也参与了交通、物流的活动，都是为了增加财源。还有，列岛中心地区与相当于现在的北海道和冲绳这些偏远地区的经济关系，也在进一步加深。

　　朝鲜在12世纪以后因水利开发和引入新品种的稻米，促进了低湿地的开发，农业生产力因而提升。13世纪以后，有权势者的营利活动蓬勃展开，都城的市场活跃，地方上也发展出被称为农庄的大土地经营。

　　当时朝鲜最大的物流是通过沿海和河流将税谷运往王都的漕运。这些运输业务原本以全国13处出货港（漕仓）为中心，由有组织的劳役集团负责；但在12世纪以后，随着流民的出现、

---

1 北条氏：本是伊豆的在厅官人（由国衙的官吏组织起来的地方权势者），是镰仓时期有势力的御家人（将军的直属家臣），也是源赖朝的正妻北条政子的娘家。赖朝死后，成为执权（镰仓幕府的最高官职，相当于将军的宰相），以嫡系的得宗家为中心掌握了镰仓幕府的实权。

2 叡尊：1201—1290，大和（今奈良县一带）人，是当时奈良佛教界兴起的戒律复兴运动的核心人物之一，复兴了大和的西大寺。此流派从镰仓后期起普及各地。

3 恶霸：镰仓时代中期到南北朝时代，当地有势力者组成的对抗庄园领主、幕府等既有权力的集团。

战乱和地方制度的重组，漕运的原有机能丧失或降低，并变为以各郡县为单位分散运作。但这反而鼓励了更多民众从事水上运输，也推动了物流经济的发展。

还有，社会的流动化动摇了身份秩序，一部分从事商业的人有机会进入政坛，也成为高丽宫廷内重商倾向的背景。

当时的东南亚，其民族分布处于形成现代原型的前期阶段。除越南北部的红河流域和爪哇等少数地区外，人口密度很低。在这些低人口密度地区的岛屿、沿岸地带，分布着对贸易依存度极高的小规模港市国家[1]。

大越陈朝统治下的越南北部进行了红河三角洲的开发，是当时东南亚罕见的以国家为主导的大规模工程。其结果是造成了人口增加的压力，为后世越南北部政权经常向南部及柬埔寨方面扩张埋下了伏笔。

此外，在东南亚的大陆上，越南南部的占婆在1250年以前就一直作为海上贸易的中转站存在。内陆则是泰族（Tai）的各种势力相当活跃，他们在现在的缅甸、泰国地区建立了多个政权，与柬埔寨、越南势力发生冲突，并进出沿海地区，与从苏门答腊岛北上的末罗瑜（Melayu）势力对峙。之后兴起的大城王朝[2]（又称阿瑜陀耶王朝）的前身已经出现，中国文献里将这支泰族势力称为"暹"。

---

1 港市国家：依托东南亚各地的河流下游或海峡等地的港市（贸易港）而兴起的国家。河流下游的港市以上、中游腹地的产品与外来商人带来的商品进行交易，形成王权的基础。

2 大城王朝：1351—1767，以昭披耶河下游港市末罗瑜为都，王室垄断贸易，势力也及于柬埔寨、泰国北部、马来半岛。

另一方面，以马来半岛中部到苏门答腊岛北部为主要势力圈、控制着马六甲海峡这"舟车往来之咽喉"（出自南宋泉州市舶司提举赵汝适所著《诸蕃志》）的三佛齐[1]，在13—14世纪的史料里逐渐销声匿迹，取而代之的是末罗瑜（苏门答腊岛南部）、南巫里、苏木都剌国（均在苏门答腊岛北部）等以个别港口城市为单位进行的活动越加显著。这是因为来往于中国和印度的直航路线发达，削弱了马六甲海峡作为中转站的重要性，因此以马六甲海峡为中心的广域概念"三佛齐"就退居幕后了。之前本是三佛齐属国之一、位于马来半岛中部的单马令，也在这时期凭一己之力在海上活动中崭露头角。

同一时期，爪哇具有岛屿间的物产集散机能和由密集人口撑起农业、手工业的优势，在此背景下，该地区成为对外贸易的一大中心。当时统治爪哇的信诃沙里（Singhasari）[2]和麻喏巴歇王国（Majapahit）[3]，都曾远征苏门答腊和巴厘，可见其在政治及军事上拥有对外影响力，其势力甚至远及婆罗洲、马来半岛。

---

1 三佛齐：虽然被认为等同于7—9世纪的室利佛逝，但也有观点认为三佛齐是对涵盖马来半岛中南部、苏门答腊岛的马六甲海峡沿岸地带、爪哇岛或婆罗洲岛西部等马六甲海峡贸易国家群的统称。其中以此名来自阿拉伯文献里的Sarboza或Serboza、印度碑文的汉字音写作"社婆格""室利佛哲"的说法较有力。

2 信诃沙里：1222—1292。以爪哇岛东部的水田地带为据点，作为香料的集散地，发展海上贸易和实施对外扩张政策。之后由麻喏巴歇王朝继承下来，更加蓬勃发展。

3 麻喏巴歇：1293年到16世纪初。以爪哇岛东部的水田地带为主要据点发展起来，掌握了爪哇岛的米和摩鹿加群岛的香料生产、流通，也推广对外贸易。

往来海域、与海搏斗的人

海商和航海员

在这个时代肩负起东亚海域交流的中流砥柱，是联结远地的贸易和参与这些航海活动的人。

华人海商的海上活动横跨东海、南海以及黄海。具体来说，是贸易船的船主（船主不一定亲自航海），被称为都纲或纲首的船舶航运和商业交易的实际业务负责人，以及在其管理下的商人集团的活动。在9世纪的黄海、东海，新罗海商往来于日本、新罗、唐之间，但随着首脑张保皋[1]的失势而逐渐退出历史舞台，取而代之的是华人海商的兴起。虽然在南海与唐代江南沿海地区也有穆斯林海商活动，但9世纪末黄巢之乱所引起的混乱，使穆斯林势力暂时退到东南亚。10世纪以后，华人海商填补这个空缺，也开始和东南亚诸国贸易（南海贸易）。像这样的华人海商活动在1250—1350年间也持续着。

另外，航行于南海和印度洋之间的阿拉伯、波斯海商也叱咤一时。到13世纪前半期，已有穆斯林频繁地来往福建、广东的贸易港口，在当地形成社区。此外，也有从西方新来航的穆斯林海商，或是印度教、犹太教、基督教的海商。他们将东南亚、南亚、西亚的沿海各地与东亚联结在一起，其中也有人从事南海诸国贸易承包商的工作。

1　张保皋：也称张宝高、弓福，新罗下层阶级出身。9世纪初在唐朝成为军人，之后回到新罗任清海镇大使。张氏掌握了朝鲜西南沿海的海上交通，在中国、日本的交易活动相当活跃，但因和新罗政府对立，于9世纪中叶被暗杀。

相对地，日本、朝鲜和东南亚的当地商人，在当时的国际贸易中虽未崭露头角，但实际上他们也曾参与华人和穆斯林等不同成员组成的商人团体，在其中从事贸易活动，由此得以累积航海技术和商业技巧。国际上活动的商船船员构成，本来就有不少包括混血儿在内的各种各样出身的人，例如华人纲首指挥的贸易船上会有日本和朝鲜的船员加入。不难想象他们的知识和技术对各地区的航海和商业交易有所贡献。

宗教人士也利用这样的商船活动和海商的网络往来海上。黄海、东海上的佛教僧侣，尤以禅僧为代表，其活动范围遍及江南、华北、日本、朝鲜。在南海，除佛教僧侣和巡礼者，伊斯兰教的乌拉玛（Ulama，伊斯兰学者）和以苏菲派（Sufism，神秘主义修行者）为首的各种宗教人士也往来其中。他们往往同时也是海上交易的大资本家。

各地政权派遣的外交使节也是重要的航海者，但当时的外交是与商业网络结合进行的。早在10到13世纪前半期，海商就以护送使者和传达文件、口信，又或收集情报等方式支撑着外交事务。元朝遣使到东南亚诸国时，也经常利用穆斯林海商的网络。还有，比如深谙商业活动的回纥人被派遣到东南亚诸国的例子，从中也可以看出外交和商业网络密不可分的关系。

外交使节也会选派符合对方国家宗教的人士，例如元朝派遣穆斯林到东南亚诸国。至于对东南亚诸国中的佛教国家，元朝则派当时以佛教徒居多的回纥人为使者。另一方面，元朝在1299年要求日本政权纳贡时，选择禅僧一山一宁为正使，同行的使节团中有之前曾在日本待过，并在镰仓寺院有知己的僧侣西涧子昙[1]。

除了上述和远地之间的友好往来，并行的还有在当地展开的海上活动。渔民和岛屿居民，还有从事沿岸海运、近距离交易的人为主要参与者。这些当地的海上活动中坚并不限于小规模业者，尤其是在元朝治下的中国，参与大规模税谷海上运输的人中同时也有海外贸易从事者。

港口城市的民众

以海商或其他航海者为代表的外来者，来到作为海域交流据点的港口城市访问、居留。在那里，商业交易的对象、官方和民间各种资本及其他支援的提供者、各种宗教人士等，形成了在物质和心灵两方面共同支持海上活动的多样的人际关系。

其中，穆斯林在江南沿海一带形成了社区。当蒙古霸权到达中国沿海时，来自欧亚大陆中央的穆斯林，甚至当时多数信仰佛教的回纥商人，便加入了海上贸易。在日本的博多，从11世纪后半期以来，存在以被称为博多纲首的华人海商为首的华人社区。这种穆斯林和华人形成的社区和网络，在东南亚诸国的港口城市里也很普遍。

包括港口城市在内的沿海地区，通常存在着统治该地的本土政权，管理或监视贸易活动与海上通航。特别是在东亚，国家的中央集权性质较强，所以直接管理贸易港的政治权力并非属于独立的地方政府，至少在形式上多数属于中央政府设置的

1　西涧子昙：1249—1306，浙江台州人。1271年镰仓幕府八代执权北条时宗遣使拜访师僧石帆，而石帆则派西涧子昙到镰仓。西涧子昙与一山一宁再来日本后，担任圆觉寺、建长寺的住持，是临济宗大通派的始祖。

官府。

元朝统治下的中国沿海地区，最高地方政府是行省，下面设有路、府、州、县等各级民政官府，以及监察机关和万户府、千户所等军事机关。在指定的贸易港，还有宋朝以来为了管理贸易而设置的市舶司。到了元朝，有段时期也增置了管理南海贸易的行泉府司。

在日本，长期以来是由大宰府[1]担负贸易管理和外交窗口的机能，但在13世纪后半期元朝进攻日本后，博多增设了"镇西探题"作为统辖九州的行政、审判、军事机关，其下由调动起来的武士负责警备沿岸。室町幕府成立后，镇西探题的职能被转移给镇西管领（九州探题）。

在朝鲜，高丽从10世纪建国以来，王都开京（现在的开城）的外港礼成港持续接纳来自中国的贸易船。在朝鲜南岸，为接待日本来的通航者而在金海设立了客馆，但后来高丽成为元朝的藩属国并参与攻打日本，客馆于是被撤除了。13世纪末以后，在沿岸要地设置了警戒日本的镇边万户府等军事机关。

关于东南亚各地区港湾的具体情况，有很多未详之处，但岛屿、沿海地带的港口城市大部分是国家型的政治单位，意即"港市国家"。这样的港市国家中，偶尔也会发生强行与商船交易的情况，或是事实上的掠夺行为。

---

1 大宰府：古代日本管辖九州及壹岐、对马，负责外交和九州内政等的官府，位于现在福冈县太宰府市。在律令制下，设置了帅以下的行政官和司祭神官，但次级的权帅、大贰才是实际的执行长官。很多权帅、大贰在12世纪不再前往当地赴任。进入镰仓时代，镰仓御家人的武藤氏在大宰府设置大宰府守护所，大宰少贰（实际的大宰府当地负责人）为世袭制，以掌握其功能。

广域政治权力

海上活动者和港埠的背后，通常都有陆地上的广域政治权力。在中国是元朝（最初时是南宋），日本则是武家政权（镰仓、室町幕府）和京都的公家政权（朝廷），朝鲜是高丽王朝，东南亚则存在占婆、爪哇等国。此外，琉球通过对外贸易建立起地方势力，成为14世纪后半期王国的前身。上述的国家和与之相当的广域政权，"管理"着海域上的人们活动，至少在名义上是最高的主体。

三　海商扩张的海域交流——开放性的扩大

在1250—1350年的东亚海域上，以中国江南沿海为核心的交流相当兴盛。这并非始于这个时代的景象，而是自8—9世纪以来正式展开的海上贸易的延续。

但1270年代元朝势力扩展至江南沿海之后的情况，则并非单纯延续1250年前的潮流，反而呈现出两个看似完全相反的局面。一方面，是蒙古政权对海上贸易表现出积极态度，联结海陆的环状欧亚大陆规模的广域交流网的形成，象征着海域交流有更进一步的发展；相反地，蒙古霸权的扩张造成了政治、军事上的冲击，使中国和周边诸地区之间关系紧张，为交流带来了一定的阻碍。

过去常常容易出现一种倾向，即只强调某一个局面，但为理解整体面貌，则必须同时掌握这两方面的情况。所以先在本章探讨第一个局面，即在1250—1350年的东亚海域上，促进海上交流的因素和就此展开的实际交流情况。我们不仅会讨论这个时代新出现的状况，为了正确认识当时的海域交流是延续并发展了1250年以前已开始的趋势，也会适当提及13世纪以前的状况。

政权实施柔软、宽松的海上贸易管理

以前活动于东亚海域的海商们进入中国、朝鲜、日本等各政权控制的特定贸易港时，必须在官方监管下进行贸易。1250—1350年间的情况也相同。在中国，元朝延续了宋朝通过市舶司管理贸易的体制，庆元的市舶司管理对朝鲜及日本的贸易，而南海贸易主要由泉州、广州的市舶司管理，都和宋朝一样。

归属元朝的海商们，除要有保证人，还须先在本籍地[1]提出出国贸易申请，由本籍地与海商计划出发地的市舶司联络，确认船只数目、搭乘人数、船具、商品、目的地等信息后，才会发给记载这些确认事项和贸易相关法规的出海贸易证书（公凭、公据、公验）。原则上，归国时要返回出发地的港口。届时，市舶司会依照海商出国前的记录，确认人员和船具是否缺少，也得以全盘掌握船内商品来进行课税。课税后，海商会将剩下的商品分配给出资者等相关权力人士。在元朝，政权经常会介入出资者这个角色以获取贸易利润，像这样经营的商船称为官本船。

1　本籍地：作为某人的归属地、登记其户籍的区划，中国的纳税和移动许可等须在本籍地办理。

如此严格的管理体制，虽然并非每次都能充分发挥功能，但在防止武器、金银、铜钱这些违禁品的流出、逃税和规范海商行动方面达到了一定的成效。当国外驶来的船入港时，也由市舶司进行商品检查和课税、确认出航时的船内情况等手续。

在日本，11世纪后半期以来，博多依然是主要的对外窗口。平安时代是官府的大宰府管理博多；在镰仓时代，作为与将军有着直接主从关系的武士，御家人武藤氏成为大宰府的实际负责人（少贰），设守护所，同时参与博多港的业务。13世纪末，作为镰仓幕府的机关设置于博多的镇西探题，于1336年室町幕府成立后被改为镇西管领（九州探题）。这个镇西管领曾在1350年向京都报告有搭载日本僧的元船抵港，可知其应掌握了进出博多港的船舶状况。

像这样，官方机关采用不同形式掌理博多港，以应对外交使节来访和战争爆发。只是不管是武藤氏，还是镇西探题或镇西管领，都没有证据能明确显示他们曾对贸易做全盘管理。至少在9到12世纪的日本朝廷以大宰府作为单一窗口管理商船这个前提下，掌握贸易许可与否、买进商品和支付货款的官方贸易体制的情况如何，已经无法明确了。

像1342年为建造京都的天龙寺[1]而被派遣的天龙寺船，就是幕府相关人员[2]派遣的贸易船，可见当时的贸易并不完全是由朝廷、幕府做全面性的管理或独占。如在朝鲜西南沿海发现的新

1　天龙寺：京都五山中位列第一的禅宗寺院。室町幕府初代将军足利尊氏为檀越，1345年由梦窗疏石创建。

2　创立天龙寺的梦窗疏石和幕府将军足利尊氏、直义兄弟关系极深，影响到幕府初期的施政，故可视为与幕府相关的人士。

安沉船[1]，是以公家名门九条家、一条家为后盾的京都东福寺于1323年从博多的末寺[2]承天寺派遣到中国的贸易船。在博多周边设有据点的朝廷和幕府权力人士或大型寺院神社会单独派遣贸易船，说不定就是当时的真实情况。

元朝并没有限定贸易船的派遣主体和贸易额度，所以日本的权势者也不见得有必要独占派遣贸易船的权利。独占动机在1370年代以后出现，原因是明朝采取了朝贡贸易体制，该体制不承认国王以外的主体所派遣的船只。

从中国前往朝鲜半岛的海商，主要是前往高丽王都开京。和1250年以前相同，高丽以开京外港礼成港为窗口，其管理体制我们尚未弄清，但13世纪初曾有政府的检察官稽查贸易船的事例。在1250—1350年的百年间，除了过去就有的江南海商，也有从作为元朝国都发展起来的大都方向航海而来的商人。描述元朝治下的中国社会的《老乞大》（成书于14世纪后半期）里出现的高丽商人，就是利用了从大都的外港直沽（今天津）到开京的航船。位于对马岛对岸的金海（金州），直到13世纪中期都是对日贸易的窗口港，但在元朝对日军事行动后，状况大为改变。

由上可知，在当时的中国、朝鲜、日本，国际贸易的港埠据点有庆元、广州、泉州、博多、礼成港等，相当有限。如果交易对象是大型的贸易船，只要切实地控制住这些贸易管理港，

---

1 新安沉船：1976年在韩国全罗南道新安郡海域打捞出的沉船，还发现了包括陶瓷和货物木简标签的大量船运货物，经确认后是14世纪前半期从事中日贸易的中国式帆船。

2 末寺：在本山支配下的寺院。

政权就能最低限度地掌握贸易船。

只是在宋朝的市舶司体制下，在港埠以外的地方和船只进出港以外的时间，几乎不可能对商船进行实质性的管制，元朝也面临相同的问题。元朝的《市舶则法》规定对商船归国入港前的走私进行处罚，其实就暗示着在市舶司管制外中途靠岸的情况屡见不鲜。到了14世纪后半期，在应对东海横行跋扈的前期倭寇等海盗集团方面，市舶司体制明显力不从心，所以明朝在面对海盗时，决定废除这个宋元以来作为管理海上活动者手段的"不合时宜"的制度。

另一方面，在贸易管理港以外，也发生着当地人掠夺商船，尤其是漂流船的情况。特别是琉球和济州岛这些国家管理体制薄弱的岛屿，甚至出现食人传说，海商们也敬而远之。日本公开地通行"寄船"惯例，即承认遇难的漂流船属于当地居民的财产。中国、日本、朝鲜的政权虽然实行通过地方官员取缔这种事件的体制，但远远不够。在中国和朝鲜，政治条件允许的话会保护商船，视情况也会将漂流船送还，但经常是到了掠夺之事已昭然若揭时，才在事后搜索犯人，很难说能充分保障商船的安全。1325年，镰仓幕府为修复镰仓的建长寺[1]而派贸易船到中国时，命令肥前和萨摩的御家人护送。这种确保安全的能力，是成为贸易船派遣人的重要条件。尤其是海盗的跋扈和内乱的频发，都令安全保障越发重要。

东南亚诸国的情况不明，姑且不论，东亚海域的沿岸各国对贸易港建立起一定的管理体制，但在对港湾的单点管理之外，

1　建长寺：镰仓五山中级别最高的禅宗寺院。镰仓幕府五代执权北条时赖为檀越，由南宋出身的僧侣兰溪道隆在1253年创建。

并无其他举措。事实上，船一旦出海，就无法限制其行动，政权方面似乎也没有进行彻底管制的雄心。像这样的交易管理体制是海域交流振兴的要因，如此"柔软"且"宽松"的态度，就是这个时代的特征。

"外来者"的扩散

在11世纪到14世纪东亚海域的各港埠中，肩负起中枢机能的是庆元（12世纪以前称为明州）、泉州、广州等中国江南沿海一带的港埠。以下先来看截至13世纪上半叶的情况。

在宋代中国的南海沿岸，主要以来自阿拉伯、波斯的穆斯林海商、印度海商和华人海商的活动较为活跃。尤其是自唐代以来，广州出现了穆斯林海商的居住区，宋朝称之为番坊，以番长为负责人，享有一定的自治权。至于东海沿岸，虽然在庆元出现过推测和波斯人有关的波斯团体，但穆斯林居民的存在感并不像泉州、广州那样明显。

在占婆、柬埔寨、博他仑、汶莱、纳加帕蒂南、故临等东南亚、南亚的诸国、诸港，都能确认有大量穆斯林和华人海商居住，可视为后世这些地区成立穆斯林政权和形成华人社会的前史。

日本从9世纪以来，有"新罗"和"唐朝"的海商来航，从11世纪后半期到13世纪，华人海商以博多为活动据点，其中心人物称为博多纲首。在确定大宰府具有管理贸易机能的12世纪上半叶之前，博多纲首的居住区被限制在博多以西的内湾南岸一带，即所谓的博多津唐房（也有一说是用来称呼宋人的旅居设施）。唐房在12世纪下半叶扩展到整个博多，和日本人混居的情况也越来越多。他们依附日本的寺院神社和政治权势者，接受金钱资助和从事保护的贸易，甚至获得了确保其活动据点的土地。

在博多东侧占据大片面积的圣福寺和承天寺，分别由12世纪末到13世纪前半期从中国返回的禅僧荣西[1]和圆尔[2]创建，两人均和博多纲首往来密切。圣福寺流传后世的"宋人百堂"，就是宋人墓地的遗迹。承天寺是和圆尔有交情的博多纲首谢国明所建。从这些都可看出，博多纲首在寺院的开创期发挥了主导作用，而这又与博多纲首本身的禅宗信仰有关。

高丽归属元朝之前的朝鲜半岛，其王都开京中有居留的华人。至少在11至12世纪的开京都城内，已经出现了以海商为对象的客馆。来航的海商里面，有人停留了几年，也有人在当地娶妻。13世纪中期，高丽为对抗蒙古而迁都江华岛后的状况虽不明了，但在这之前华人海商在朝鲜拥有生活据点是毋庸置疑的。

11—13世纪往来于东海的海商活动，主要以华人为中心。12世纪以后的中国史料中虽然可见"日本"商人、"倭"商、"倭"船、"高丽"商人、"高丽"船等词，但大多是指从"日本"和"高丽"航来的商人、商船，并非直接意味着其民族身份是日本人、高丽人，也不意味着他们的船是日本船、高丽船。日本的权门[3]

---

1 荣西：1141—1215，备中人，1168年、1187年两度入宋，奠定了临济宗在日本的基础，并将宋式饮茶习惯传入日本。除了圣福寺，还创建了京都的建仁寺与镰仓的寿福寺。

2 圆尔：1202—1280，骏河人。1235年入宋，返回日本后在博多创建承天寺，在京都创建东福寺。

3 权门：日本古代末期到中世时拥有社会特权、掌握权势的门阀、集团。天皇家、有力贵族、大寺社、武家的栋梁等就属于此类。

派遣到南宋的贸易船，有不少日本人和华人船员同行。在宋朝，这样的船被认定为日本的商船，如前言提到的，一般而言，当时海商的民族区分和归属国，以及船的归属地，并非一致或固定的。这当然不同于现代的国籍、船籍，海商的归属模糊不清，正象征着这个时代东亚海域发展的开放性。在日本活动的华人海商中也有父母其中一位是日本人的商人，所以海商的民族区分本身不过是相对概念而已。

　　以上状况在1250—1350年间应该还持续着，但随着元朝侵略日本改变了博多纲首的地位，就要另当别论了。

　　在南海，宋朝的华人海商在东南亚形成的初期华人社会仍然存在。宋元易代时，有被称为"新唐人"的新移民渡海前往柬埔寨，人的迁移依然持续。穆斯林海商的影响力依旧强大，其结果就是在13世纪末苏门答腊岛北岸的港埠，诞生了东南亚最初的伊斯兰王权——苏木都剌国。

　　穆斯林海商在泉州和广州等地依然活跃。关于泉州的穆斯林社区，第一章谈到的伊本·白图泰留下过详细记录。还有，在元朝治下的中国，和政权上层合作的蒙古人和色目人[1]——尤其是和商业有关的穆斯林、回纥人被派到各地为官，或以其他形式移居。通常，在移居地，他们会在与自己有关的商人以及对该商人而言是最大的顾客兼提供庇护的国家之间，扮演媒介的角色；偶尔也成为商人方面的代言人。这大概可以看作是色目人以元朝统治下从中央欧亚大陆到中国沿海所展开的网络为

1　色目人：指"诸色目人"（各种类的人）。元朝统治下的居民里面，除蒙古人（蒙古）、汉人（金朝治下的华北居民）、南人（旧南宋治下的江南居民）的居民统称，中亚、西亚的人占多数。

基础而发挥了一定的作用。原本是南海贸易中心的广州和泉州，从很早以前就有清真寺了，但杭州、庆元、松江等浙江一带的贸易港，要到元朝统治之下才确定有清真寺的存在。

与此相关的是，伊斯兰教的神秘主义教团苏菲派的活动和网络也值得注意。他们在各地辟建的修道所也开放给一般的旅人和商人，因此具有交通据点的特性。从伊朗、中亚到东亚，可看到Kübrevilik教团[1]的活动。还有在第一章曾提过，从波斯湾沿岸到东海沿岸的港口，卡兹鲁尼教团吸引了众多航海者，西亚航海守护圣人希德尔的信仰者也颇多。各地穆斯林社区的首长和法官，很多都由与这种神秘主义教团相关的大商人出任，神秘主义教团的宗教和移动网络同时也发挥了商业网络的机能。

如上所述，在1250—1350年的东亚海域，除了承接1250年以前的情况，具有丰富民族、宗教多样性的"外来者"活动，在空间上或社会关系上扩散开来，并融入当地社会。海商是其中主要的功臣。

政治权力和商业的接近

政权和海商的关系变得密切，尤其是在元朝，商业人士本身就被吸纳到国家的贸易管理机构里，形成了商业和政权的共生合作关系，比起之前，这是1250—1350年的时代里显著的特征之一。

---

1 Kübrevilik 教团：13 世纪由 Najm al-DīnKubrā 创设的神秘主义教团，在中亚以东的各城市建有 Khānqāh（修道场）。

　　元朝统治下中国的贸易特征，有前述的官本船，它由政府出资经营，收益则是政府和海商分享；还有密切参与其中、人称"斡脱"的商人。他们以穆斯林和回纥人为主，接受元朝宫廷、王族和政府提供的资本，在特权下从事贸易。对这些人进行管理、增加元朝南海贸易财富的行泉府司作为市舶司的上司，也能够介入这些贸易相关业务。还有，斡脱有时会和伊斯兰教、基督教、佛教等宗教势力的商业活动密切结合。在元朝，这样的宗教势力受到特定官府和官僚的监察，而这些官府和官僚反过来也会成为各宗教势力的利益代表。元朝的斡脱政策，从侧面反映了官府、官僚、宗教势力之间互相平衡的利害关系。

　　斡脱也参与了元朝宫廷的宝货收购（"中买宝货"）。有的海商采用向中央的权贵进贡（"拜见""呈样"）的方式，以避免在与宫廷进行交易时被征税。原本海商会通过赠予等方式，和以市舶司为首的各官府官吏建立私交，以避税和规避对其装载违禁品等违法行为的查缉。在完备的市舶司制度下，中央政府、港口的权力者、贸易管理者与海商之间的互相勾结，是决定元朝贸易的重要因素。

　　元朝对于江南的统治，是在限制当地民间的有力人士的同时将他们编入统治机关的末端，形成一种委外统治（outsourcing）的形态。关于海上活动的著名例子，有元朝初期负责海运的朱清、张瑄，他们原本是南宋的海盗、盐贼（专卖制度下贩卖私盐的人），元朝以和海运有关的官职笼络他们，利用他们对航路的熟悉来将税粮从江南输送到大都。宋代官方水运承包商"纲运"的相关人士也是如此。海运相关人员会利用业务之便运送私人货物（"私货夹带"）等，进行私人的营利活动。

　　海运方面，因为拥有海船和船员、多任用懂航海技术的人，不少海商能用政府支付的舶脚钱（船费）作为本金从事海上贸易，前往高丽贸易的太仓（今江苏太仓）殷氏就是一例。澉浦杨氏则在从事海运之外，有时担任市舶司的职务，有时作为斡脱商人参与印度洋贸易，还出使了伊儿汗国。江南沿海的民间有力人士经常像这样被任命为管理贸易的官吏；另一方面，也作为承接官方贸易的海商活跃着。南宋市舶司的实际情况是部分机能要通过和当地的权势者合作才能发挥，例如下一章会登场的泉州海商蒲寿庚[1]的事例，而这个倾向到了元朝更加显著。

　　在日本，京都、镰仓的权势者和大型寺院神社进行贸易的方式是派遣商船，尤其是寺院神社的赞助者以筹措建造费用和物资的名义派遣到中国的"寺社造营料唐船"，较为知名。航运的负责人被称为纲司，在回国后会向派遣他的雇主支付定额的利润。这种贸易形态延续了1250年以前就已形成的体系。从史料来看，派遣的雇主里虽有京都东福寺，但身为北条氏总领[2]的得宗家及其庶家[3]金泽氏，和后来的室町幕府将军家足利氏的参与，使其与幕府的关系颇深。其背景是镰仓幕府面对蒙古的威胁，将掌握博多港作为军事准备的一部分，强化监视对外往来关系，这使幕府在紧张形势解除后参与博多的对外交通成为可能。尤其是13世纪末设置镇西探题以来，该职位一直由北条氏一族出

---

1 蒲寿庚：以泉州为据点从事海上贸易的穆斯林商人，在南宋末期为提举市舶（贸易管理官），是泉州的政治有力者。想要征服江南的元朝与抗元的南宋均寻求他的协助，而他选择了元朝。

2 总领：中世日本武家的家族制度中，统领一族的家长与其家系。

3 庶家：中世日本的武家里，总领家以外的家系。

任，所以幕府和博多的直通航路才如此稳固。

例如，以武藏国金泽为据点的金泽氏经常参与贸易，曾为建造金泽的称名寺[1]派遣了贸易船（1306年回国）。这艘船一抵达博多，当时的镇西探题金泽政显就把货物搬上他自己安排的船，经由濑户内海运往镰仓，同时也写信给在京都任六波罗探题[2]的堂弟金泽贞显（金泽氏嫡系），告知这件事的来龙去脉。故可知镇西探题的家族联结起博多—京都—镰仓的远距离网络，并有一套系统保证贸易顺利进行。这个网络通过熟人、亲戚、代官等各种渠道，以及其他幕府关系者共同参与建立起来。

来看朝鲜的情况。11—12世纪来自中国和日本的海商频繁来访，他们向国王进献物品。史料显示13世纪以后这样的事例逐渐减少，有观点认为是国王和海商的关系逐渐疏远的缘故。但自高丽归属元朝之后，海商仍向国王呈献物品，国王也宴请海商，两者的关系并未全然断绝。王室也派遣贸易船到中国，而且在王室下组织海商是有可能的，这时的高丽国王积极参与海陆两路的商业活动。当时高丽的臣子中也有商人出身者，应该也与高丽国王的野心有关。

由上可知，在当时的海运贸易中，和权力结合的御用商人颇为突出。严格地说，这不是御用商人的全部特点，只是他们会配合资本提供者、支援者的形态而变换的多种"面孔"之一。

---

1 称名寺：金泽流始祖北条实时（1224—1276）为了同族来世福祉所创建的菩提寺。

2 六波罗探题：镰仓幕府在京都的机关及其长官。掌管职务包括与朝廷的交涉、维持京都及其周边的治安，还有加贺、尾张（之后的三河）以西（设置镇西探题后则不包括九州）的审判。

但和之前相比，商业和政权的结合变得显著，是这个时代的特征。而另一方面，权势者于公于私都积极参与商业、贸易的倾向增强，这是中国、日本、朝鲜的共通现象。

经济、往来圈扩大

横跨东西欧亚大陆的蒙古霸权，支配关系随政治统一而稳定下来，还有以驿站（站赤）制度为代表的大范围交通网的整备。以穆斯林和回纥人为代表的部分中亚商人，很早开始就作为斡脱与蒙古的宫廷、王族合作。13世纪后半期，当元朝的统治扩展到江南时，中亚的贸易网得以和中国及南海连接，联结海陆的欧亚大陆规模的物资流通得以实现。元朝也很积极地游说东南亚、南亚诸国进贡，偶尔会采取强硬手段，甚至军事行动，这反映出元朝对南海贸易的关心。南海戎克船商圈和印度洋单桅三角帆船（Dhow）商圈的衔接点，10世纪时是在马六甲海峡附近的吉打（Kedah），但从12世纪左右开始转移到印度南岸、西岸的马八儿（Ma'bar）、马拉巴尔（Malabar）、古吉拉特邦（Gujarat），并以故临和加利卡特（Calicut）为中转站，衔接波斯湾、红海等西亚沿岸地区。在开头介绍过的马可·波罗和伊本·白图泰也利用了这条航线。元朝和伊儿汗国以及欧洲各国往来，经常是通过海路，这时就会利用海商的贸易网和交通资源。之后15世纪有名的郑和下西洋，也是继承了在这个时代通过贸易而累积的航海知识才得以实现的。

仅就中国而言，隔了四个世纪之后，元朝于1270年代在政治上统一了华北、江南全域，意义重大。元朝的政治中心在北方的大都、上都，但也重视海路和运河的连接，财政上相当依赖江南输送的税粮。最初也曾尝试利用运河运送税粮，但最终还是选择了以海运为中心的运输体制，并于14世纪成功地步入正轨。这一点不同于主要依赖运河运输的北宋和明朝（明朝部分是由于元末以来海盗的横行）。当时运粮的主要路线，是在长江口的太仓刘家港将税粮集中起来，之后用海路运到渤海湾的直沽，再经运河运到大都，形成贯穿中国南北的大规模物流网。还有，在元朝重视海运这个时代背景下，起源于福建地区的航海神妈祖受皇帝褒封为天妃，给予国家级的保护，包括华北的沿岸各地都建立了妈祖庙。这也成为日后妈祖信仰扩散到中国各地，甚至东亚海域一带的开端。

也有从山东半岛往辽东、朝鲜的海运航线分支。这条支路是元朝为该地提供军粮和赈恤谷（稻作歉收等情况下作为紧急援助供给的谷物）时使用的。相应地，接收高丽的粮食时也是走这条分路。13世纪末元朝从朝鲜运出物资时，作为暂时措施，曾在朝鲜西岸一带设置了海上驿站（水站）。高丽在政治上服属于元朝后，意味着元朝官方的海上物流和人员移动也连通到朝鲜沿海地区，朝鲜的岛屿也被元朝用作流放地，尤其是济州岛曾一度成为元朝的直辖地，在归还给高丽之后尚有蒙古的牧人经营直属元朝皇室的牧场。甚至，元朝末代皇帝元顺帝曾计划到济州岛避难，由此可见，这使得朝鲜沿海地区和中国之间建立起前所未有的紧密关系。

再者，与之并行的除了过去海商的活动，民间往来也在深化。以养子关系的名义被带走、在朝鲜等地被非法贩卖的孩童来自从华北到江南的广大地区。14世纪后半期，被明军驱逐的浙江、

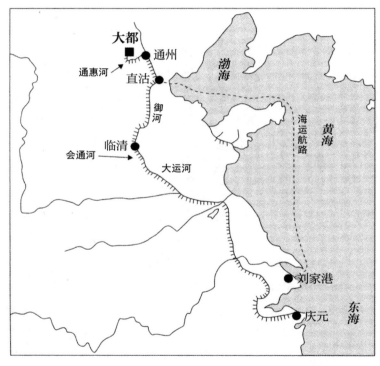

元代海运路线与大运河

舟山群岛的海民，远渡重洋到朝鲜西南沿海一带蛰伏，也是因为该地在之前的交流里已孕育出接受他们的社会环境。

日本方面，在经历了元朝再三地要求朝贡和远征失败后，双方在政治关系上没有联结，故元日之间官方的水上运输和人员移动都没有进展。将在下一章叙述的是，虽然在政权之间充满了政治、军事上的紧张，但中日间的贸易和利用贸易展开的民间交流却很兴盛。

还有，根据考古学调查，出土于琉球的13世纪中叶之后的中国制陶瓷器数量有所增加，尤其是在日本九州以北的地区和奄美群岛较少发现的福建产粗制瓷器，却在冲绳群岛、先岛群岛大量出土。由此可窥见，中国和琉球之间可能存在独立的物流渠道，并以此为前提在接下来的时代发展为中琉贸易，这一点值得关注。

四　蒙古西征与其影响——开放中的封闭性

本章要叙述的是1250—1350年间东亚海域特色。一方面，令这时期的"开放"样貌达到极盛的关键，同时也是"封闭性的局面"萌芽的原因，就是蒙古势力的扩大所带来的政治、军事上的冲击，以及各方对此的反应。前章的内容是讨论在1250年以前延续下来的基础上发展、扩大趋势的要素，相对地，本章探讨的是这时期出现了一部分阻碍上述基础的条件，还有酝酿了明朝的海禁政策所象征的14世纪后半期到15世纪东亚海域

"封闭"局面的要素。因为着眼于对外战争或外交，叙述的中心自然着重于政权的动向，而非像海商这样直接从事海上活动者。只是，像元朝中央政府和镰仓幕府这样的广域政权，与东亚海域动向保持了距离，反而是沿海一带身处外交、战争现场的各种层面的政治权力（高丽，东南亚诸国，元朝地方官、军官等），才是促进海域交流的大功臣。

蒙古对"海路"的掌握企图和军事活动（1）——经略日本

蒙古帝国到第四代皇帝蒙哥时，坐拥东起华北和辽东，西至伊朗和俄罗斯平原的广大版图。但蒙哥驾崩后出现皇位继承之争，由忽必烈建立的元朝将政治重心移往华北。中亚、伊朗、俄罗斯平原的蒙古势力，实际上各自为政。

元朝直接统治欧亚大陆东部后，其势力更往东方、南方扩展。1260年代到1270年代将朝鲜半岛的高丽变为附庸国，对其国政发挥了确实的影响力，还清除了南宋和其残存势力，成功地将江南收入囊中。这也意味着蒙古的势力终于到达了东亚海域的窗口。

此后，元朝不断试图向海上发展。1266年起通过高丽向日本要求朝贡；在东南亚、南亚诸国方面，于1281年、1282年派遣使节团浩浩荡荡前往柬埔寨、单马令、爪哇、马八儿、故临、苏木都剌国、暹罗、八剌剌、阿鲁、监篦等地。这些活动被认为是出于想要扩大政治势力和掌握交易、财富这两方面的因素，总之，就是攸关掌握"海路"，即海上交通的问题。

然而，日本政权屡次拒绝元朝的要求，对东南亚诸国朝贡的要求，也因为越南南部占婆进行抵抗而受阻挠。所以元朝首先攻打了日本，然后是占婆，接着在1292—1293年又与不理会朝贡要求的爪哇开战。

这些战争的性质与蒙古一直以来的大规模对外征服活动不同。通常，蒙古的大规模征服战争是考虑到日后的战利品分配，由蒙古王公贵族的各个集团在各地所形成的政治分权单位派兵组成军团。但在这些战争中，蒙古统治者共同体合力作战的色彩淡薄。换言之，这是元朝皇帝和其周边小范围内的相关人等，连同作为前方基地的朝鲜和江南沿海一带的当地势力，以及负责平定这些地区的前线军团为主要旗手的战争。调派已征服地区的兵力攻打下一个征服对象，是蒙古的惯用手段，也可说这些由皇帝及其周边关系人士所发动的战争，对蒙古整体而言不过是局部战而已。但在欧亚大陆东部，将大量的地面部队输送到如此遥远的外洋，可谓是史无前例的创举。

但这件事不应单纯解读为元朝中央政府的意思直接传达到末端并被忠实地执行了。相关地区、前线各种势力的自主能力，牵制了战争的准备、执行的过程。其中包括了促进或抑制、阻碍战争的要素，也混杂着对元朝中央的抵抗、合作、服从、将计就计、利用等各怀鬼胎的情况。要注意的是，不管是侵略方或被侵略方，内情都很复杂。以下将具体说明。

元朝征讨日本之际，朝鲜半岛的高丽作为前线战场，呈现复杂动向。高丽在12世纪后半期由武人（武臣）出身的重臣掌握实权，他们在13世纪前期主导了抗蒙战争。1260年高丽成为元朝的附属国后，这个武人政权还存续着，反蒙古的氛围依然残留。因此，高丽一开始对劝说日本向元朝进贡一事采取不合作的态度，1266—1267年最初遣使之际，大臣李藏用向元使黑的说明航海的危险和对日交涉无益，终于说服其放弃渡海的念头。后来高丽仍不顾忽必烈禁止以"风浪险阻""素与小邦未尝通好"为由中止遣使的事先警告，仍试图用同样借口正当化自己不愿遣使的行为。当时，高丽的对日外交窗口是朝鲜东南岸的金海，但高丽把元使诱骗到西边的巨济岛，同时毁坏金海接待日本来航者的迎宾馆，隐瞒对日外交的事实。

忽必烈对其令不行之事大发雷霆，命令高丽将元朝的国书（在日本被称为"蒙古国牒状"）送至日本，其结果是1267年年底潘阜被派遣到日本。但抵达日本的潘阜在写给大宰府长官（猜测是少贰武藤氏）的书信中，将元朝的地位置于日本之下。这暴露出高丽有意阻挠元朝的对日经略，希望日本方面能有适当处置。

但之后，高丽和元朝关系走向恶化。1270年武人政权倒台，高丽为了自身的安全，迫于现实而欲与元朝改善关系，其中一环就是协助元朝征讨日本，虽然仍存在着想要减轻负担等消极因素，但态度转为合作。

元朝1274年首次出兵日本（文永之役／甲戌之役），之后1281年第二次出兵（弘安之役／辛巳之役），从高丽表现出的动作来看，两次出兵似乎都是高丽提议的，其态度也变得相对积极合作。但这应该是高丽预计无法避免与日本的再次交战，而希望掌握作战时的主导权，其目的是从元朝的要求、干涉中保护本国利益。

另一方面，长年和蒙古作战的高丽精锐部队三别抄[1]，在武人

---

1 三别抄：别抄是指特别选拔部队的意思。最初是维持治安的部队，包括左右两班的夜别抄，以及从被蒙古军俘虏后脱逃的士兵中选出来的人员所组成的神义军这三支部队。

政权倒台后逃到朝鲜西南端的珍岛，接着逃往南方海上的济州岛，直到1273年一直持续抵抗开京的本国政府和元朝。这极大地阻碍了元朝和高丽进出朝鲜南方海域，结果延缓了对日出兵。虽然镰仓幕府1272年恰好发生了二月骚动[1]，政治形势明显动荡不安，但仍有充裕时间加强防备。还有，此时三别抄向日本遣使号召共同抵抗元朝，同时也有迹象显示，南宋利用日本人留学僧作为密使，但日本方面对这些行动反应迟钝，不管与南宋或是与高丽，都没有建立起同盟关系。

在日本，朝廷和镰仓幕府对元朝的朝贡要求表现出强烈反对，但另一方面，1271年当元使赵良弼来日本之际，有证据显示，作为使节往来窗口的大宰府曾独自派出使节回礼。还有，1269年元朝、高丽使节将被掳走的对马岛民从高丽送返时，也附上了元朝中书省的书状。对此，日本朝廷草拟了一份强硬的回函，却对当时同封附上的高丽地方监察官（庆尚道按察使）的书状准备了友善的回函（但两封均未发出）。曾经赴日的高丽使节潘阜私下对日本展现的"好意"，确实有传达给日本方面吧。

大宰府的实际负责人是少贰武藤氏，在12世纪末至13世纪初上任不久就曾与高丽针对镇压倭寇和通商的议题进行过交涉。元朝要求朝贡之前的1263年，亲武藤氏的日宋贸易船漂流到朝鲜半岛，高丽提供了保护。1250年以前对马海峡两岸的网络，直到开战前夕都仍维持着，并借此摸索回避冲突的方法。1272年日本船驶入金海的港口，可以理解为13世纪前半期之前持续的贸易活动的一环，但企图隐瞒此事的庆尚道按察使曹子一却

---

1 二月骚动：掌权的北条氏一族的内斗。有权势的庶家名越氏的时章、教时兄弟，与当时掌权的北条时宗的庶兄时辅，被得宗势力征讨。

被元朝处死，令紧张情势升级。

两次征讨日本时，朝鲜东南岸的合浦（现在的马山）作为前线基地，从这里出击的部队船只是在朝鲜建造和征用的，也强征水手。10—13世纪前半期的日朝间贸易之中，目前能确定的部分大半是由日本方面的贸易船进行的，而并不清楚朝鲜居民了解多少前往日本的航海信息。但在必要时，高丽还是有能力派出外交船的。还有，在攻打日本前，先行攻打济州岛的三别抄，对元朝、高丽两军而言，可说是越洋大规模军事行动的预演，展现出足以取胜的能力。这包括在短时间内迅速动员不熟练的劳动力，但像上述的战争准备和执行，想必大幅动员了朝鲜半岛官方、民间的海上活动者的技术和知识吧。

第二次征讨日本之际，在南宋降将范文虎指挥下，自南宋接收的水军军力以及造船与航海的技术、知识、劳动的负责人也被动员。主要的出发地在庆元一带，殆无疑义，不过也有观点认为是同时从多个地点出发。若是拿江南军队和朝鲜出发的部队相比，在舰队规模上，泉州、扬州等地的新造船舰比例低。除了从旧南宋军接收的船舰，似乎还有为数不少的民间船被征用，推测其中也包括了沿江船舶。即使对旧南宋水军而言，跨越东海的军事活动也是前所未有的体验，当然在航海上动员、利用了往来中日间的贸易船的人力资源。

蒙古掌握"海路"的企图和军事活动（2）——南海经略

蒙古征讨南海诸国的行动，稍晚于元日战争。关于此事首先应关注的是，初期被任命的蒙古将领唆都和以泉州为据点的阿拉伯或波斯裔商人蒲寿庚的联合。

　　唆都率领自南宋接收的水军，参与了平定杭州和其周边的战役，之后在1277年作为统筹平定福建的福建道宣慰使南进，在泉州援救了表明愿意归顺元朝的蒲寿庚。翌年，唆都成为统筹泉州地方最高官府（泉州行省）的官员，奉忽必烈之命，与蒲寿庚共同前往南海诸国要求朝贡。这项工作的执行，需利用和蒲寿庚有关的穆斯林海商的网络。

　　这项工作不只是要求各地政权朝贡，同时还要招揽商船前来交易。这对蒲寿庚他们来说，重启因战乱而经济停顿的福建、广东等地，尤其是泉州的对外贸易，与其自身的商业利害是一致的。故在要求朝贡的提案和执行上，出现了站在前线的唆都、蒲寿庚很积极地领导中央政府，反而遭到中央政府制止的情况。这个时期除了他们，其他参与游说南海诸国朝贡的人，比如1279—1283年出使占婆的孟庆元、孙胜夫，以及出使故临等国的杨庭璧，都因和唆都、蒲寿庚有关系而被起用。

　　元朝从1281年前后开始积极经略南海，在这个过程中，执行集团发生变化，其背景是元朝内部围绕南海贸易的利权产生了争夺。

　　1281年设置了占城行省作为征讨占婆的总指挥部，在唆都之外，还起用了平定南宋时相当活跃的水军指挥官刘深以及回纥人亦黑迷失，为出征南海诸国做准备。特别是亦黑迷失也在当时的元朝宫廷里掌管贸易。

　　准备出征的另一方面，与此联动的是对南海各国的外交动作频频。1280年出使末罗瑜的速剌蛮，1281年出使末罗瑜、柬埔寨、单马令的苫思丁，1282年出使马八儿（潘地亚王朝[1]）的俺都剌，这些人似乎都是穆斯林出身，可见其时代背景就是从事商业的中亚穆斯林势力已经扩及东南亚沿海一带。当时，福建的元朝将军忙兀台以海军的实力为基础，对福建的港湾发挥影响力，推测他得势也是因为与掌握斡脱商人利权的中亚穆斯林官僚沙阿布丁·穆罕默德（Shahab-ud Din Muhammad）的关系。

这时，对南海诸国的朝贡要求和军事示威，却因占婆的抵抗而受挫。元朝遂向占婆以及拒绝协助攻打占婆的大越陈朝开战，但唆都在中途战死。这场战役在1287年结束，忽必烈的南海政策转为和平通商，而唆都的军队则被回纥官员阿里海牙接收，相关人员也退出参与南海政策。

另一方面，至少从1280到1284年间，蒲寿庚是泉州拥有最高权力的人。1285年新长官被派遣到福建行省，随着唆都势力的消退，蒲寿庚也失去了和中央政界的联系。但他作为当地的权势者，之后也延续了影响。

此外，元朝也试图对作为香料集散地而地位重要的爪哇采取军事行动。在要求朝贡却屡被拒绝后，元军于1293年从泉州出发攻打爪哇。不过，此时爪哇的信诃沙里王朝正好发生了谏义里领主颠覆政权的事件。国王的女婿罗登·韦查耶把入侵的元军拉入自己的阵营，收拾政变的残局。

之后韦查耶驱逐利用完毕的元军，成为拉查沙纳加拉王（Rajasanagara），创立麻喏巴歇王朝。

---

1 潘地亚王朝：12世纪末到14世纪中期，存在于印度南端的政权。与10世纪以前的前身政权有所区别，又称后期潘地亚王朝。马八儿是别名或者地区名。

相关各地区的反应

蒙古拓展霸权，给环绕东亚海域的各国带来各种压力，也成为一些地区重整权力的契机。在中国，元朝的登场使金朝末年发展出来的各地军阀解体，也限制了分布于各地的蒙古王侯的权益，发展出一定的中央集权化，可说海上政策也是这个趋势的一部分。在朝鲜半岛，长年以来握有高丽实权的武人政权倒台，和蒙古保持密切关系的王室恢复主权。麻喏巴歇王朝的查雅纳迦拉国王（Jayanegara），也通过和元朝建立关系强化不稳定的权力基础，为此频繁遣使，还亲自入朝（但在返国后被杀）。日本一直拒绝和元朝的政治往来，但军事的紧张状态反而让镰仓幕府的执政北条得宗家有机可乘，巩固了专制体制。

异民族的侵略和支配，让东亚海域沿岸人民产生了反蒙古思想或觉醒了新兴的自我意识，并以各种各样的形式表现出来。例如在江南，1279年杭州演出的参军戏（滑稽讽刺剧）里，有寺院长老僧斥责"既是钟神，如何投拜？"的情节。这里的"钟神"音同"忠臣"，借此讽刺像范文虎这种降元的宋臣。还有，元末的《辍耕录》[1]记载唐珏、林景曦收葬元初被掘的南宋皇陵尸骨，将此事迹称为"义举"。元末爆发的红巾军[2]起义，其中一位首领韩山童也是自称"宋徽宗八世孙"，可见对被元朝灭亡的宋朝皇室的想象，在当地社会仍拥有一定的向心力。

---

1 《辍耕录》：元末明初文人陶宗仪所写的笔记杂录。作者是浙江黄岩人，号南村。

2 红巾军：1351—1366年从安徽、湖北扩及中国南部的民众叛乱。得名自其徒以红巾裹头。以白莲教为首的民间宗教团体为基础，动摇了元朝的中国统治。

　　高丽归属元朝之后，朝鲜半岛上此前通过护国佛教等形式来抵抗蒙古的姿态转为隐晦。但高丽仍坚持保留本国的"国俗"，而不使用元朝的"通制"，其中最甚者为现在被认为是朝鲜民族始祖传说的檀君神话。其原型可以追溯到这个时代之前，而现在能确认的最古老版本是李承休的《帝王韵纪》[1]与一然的《三国遗事》[2]，两者都是完成于13世纪后半期的文献。尤其是前者在叙述朝鲜半岛历代君王的系谱时把檀君放在开头，以此区别于包含元朝皇帝在内的历代中国帝王系谱。不同于反蒙古的势力，这是为了与大陆民族、政权作区别的"自我意识"表面化。

　　日本则是神国思想高涨。这种思想在蒙古入侵前就存在，特别是镰仓武士政权出现后，作为维护以天皇为中心的政治体制的理论，强调天照大神血统的神圣性。蒙古的入侵从外部刺激、促进了神国思想。1269年，日本朝廷给元朝中书省的书状回函草案里，直接向外国强调本国统治者是天照大神的子孙并得到神的加持，这一点值得关注。而且，作战时吹起了所谓的"神风"（击退元军的恶劣天气），更使这一思想扩展到社会各阶层。北畠亲房的《神皇正统记》[3]甚至说："日本是神国，由天皇的祖先开辟、太阳神天照大神治理，其他国家无此类例。"

　　在东南亚诸国，蒙古的冲击也引起各国自我意识高涨，这

1　《帝王韵纪》：歌咏中国历代帝王与朝鲜历代君王系谱的历史叙事诗。作者李承休（1224—1300）为京山府嘉利县人，号动安居士。

2　《三国遗事》：这本私撰史书汇集了以新罗史为中心的古代朝鲜的历史记录和佛教的相关故事，作者一然（1206—1289）是出身庆州章山郡的禅宗高僧。

3　《神皇正统记》：1339年成书，1343年修订，记录了日本从神代到后村上天皇为止的事迹，在南北朝对立的情况下强调南朝的正统性。北畠亲房（1293—1354）是南朝臣子。

主要促成历史体系化的结果。在大越陈朝，关于本国历史、王权、疆域、神佛的定式化，一下子有很大的进展。1272年，黎文休编纂《大越史记》；1299年祭拜全国的"山川神祇"；1329年击退元军后，战死者被追谥封号，成为国家祭祀的对象，而这些神明的由来被编纂成《越甸幽灵集录》。"国语诗"（字喃诗）的创作也始于与蒙古作战时。在爪哇，则有编年史书《爪哇史颂》。在大陆的上座部佛教圈[1]内，许多近世的王朝编年史和佛教编年史的原型，是在14世纪成立的。

东海的贸易盛况与政治的紧张

以现代人的感觉来看，元朝与日本经过两次战役，敌对关系没有改善，之后中日间的贸易断绝了也毫不稀奇吧，但事实并非如此。确实，战争中至战争刚结束不久，发生了贸易中断的情况，但之后则呈现出前所未有的活跃景象，甚至有观点认为比前后的时代更加繁荣。南海贸易方面也一样，可以说即使在战争进行中，贸易也相当兴盛，或是从历史上看，政权之间的对立本来就不见得会对民间贸易产生影响，现代的国际关系或许也是如此。从贸易体制来看，中国方面是在以庆元为窗口的市舶司管理下进行贸易，日方则依然以博多为主要窗口（攻

---

1 上座部佛教圈：指东南亚的以上座部佛教（即小乘佛教）为多数派宗教的泰国、缅甸、寮国、柬埔寨等地区。释迦殁后，初期佛教组织分为实施弹性戒律与主张严格遵守的两派，之后又分裂成许多派别。其中，主张遵守戒律的团体大概相当于现在的上座部佛教。他们之后传到斯里兰卡及东南亚，故又称为南传佛教。

击日本时的出击目标和受灾地）。以整体的形态、特性来说，和1250年以前的情况并无明显的变化。

当然，这两次军事冲突也带来了变化，这成为东亚海域在接下来的时代里产生新特征的前提。受到侵略的日本，为防止元朝再次入侵而采取戒备状态。虽然有过反守为攻的"异国征伐"计划，却没有实行，1272年开始实施异国警固番役的制度：由镰仓幕府的御家人轮流在九州北部的沿岸戒备。又于1276年下令建造防御墙（石筑防垒），现在的博多湾一带还有遗迹。1294年更修筑烽火台作为防御设施。作为防卫体制的核心机构，1290年代设置了镇西探题，一直延续到1333年镰仓幕府灭亡为止。

以上的警戒体制与外交和贸易船的管理有何关系，仍有许多不清楚的部分，只知道当发生元朝、高丽遣使来日等紧急情况时，会中断船只的往来。虽然不确定是否有恒常性机能，但推测镇西探题等权力机构在必要时可响应管理船只出入的需求。

当时的中日贸易似乎也是以华人海商为中心，从日本僧的渡航记录等资料来看，除战争和短暂的外交紧张时期外，船只往来相当频繁。但这些华人海商的面貌和1250年以前不同。在此之前以博多为据点、纲首为人所知的华人海商社区，其历史形象逐渐变得模糊。

博多湾沿岸残留的石筑遗迹

虽然博多纲首的子孙不至于被彻底清除，但例如14世纪前半期开创博多妙乐寺[1]时，就不像过去在圣福寺和承天寺背后可看到华人的存在。

其原因之一，就是作为元日战争的结果，1281年镰仓幕府发布排斥新来外国人的命令。中日间船舶如此频繁往来，可能也是因为新来的外国海商无法长期滞留日本而造成贸易船不得不在短程的循环航线上行驶。而且，九州北部的华人社区无法补充新成员，因而逐渐丧失了民族集团的独特性，不久之后被日本社会同化。若是换个观点来看，其实这差不多就是在渡航地设立据点且长期居住的所谓"住番"型贸易。因为只要具备造船、船舶运航的技术条件，与确保交易顺利进行和利润的政治、经济、社会条件，就可以维持安定的交通和通商。

另一方面，即使是强调贸易开放性和发展的元朝，在和日本的贸易上也采取一定的警戒姿态。平定江南后，在庆元设置了沿海万户府，负责从山东到福建的沿海防卫工作。这是继承了南宋以来海防体制上的军备、人员，也利用了当地的海上势力，尤其是像泉州的蒲寿庚和澉浦的杨氏。浙江地区成为与日本来航者接触的地点，1303年设浙东道都元帅，1304年置定海千户所，加强驻军。因此，像第一章提到的龙山德见，就遭遇了禁止来航的日本人进入城市内的措施；还有对日战争前后和"倭商"（以民族集团来说并不限于日本人）暴动事件刚过时，禁止日本商船来航。特别是1335年禁止"倭船"来航，到1342年为建造天龙寺而派遣贸易船期间，之前日本僧大量利用贸易船往来的情况也突然销声匿迹。

自不必说，这是因为对日的朝贡要求和军事进攻皆以失败

---

1 妙乐寺：1316年，缘起于月堂宗规在博多息滨（博多港东北部海岸一带）创建的石城庵，后改称为妙乐寺，也参与和明朝及朝鲜的外交、贸易。

收场，对元朝来说日本是潜在的敌对势力。而且，在这样的紧张关系里，再加上"倭商"的暴力事件，使对日本的警戒心不断提升，形成了恶性循环。14世纪前半期袁桷的《马元帅防倭记》里记载，当时在庆元的外港定海与"倭商"展开的交易，是在相当严密的警戒状态下进行的。

虽然中日间的贸易在如此紧张的情况下进行，但这里想强调的是，即便如此，实际上贸易仍相当兴盛。即使受局势限制，但是1250年以前开始的"开放"贸易形式依然维持和成长，由此可见海域交流的"开放性"是相当顽强的。

元朝的军事行动之后，南海贸易方面的通商同样维持了活跃，战争带来的负面影响比较小。1293年元朝远征爪哇前后，曾禁止往南海出航，但之后并没有采取像对日本实施的限制措施和警戒体制。除占婆、大越陈朝、爪哇，元朝也没有与其他东南亚国家发生军事冲突，而这也反映了元朝并不太担心存在被这些国家直接侵犯的可能性。

相对于此，日朝之间的紧张状态相当严峻。第二次侵略日本时，在高丽设立征东行省作为朝鲜部队的司令部，由高丽国王出任长官。之后每次出现对日用兵的提案时就会设置征东行省，从1287年起成为常设机构，被定位为高丽国王的管理下统筹高丽领土的元朝最高地方政府。沿用"征东"这个名号，也可见在元朝的东方边境，尤其对敌对势力的日本，设置军事上产生威慑作用的机关；1294年忽必烈过世、进攻计划被放弃后，仍期待其发挥防卫作用以阻止日本的威胁。

另外，在第二次入侵后，在合浦、全罗道设置了镇边万户府作为边境守备队，1301年又在济州岛设置耽罗万户府，建构了涵盖朝鲜半岛南岸一带的对日防卫网。但统筹治理这些机关的是征东行省的长官——高丽国王,这个任务被交付给高丽的人员。由此可知,高丽认为自己肩负起元朝东边防卫的责任,并借向元朝展现这项工作的重要性换取自己国家的利益。

其结果,不管对元朝还是高丽,日本方面并未展开大规模的反攻行动,虽然日本有"异国征伐"的计划,也许高丽方面也掌握了信息,顶多偶尔发生由"倭"发动的小规模海盗事件。也有人认为第二次攻打日本前的海盗事件,与"异国征伐"计划有联动关系。而且,1350年起出现大规模的倭寇(前期倭寇),故对高丽而言,来自日本的军事威胁绝非空穴来风。

另一方面,持续到13世纪中期的日朝间贸易,在开战前后似乎被迫中断。之后虽然也有"倭人"漂流、接近朝鲜半岛的例子,但和平的通商关系似乎完全消失了。这和元朝与日本互相戒备,却又允许船舶往来的情况形成参照。然而,高丽自诩为元朝在东边对日防卫的藩篱,从其以此进行自我宣传的角度来看,高丽的官方记录中多数情况下都将日本视为戒备对象,这一点不难理解,也可能只是高丽方面虚张声势。从这里可合理怀疑,史料中以漂流民、海盗的身份登场并前往高丽的"倭人"里,实际上也包括为了交易前来的人。虽然其规模不足以在史料中留下明显痕迹,但是也无法断定其中没有任何通商者,不是吗?这是在思考14世纪下半叶出现前期倭寇的背景时,需要留意的重点。

如上所述,1250—1350年的东亚海域上,蒙古展开军事活动的同时,中日贸易和南海贸易呈现盛况。关于南海贸易,也有观点认为军事活动本身就是通商振兴的一环。这也创造出横跨欧亚大陆东西，以及联结海陆的巨大交流网，让距离遥远的人、物品、信息，出现前所未有的大规模且直接的移动。海上交通管理从1250年以前开始就保持比较宽松弹性的状态。就这个方面来讲，延续1250年以前情况为基调的"开放性"，在这个时代达到鼎盛。

　　然而，东海方面的贸易一直在政治、军事上的紧张关系下进行，特别是日朝间出现断绝往来的状况。虽然继承了作为基调的"开放性"，却又因政治原因阻碍了贸易船往来。换言之，这意味着政权直接介入海域动态的意向，以及这种结构的萌芽。虽然直接的背景、动机各异，但也许可以视之为开启了明朝初期海禁政策的一个历史阶段。

五　物品和技术的往来——边缘的扩大与双向流通

　　本章所叙述的是，以海域为媒介的物品和技术的多元交流，以及其结果是传播到各地区的新文化传统开始萌芽。其中关于日本的情况会做重点说明。这是因为在现存的史料、资料中，关于日本的跨海文物交流的明确信息有相当丰富的存留。

　　虽然朝鲜半岛在这个时期，和中国之间直接的、双向的交流机会确实增加了，举凡朱子学、佛教、火药、农书、货币、历法等最新的中国文化，甚至蒙古风俗、藏传佛教等远及北方、西方的文化，都被其广泛接受。但朝鲜半岛在地理上与欧亚大陆毗邻，与华北、江南也各有海路联结，很难判明某种外来文化是发源自大陆的北方或南方、内陆或沿海，其传播路线也不容易确定为海路或是陆路。尤其是经海、陆两线传播时，无法确定移动的质和量的差异，那么是由海路还是陆路的讨论本身就没有意义。同样的道理也适用于陆地与中国相连的西亚和东南亚大陆。

但反过来说，涉及这些地区的事物，在现阶段可能与海域交流有关，则大概有必要将海陆双方一起考虑。因为本来海域交流与陆地上的动向就有连环关系，特别是沿海地区的状况，故无须严格区分两者。

另一方面，会象征性地举出海路动向具体事例，以凸显该时代海域交流的整体特色。与大陆隔着海洋的日本，和域外的交流路径必然局限于海路，故可原封不动地活用大部分的相关资料。

因此本章为了论述方便，将以日本为中心，同时关注其他地区的状况，探讨1250—1350年往来于东亚海域的物品和技术的特色。在这里，日本与以江南沿岸为中心的中国及周边地区的交流，和以前相比，特别之处是物品双向流动的趋势愈加显著，以及跨海往来的"文化"旗手的基础也逐渐扩大。

还有，在这里提到的事物并非网罗所有，始终是象征性的样板而已。除了下面所举的例子，希望读者也能知道，这时期的东亚海域上，还有各种纤维制品、药材、香料、金属、非金属的素材和工艺品等，作为贸易商品在海上往来（参照表1）。

表 1　元朝的庆元主要输入的舶来品

细色 （高级品）	**宝石饰品**　珊瑚、玉、玛瑙、水晶、马价珠（西方产碧玉）、生珠、熟珠 **药材、食材、香料**　槟榔、血竭、人参、芦荟、阿魏（assafoetida）、乌犀、丁香、白豆蔻、没药、砂仁、桔梗、细辛、五味子、桂花、诃子（诃梨勒的果实）、茯苓、泽泻、胡椒、八角茴香、黄芪、红花、栀子花、松子、榛子、肉豆蔻、桂皮、鹤顶（藜）、糖霜（砂糖）、鹿茸、牛黄、朱砂、绿矾、雄黄、雌黄、沉香、罗斛香、苏合油、降真香、檀香、麝香、樟脑、笃耨香、乳香、龙涎香、腽肭脐、万安香、交趾香、登楼眉香、旧州香 **矿物材料**　倭金、倭银、水银、琥珀 **动物材料**　犀角、象牙、玳瑁、沙鱼皮、赤鱼鳔、黄蜡、翠毛（翠鸟的羽毛）、紫矿（由贝壳虫提炼的紫色颜料） **植物材料**　新罗漆、吉贝花、水盘香（枯死的沉香） **纤维制品**　吉贝布、木棉、三幅布罩、番花棋布、毛驼布、袜布、鞋布、吉贝纱、崖布
粗色 （一般品）	**宝石饰品**　石珠（蓝珊瑚）、磨珠 **药材、食材、香料**　红花、草豆蔻、蓬术、海桐皮、藿香、没食子、石斛、史君子、相思子、杏仁、芜荑仁、椰子、白术、破故纸、花蕊石、炉甘石、滑石、印香 **矿物材料**　倭铁、硫黄、硫黄泥、镬铁、丁铁、条铁、铜青（绿青）、铅锡、沥青 **动物材料**　牛角、牛皮、牛蹄、鹿皮、鹿角、麂皮、山马角、螺壳、壳砂、五倍子 **植物材料**　苏木、椰子壳、松香、藤棒、赤藤、白藤、广漆、花梨木、乌木 **纤维制品**　苎麻、焦布（芭蕉布？）、手布、生布 **其他**　铜钱、倭枋板枱、倭橹、椰簟

出处：《至正四明续志》卷5《土产、市舶物货》，至正二年（1342）序

从中国输出的物品

　　1250—1350年间，周边地区对中国产品的需求比之前的时代更加强烈，数量也大幅提升。

首先，作为货币受瞩目的，是蒙古语称为"sükh"（斧）、波斯语称为"balish"（枕），形状特殊、在欧亚大陆上流通的银锭。这是因为蒙古帝国横跨欧亚大陆的政权诞生后，中国和中央欧亚大陆、西亚的经济圈，变得比以前更为密切联动，故需要国际性的标准通货单位。这种银锭不只用于中央欧亚大陆的陆上交易，也作为斡脱商人用于南海贸易的资本被带到西方。

在位于海上交易航线中间的东南亚，当地政权发行的锡币、海商从中国带来的铜钱、穆斯林的第纳尔（Dinar）都被使用。不久之后，当地也出现仿铸的中国铜钱，以及当地政权发行的金币、银币。

在日本，11世纪中叶后，货币经济迅速展开，13世纪后半期庄园纳租等也普遍使用代钱纳[1]。但这时的公家政权（朝廷）和武家政权（镰仓、室町幕府），均没有发行独立的货币。支撑货币经济的是从中国大量输入的铜钱（渡来钱），北宋大量发行的铜钱是其主要来源。在日本各地的中世遗址里有大量铜钱出土。琉球出土的13—14世纪中国钱数量最多，暗示了当地和中国直接进行交易的可能性。

朝鲜半岛是与此不同的例外。自10世纪末以来，高丽好几次独立发行铁钱和铜钱，却没有流通起来，也没有证据显示有大量的中国钱输入来促进货币经济的发展，完全是以米、布、银等实物作为交换手段。从12世纪开始，政府发行规格化的银瓶，普遍使用于国内大规模交易及与中国的交易中。但到14世纪初就停止了。还有，元朝发行的纸币（交钞）也用于与中国交易

---

1 代钱纳：将庄园和由幕府、大名支配的公领土地的年贡和其他杂税、劳役等，换算成铜钱支付。

和向寺院捐款，但在国内几乎不流通，也没有用以金钱代纳租税的情况。

这种通货状况的差异，尤其是对中国铜钱的接受度不同，成为理解各地区特点的线索。

中国产的陶瓷器大量流入周边地区。在日本，龙泉窑（浙江省）系的青瓷，景德镇（江西省）窑的青白瓷和被称为天目的黑釉茶碗，以及它们在中国内部（福建、广东等地）的模仿品等大量的中国陶瓷输入。这和饮茶文化的普及、新兴武士层对"唐物"（舶来品）的消费量大增、镰仓的都市发展等造成当时日本内部的新需求有关。在琉球，这时期中国陶瓷的流入增加，但其中也包含了为数不少的在日本和其他地区很罕见的福建产粗糙瓷器，故推测当地和中国有独立的交流。另一方面，朝鲜半岛当时已经独自发展出以高丽青瓷为中心的瓷器生产技术，部分制品也出口到中国。

朝鲜半岛生产的瓷器，可能是源于10世纪左右引入的中国技术，但是日本的瓷器生产则落后很多，要到16世纪末至17世纪初丰臣秀吉侵略朝鲜[1]，将其技术和技工带回日本才得以实现。之前日本是在陶器表面上釉药等材料，仿制青瓷和白瓷。而出现这样的仿制品，可知中国陶瓷在日本受欢迎和广泛被接受的程度。东南亚的越南、泰国、缅甸也从14世纪左右开始模仿中

---

1 丰臣秀吉侵略朝鲜：16世纪末在日本建立统一政权的丰臣秀吉，对拒绝协助攻打大陆的朝鲜发动的侵略战争，分为1592—1593年、1597—1598年两次攻势。这是在日本各地被动员的诸大名，与朝鲜的政府军、义勇军（义兵）及明朝的援军之间的战争。在日本称为"文禄、庆长之役"，而朝鲜称为"壬辰、丁酉倭乱"，在中国则称为"朝鲜之役"。

国陶瓷，逐渐生产自己的陶瓷器。不久之后，进入15世纪，这些东南亚陶瓷器也大量输出海外，甚至在日本的博多遗迹中也有发现。

日本以前就进口高级的中国产绢织品及其原料，在13—14世纪也仍持续。只是这个进口并没有直接促进绢织品技术的提升或中国产品的本地化生产，直到15—16世纪状况才有很大的进展。瓷器也一样。在日本，从模仿中国传来的技术到实现国内生产的过程并非轻易之事。朝鲜半岛使用的高级生丝也依赖江南来的海商，或许可以猜测其技术状况与日本相同。还有，在西亚似乎也存在模仿中国绢织品的情况。

另外，出现了被称为大唐米（占城米）的稻米新品种，这其实是一直不太受注意的中国产品。这种稻米是原产于东南亚的籼稻品种，适合栽培期短和成长条件差的低收成田，所以常种植于低洼湿地的新开发田。中国11世纪以后将其引入，尤其在江南广泛栽种。

在日本，14—15世纪可见有一定的栽种，比如筑紫平原的低湿地开发中就利用了占城稻。这在日本稻作史上具有划时代的意义，其初见于史料是在1308年的古文书，可知在此之前就已引入日本了。这样一来，引入大唐米的时间大概是13世纪，或是在之前中日贸易的繁盛时期，由海商和通过商船往来的僧侣从江南带来的可能性更高。朝鲜半岛像上述12世纪以后在低湿地开发里栽种同样的品种，推测和日本的情况一样，也是从江南传播而来的。总之，以农业技术史来看，大唐米是很难自行生长的稻种，这显示必须考虑海域交流传播的可能性。

流向中国的物品

蒙古帝国在欧亚大陆上进行了大范围的统一，其结果不仅令中国输出的物品，也令输入中国的物品动向更加活跃。原本这样的移动是从海商往来的8—9世纪之后逐渐展开的。但是，这个时期的特征是从海外带回来的物品，不只影响了社会上层阶级，还对广大人民的生活、文化产生了影响。

例如从西亚传入的伊斯兰细密画（写本插画）技术，与钴制的深蓝色颜料结合之后，景德镇窑的青花瓷器遂应运而生。这种青花瓷器虽然在日本和朝鲜都有出土和传入的遗迹，但主要输出方向是西方的西亚等地。

同样来自西亚的影响还有当地的食物调理方法，而且不仅沿着中央欧亚大陆的陆路传来，也通过南方的海上航线传入中国，和当地料理逐渐融合，衍生出记载于《饮膳正要》和《居家必用事类》这类料理书籍、生活百科全书中的新烹饪文化。甚至以伊斯兰医学为基础的药材也大量传入，影响了中国医学。

宋朝以后中国的火器虽发达，但中国并不盛产火药的主要原料硫黄，所以大量的硫黄经日本、爪哇、西亚等地的海上航线被运载到中国。这条欧亚大陆周边海上的"硫黄之路"，对于之后支撑中国火药、火器技术具有重要意义。

南宋之后，中国东南部的社会发展造成木材的消费量剧增。从国都所处的江浙地区起，为供应建筑、燃料等原料使用，导致森林遭到严重的破坏。其结果是，利用海上贸易作为调运木材的新供应路线，例如日本周防所产的木材被输入中国。

和刻本《居家必用事类》

江南生活文化的普及

　　1250—1350年间日本和中国的贸易呈现盛况，其中以禅律僧[1]为中心的许多僧侣是乘贸易船之便往来于大陆，推测僧侣以外渡海而来的日本人应该也形成了一定的规模。这与遣唐使等以贵族、官僚为中心的国家性质的使节团不同，有许多其他身份、阶层的人往来于大陆。而通过他们，中国，特别是作为对外窗口的江南地方的庶民生活文化，以各种形式传入日本。

　　例如，佛门素菜、点心等中国的料理文化，以僧侣和商人为媒介传入日本，对之后的日本料理文化产生了莫大的影响。

1 禅律僧：禅僧和律僧。在镰仓、室町时代的日本佛教界，禅宗和律宗的势力扩大，经常并称禅律。

这样的新料理被称为"唐样之膳"，14世纪前期深受后醍醐天皇[1]的喜爱。关于面和馒头的传入，据说是镰仓时代由远渡中国的僧侣，带回当时最大的对中国贸易窗口博多。虽然不能就这样归功于历史上有名的僧侣，但极有可能是当时某位渡海到中国的日本僧带回了这样的中国最新饮食文化。

饮食文化的普及一事也可以举饮茶文化为例。日本接受了茶树、茶器以及点茶这样一整套的江南茶文化，之后发展成日本风格的茶道文化。这个时代在西亚的伊朗也有茶树的试验栽种，虽然当地稳定的茶园栽培一般被认为发生在17世纪开始生产红茶时，但其实可以往前追溯到更早，应该是与遥远东方的日本在同一个时期开始接受中国的茶文化。

这个时期的朝鲜半岛，通过元代中国，传入葡萄酒、蒸馏酒等西方、北方的饮食文化，但关于海上传播的部分则无明确记载。不过，半岛在维持与中国海上贸易之余，应该也有像12世纪僧侣惠素从宋朝海商处购入大量砂糖点心的类似事情。

再把目光拉回日本，中国主要贸易港之一庆元制作的佛画（宁波佛画）舶来后非常受欢迎。由于在制作地寺院和一般庶民中间有大量的需求，这种佛画遂成为由职业画家绘制的商品，对之后日本的佛画和佛像雕刻产生各种影响。近年还发现这些"佛画"里包含了当时江南沿海地区盛行的摩尼教[2]的多幅绘画。

1　后醍醐天皇：1318—1339 年在位。1333 年消灭镰仓幕府，推行建武新政。之后与足利尊氏对立，1336年逃往大和的吉野，遂开南北朝分裂的时代（到1392年）。
2　摩尼教：其创始人为萨珊王朝的波斯人摩尼，主张善恶、明暗二元论的世界观，是普遍性的宗教。它吸收了犹太教、琐罗亚斯德教、基督教等思想，在东方还与佛教、道教相互混合，在欧亚大陆的东西广泛地传播，但现在几乎完全绝迹。

这个事实显示了当时宗教文化的交流，比过去所想的更加广阔和有深度。而影响了青花瓷器出现的西亚细密画，相反的，也有观点指其画风其实受到中国宋元画的影响。

还有最新的中国医学传入日本。中国的宋、金、元时期的医学新发展，很快就传入日本。而最初吸收这些知识的并非朝廷和幕府的官医，而是民医和僧医。引人注目的是，当时使用的医书里包含了很多从同时代的浙江地区学到的知识，即是说中日海上贸易最大交界处的浙江，其医学作为主要技术之一传入日本。当时在日本使用的医学书之一，就是在南宋江南问世的《晞范子脉诀集解》。另外，这本书也传入了同时代西亚的伊儿汗国。中国医书有如此广泛的流传，正好说明当时欧亚大陆东西交流的繁荣盛况。还有，在日本的汉药材里，也有据说是13—14世纪从中国传来的药材。姑且不论真伪，产生这种说法的背景与中国新医学在这时传入有关。

接着，在思想文化方面，南宋时期诞生的新儒学即宋学（朱子学），也在朝鲜半岛、日本、越南等周边地区被广泛接受。

日本镰仓时代，作为入宋僧、入元僧的日本禅律僧和来日的中国禅僧，在传播宋学方面扮演了重要角色。日本的禅律僧从中国带回为数不少的宋学相关书籍和关于佛典、佛教的书籍。他们站在唐、宋朝思想的大宗，即儒佛一致、禅儒融合[1]的立场传播宋学，认为佛教胜于儒教，禅宗胜于宋学，将提倡宋学作为振兴禅宗的助益。不久之后的14世纪前半期，在热衷大陆文物的后醍醐天皇主持下，开设了关于儒学经典的讲座。

---

1 儒佛一致、禅儒融合：这种思想是基于儒教、佛教和禅宗都是引人向善的共通点，做整合性的掌握。

在禅律僧这样的交往中，中国新的思想文化被带入日本。而与此相关，日本寺院的出版事业在这个时代开始起步，成为之后五山版[1]的先驱，备受瞩目。这意味着从输入刻本的时代跃进到自行刊刻出版的阶段，具有划时代的重要意义。早期京都的泉涌寺，涌现了以创建者俊芿[2]为首的众多入宋僧，人才辈出，在日本出版文化的引入上做出了重大贡献。

朝鲜半岛则通过海路输入了大量宋朝书籍。虽然根据留下的记录来看，这些几乎都是随使节传入的，但记载南宋对外贸易情况的《诸蕃志》（13世纪前半期）则记录了以出版业闻名的福建建安的书籍成为输出朝鲜半岛的商品。由此可见，通过海上贸易传入朝鲜半岛的书籍是存在的，这样的状况也在1250—1350年被延续下来。前面出现的《老乞大》中提到，高丽商人从大都带回来的商品里，有以朱子的《四书集注》为代表的儒学书籍，还有《资治通鉴》《贞观政要》等史书、政治书，甚至小说《三国志平话》等，一一列出了种类相当繁多的书籍。实际上，这些书籍无疑是从直沽用船运往高丽的。

从"文明"输入到"文化"输入

由上所述1250—1350年间东亚海域上文化和信息的流通状

1　五山版：从镰仓末期到室町末期，由京都五山等地的禅僧刊行的禅籍、语录、诗文集、经卷等木版书。

2　俊芿：1166—1227，肥后人，是兼学律宗、天台宗、禅宗三宗的学僧。1199年入宋，在天台山、径山、四明山等地学习。归国后历任京都的建仁寺、博多的崇福寺等地住持，1218年创建了泉涌寺。

况，以中日之间为例，可以整理出下列的特征。

在9世纪之前，是以遣唐使这样国家性质的使节团为中心、围绕北方的大城市展开、将"文明"输入日本的时代。这里说的"文明"是指以各地区的文化为基础，又超越了地区性、具有世界性和普遍性的思想、文物、技术等。以律令制为中心的统治体系和佛教就是其中代表。然后，日本的贵族官僚、高位圣职者等社会上层的人担任旗手消化适应这一"文明"，进而创造出"文化"。

但在接下来的时代，日本、中国的庶民阶级也被涵盖进来，民间贸易主流化，往来相当活跃。其结果是，这个时代输入的文化，在作为海上交通中心窗口的中国江南沿海地区的港口城市和其周边地区，发展出由更广泛的阶级担任旗手的文化。这里说的"文化"，指相对限定的地区的人所有的固有习俗、思考、生活方式、技术等，包括各种日常用品、饮食文化、民间习俗、信仰等。换言之，包括庶民阶级在内的更加广泛的中国"文化"输入日本，被广泛的社会阶层接受，迎来了这些"文化"往下沉淀的时代。

1250—1350年的状况也在这个基础上延伸下去，而且显示出更加蓬勃发展的样貌。自室町时代以来发展起来，被后世视为日本"传统文化"的茶、水墨画、能乐、狂言等内核中，就存在着这时期通过与中国的海域交流而传入的各种要素。而且，这是在贸易船往来的江南，尤其是以沿海的浙江地区为中心展开的"文化"。

这样的"文化"交流也发生在朝鲜半岛与中国之间。虽然朝鲜半岛与华北的交流占了重要位置，但在密切的政治关系下发展出直接且大规模的往来，故在"文化"的领域里和江南的关系也许比日本还深。其中的佛教文化，以江南这个地区作为媒介，也衍生出日本与朝鲜半岛之间的联结。

如上所述，在东亚海域，通过海进行的文化交流重心，从中国北方的"文明"转移到江南的"文化"。

第二部

相互争夺

1500—1600 年

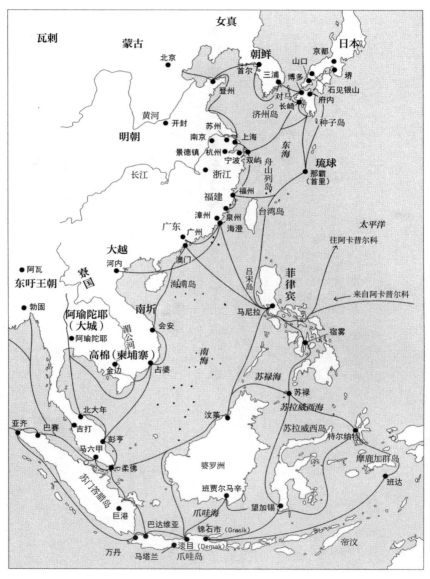

瓦剌　　蒙古　　女真　　日本

北京

朝鲜
首尔
登州
山口　京都
三浦　博多　堺
对马
济州岛　长崎　府内
石见银山
种子岛

黄河
开封

明朝
苏州
南京　上海
景德镇　杭州　宁波　双屿
浙江　舟山列岛
福建　福州
漳州　泉州
广东　广州　海澄
澳门
大越
河内
台湾岛

东海

琉球
那霸
（首里）

太平洋

往阿卡普尔科

吕宋岛

菲律宾

马尼拉

来自阿卡普尔科

海南岛

阿瓦

东吁王朝

勃固

景国

阿瑜陀耶
（大城）

阿瑜陀耶

高棉（柬埔寨）

金边

南圻

会安

湄公河

占婆

南海

宿雾

苏禄海

苏禄

苏拉威西海

苏拉威西岛　特尔纳特

摩鹿加群岛

北大年

亚齐　巴赛

吉打

彭亨

马六甲

柔佛

苏门答腊岛

汶莱

婆罗洲

班达

巨港

巴达维亚

班贾尔马辛

望加锡

爪哇海

锦石市（Grasik）

淡目（Demak）

万丹

马塔兰

爪哇岛

帝汶

1500—1600 年的东亚海域

一 时代的素描

从皮莱资到卡莱蒂

1512年，葡萄牙人托梅·皮莱资（Tomé Pires）来到马六甲。他原是里斯本的药剂师，现在则来到前一年被葡萄牙征服的马六甲担任商馆职员。皮莱资在马六甲待了两年半，精力充沛地收集亚洲各地信息，为当时亚洲海域留下了非常详细且有系统的记录。除了印度洋、南海及其周边，对中国和琉球的记载也相当具体。

皮莱资甚至写下了从华人海商那里听说的比中国更为遥远的"Jippon（日本）岛"的传闻：

> Jippon岛比Lequios（琉球）人的岛屿还要大，国王也更加强壮伟大。这里不管是商品还是自然作物都不丰沃。国王是异教徒，是支那国王的臣下。因为距离遥远，而且他们没有戎克船，不是海洋国民，故他们鲜少和支那进行交易。（《东方诸国记》第四部）

这段皮莱资留下的记录，几乎是关于日本的全部讯息，其他的顶多是描述琉球人将日本商品带到马六甲。20年前，哥伦

布为寻找黄金岛 "Cipangu" 而抵达美洲大陆，但是皮莱资似乎没意识到 "Jippon岛" 就是 "Cipangu"。

皮莱资在马六甲停留的80多年后，1597年佛罗伦萨出身的商人卡莱蒂（Francesco Carletti）在长崎登岸。他离开故乡抵达秘鲁，改乘贸易船，从中美洲的阿卡普尔科（Acapulco）出发，经马尼拉抵达长崎。翌年，他从长崎前往澳门，穿越印度洋环绕世界一周，1606年回到故乡。卡莱蒂将自己的海外见闻汇集成一书，献给托斯卡纳大公科西莫二世·德·美第奇，书中极力主张对日本贸易的利益：

> 日本人会用一切手段，冒极大危险到各地闯荡……若要靠航海到异地贸易致富的话，日本是全世界最好、最合适的地方。从我们的地域出发，凭借我们的船舶与船员，应该可以抵达那里。这样马上可以获得难以置信的庞大财富，因为那里对各种手工业制品的需求度高，用以维持生计的白银也很丰富。[卡莱蒂，《我的环球航行》（Carletti, *My Voyage around the World*），第二章]

皮莱资所听闻的日本是出口品匮乏、没有外洋船，仅通过琉球与海外贸易的僻远岛国。而80年后的卡莱蒂以自身环绕世界一周与从事贸易的实际经验所看到的，则是对海外商品需求度高、盛产白银、海外贸易相当活跃的日本，强调日本是最有前景的贸易对象。仅过去了80年，关于日本的记述内容却有如此大的变化。究竟原因为何？为了求得答案，有必要重新详细检视这段时期内东亚海域的政治、经济状况。

　　1500年左右的东海，海上贸易仅限于特定路线而已。从日本列岛出发的船舶渡航到海外的港口，几乎只能前往中国的宁波、朝鲜半岛的三浦、琉球的那霸这三个地方。日本和朝鲜之间大致维持稳定的通商，但和明朝的朝贡贸易原则上只允许每十年一次，故与琉球进行中继贸易弥补其不足。另一方面，同时期的南海已经进入"交易时代"。从西亚和印度来的海商们以马六甲为中心，将各地的港市国家联结形成贸易网络，华人海商的走私贸易也逐渐扩大。相对于活跃的南海交易，整体而言，东海贸易依然处于停滞状态，两者形成明显的对比。

　　但在1600年的东海，葡萄牙人的澳门—长崎贸易和华人商船的走私贸易相当兴盛，以生丝和绢为首的中国商品大量输出日本，换来的日本白银流入中国市场。荷兰船也在这一年首次来到日本。在南海，华人海商加上已有的西亚、印度海商，将贸易网络扩大到整个海域，特别是从马尼拉携带大量的新大陆白银[1]到中国。葡萄牙人的活动联结起南海和印度洋、东海，促进亚洲地区内的贸易发展，而新崛起的荷兰人试图挑战其海洋势力。甚至，日本海商也开始穿越南海航行到东南亚各地，掀起东海、南海的交易热潮。

　　16世纪正是所谓的大航海时代，在世界历史上堪称屈指可数的变革期，包括新大陆在内，地球上的广泛区域在经济上产生联系，形成了世界规模的经济体系。从16世纪开始与结束的这两个时间点来看，东亚海域状况的差异，显示出这片海域在

1　新大陆白银：西班牙属美洲大陆的秘鲁和墨西哥等地出产的银。尤其是自1570年代起，秘鲁的波托西银山的产出量急速增长，渡过大西洋传到欧洲，以及渡过太平洋经由菲律宾被运往中国。

这场世界性规模的大变革中处于最前线。

第二部以16世纪的百年，亦即这个大变革时代作为叙述对象。这时期联结东海与南海的人、物品、信息的移动急速扩大，两者的一体化也发生了前所未见的进展。华人海商固不待言，而欧洲和日本列岛的人，也积极展开联结南海和东海的航海与贸易活动，使两片海域结合得密不可分。在第二部，我们将叙述东海和南海彼此联动，走向一体化"东亚海域"的形成过程。

在这个时代，可以举出海域秩序的"离心化"和"多元化"作为东海、南海双方在这个时代共通的基调。在此，先概观前一阶段14世纪末明朝的"朝贡／海禁体制"的成立及其在15世纪以后的变迁过程。

朝贡／海禁体制与东亚海域

14世纪中期的欧亚大陆，接连出现天灾和饥荒，疫病的大流行使人口剧减。经济活动停滞，远距离的交易衰退，政治上的混乱和战乱接踵而来。就在"14世纪全面危机"时，1368年明朝的洪武帝朱元璋统一中国。而在蒙古政权解体的前后，日本的镰仓幕府灭亡，南北朝的动乱仍然持续，朝鲜半岛的高丽王朝统治出现动摇，越南的陈朝也逐步迈向衰颓。洪武帝在集权统治下重整中国，试图克服这种不安定的情况，以及收拾元末混乱所造成国内社会的离心化、流动化。于是，明朝在对外方面结合"朝贡"与"海禁"，建立起由国家统一管理外交和贸易的体制。

洪武帝积极遣使到周边各国，要求它们向明朝朝贡，又再三发布禁海令，严禁治下百姓航行海外，甚至于1374年废除了作为海外贸易窗口的市舶司。于是，14世纪末明朝的对外贸易仅限于随朝贡进行的国家贸易，明朝政府垄断外交和贸易的"朝贡／海禁体制"也因此而生。

15世纪前半期的永乐、宣德年间（1403—1435），郑和七次下西洋及与亚洲内陆的往来，将明朝的朝贡圈扩大到印度洋和北亚、中亚，此时朝贡体制的空间构造可大致分为海域亚洲和内陆亚洲，如表2所示。

表2

	地域	朝贡国	朝贡路径
海域亚洲	东亚	朝鲜王朝 日本（室町幕府） 琉球王国	辽东：凤凰城（经山海关） 浙江：宁波市舶司 福建：泉州市舶司
	东南亚	越南（一度属于明） 大陆部分、岛屿部分诸国	广西：镇南关 广东：广州市舶司
	印度洋	印度、西亚、东非	广东：广州市舶司
内陆亚洲	北亚	蒙古、瓦剌 乌梁海三卫 女真（建州、海西、野人）	山西：大同（经居庸关） 北直隶：喜峰口 辽东：开原（经山海关）
	中亚	东西突厥、西亚	哈密（经嘉峪关）
	西南高原	西藏、安多、康区 西南土司、土官	陕西、四川 四川、云南、贵州、广西等地

据中岛乐章《14—16世纪东亚贸易秩序的变迁与再形成》，《社会经济史学》76卷4号，2011年

朝贡贸易的核心是朝贡国向明朝皇帝献上贡品，皇帝回赐礼物，但实际上更重要的是使节和随行商人所携的附带商品交易。附带商品由明朝政府优先购买，剩下的准许在政府管理下和民间商人进行交易（互市）。在朝贡／海禁体制下，明朝和周边各国的

贸易变成一元化的朝贡贸易，原则上不认可与朝贡无关的贸易，贯彻"没有朝贡就没有互市"（"贡市合一"）的原则。明朝在1403年重启市舶司，其作用并非管理民间的海外贸易，而是管理朝贡贸易。之后，东南亚、印度洋各国通过广州市舶司、琉球通过泉州（之后是福州）市舶司、日本通过宁波市舶司，与明朝进行朝贡贸易。

　　朝贡／海禁体制成立前后，东亚、东南亚各国14世纪的政治混乱也逐渐平息，凝聚向心力的权力得以崛起。1392年建立的朝鲜王朝[1]取代高丽，日本也在同年结束了南北朝分裂。1429年中山王统一琉球，积极从事联结东海、南海的中继贸易。一度被明朝控制的越南，在1428年由黎朝[2]恢复独立。暹罗的大城王国通过开发昭披耶河（湄南河）三角洲与对外贸易扩张势力。马六甲王朝和爪哇岛的麻喏巴歇王国，也推进与明朝的朝贡贸易。特别是马六甲积极招徕印度和西亚的穆斯林海商，来自南海、印度洋全域的商品汇集于此，这里成为东南亚最大的"集散港"。

　　15世纪前半期，东亚的气候一度转暖，农业生产也逐渐稳定，远距离交易于是上扬。明朝也因农业生产的恢复增加税收，矿山的开发则增加白银产量，能够支撑郑和下西洋和迁都北京等的庞大计划。周边各国也通过朝贡关系，促进与中国的贸易，有时在明朝的政治压力下，各自地区内部的凝聚力也得以提升。还有，通过与明朝朝贡贸易的联动，东亚、东南亚各国间的贸易和外交也相当活跃。总之，1400年前后，在明朝的朝贡／海

1　朝鲜王朝：1392—1897，由在击退红巾军和倭寇上相当活跃的李成桂建立的王朝。在向明朝朝贡的同时，与室町幕府和琉球王国进行形式上的对等往来。

2　黎朝：1428—1789，由黎利击退明军后建国。黎朝整顿了中国式的官僚制度，领土也扩张到越南中部，但在16世纪被莫氏篡夺王位。

禁体制下，东亚海域各地发展出凝聚向心力的政权，沿海地区的离心力被有效抑制。

政治动摇与开发进展

但是15世纪中期，明朝的朝贡／海禁体制已出现动摇，自1430年代起，为负担庞大的国家计划，财政困难与农村疲敝已日益明显。大约1440年代开始，欧亚大陆全域的气候再度转为寒冷，明朝境内饥荒和天灾频发。在亚洲中部，瓦剌和穆斯林商人想联手扩张朝贡贸易，不满明朝对贸易的抑制态度，1449年大举入侵，甚至俘虏明英宗作为要挟（土木之变），明朝的对外政策完全转为守势，也尽可能限制与海域亚洲各国的朝贡贸易。这时期来自印度洋的朝贡几乎断绝，东南亚的朝贡也大幅减少，日本的朝贡被限制为每十年一次。虽然琉球王国的中继贸易联系了明朝和东南亚、日本，弥补了减少的朝贡贸易，但由1460年代开始，连琉球的朝贡贸易也逐渐缩小了。

在日本列岛，15世纪接连发生饥荒和土一揆[1]，1467年开始的应仁、文明之乱，导致室町幕府的向心力急降，之后明日贸易的实权掌握在西日本的细川氏和大内氏两大势力手上。然而，1523年两氏派遣的朝贡使节在宁波发生武力冲突（宁波之乱）后，变成大内氏独占明日贸易。日朝贸易的实权则逐渐掌握在对马[2]

1　一揆：农民骚动的统称，而土一揆则专指京都附近的农民起义。——译校注
2　对马：对马岛作为与明朝往来的窗口，也是前期倭寇的根据地。朝鲜王朝允许与以宗氏为首的对马海上势力交易，到16世纪后半几乎是宗氏独占了与朝鲜王朝的交易。

宗氏的手上。1510年，居住在三浦的日本人进行暴动（三浦之乱），导致朝鲜王朝严格限制与对马的贸易往来。对此，对马以日本国王（足利将军）等名义派遣伪使，勉强维持贸易规模。

另一方面，15世纪末东亚气候的寒冷顶点已过，经济活动逐渐复苏，人口也增加了。中国的人口在经历了"14世纪的危机"的天灾和战乱后骤减，14世纪末的明朝总人口不过6000万左右，华北地区的荒废和人口减少尤其严重。15世纪以后人口大致上保持增长，16世纪的总人口超过1亿，但是依旧无法缩小南北差距。

即使纵观中国史，明代也是江南、浙江、福建等东南地区财富与人口最为集中的时代。特别是在江南三角洲，到16世纪水田开发几乎完成，作为农民副业的生丝、绢、棉布的生产急速发展，农村地区出现很多市集城市（市镇），成为生丝、绢、棉布的生产和流通点，苏州和松江等大城市则生产更高级的织布。这些制品由徽州商人和山西商人等运往中国各地，也输出到海外市场。另外，长江中游的冲积平原也在此时开始正式开发水田，取代了江南三角洲成为最大谷仓地带。

在日本列岛，自15世纪起人口逐渐增加，16世纪各地的战国大名和领主竞相开发领地，也开始开发冲积平原的新田、开拓沿岸地区，揭开了17世纪"大开垦时代"的序幕。在中国被称为"占城米"、日本则称为"大唐米"的东南亚籼稻新品种，成为水田开发的领头尖兵，被栽种于干拓地（排去湖水或海水使之成为耕地）和低湿地。商品流通的范围也在扩大，以京都为中心的全国性市场圈和战国大名的领地市场圈并肩成长。1600年左右，日本列岛总人口至少有1200万，推估其中大约三成的人口集中在畿内地方。在朝鲜半岛，也通过在山间开垦平地和干拓西海岸，进行水田的开发。15世纪朝鲜的棉布生产甚至普及全国，棉布作为衣料和货币被广泛利用，也成为对日本的主要输出品。

迈向去中心化、多元化的时代

　　16世纪的东亚各国，随着一直以来以扇状地和河谷为中心的水田开发趋于完成，三角洲、冲积平原、沿岸地区的开发也同时迎来转折点。尤其是在中国东南部、日本畿内地方、朝鲜南部等很早便进行低地开发的先进地区，在农业生产发展、人口增加的同时，自立性强的小型农家经营集约农业，形成"小农社会"。而在东南亚，除了越南北部的红河三角洲和爪哇岛等地形成发达的集约型水田农耕外，其他地区主要为森林地带的火耕农业和河水泛滥平原的粗放式稻作。1600年左右，东南亚的总人口估计有2300万，尤其集中于几个水田农耕地带。

　　在16世纪的东亚，随着先进地区的开发进展与人口增加，市场经济发达，海外贸易也得以扩张。以这样的经济成长与交易热潮为背景，从15世纪末到16世纪，沿海地区对中央政府的离心力越来越大。在福建，华人海商在南海方面进行着活跃的走私贸易；在广东，地方当局默许朝贡船以外的外国船进入广州湾贸易，并向其征收关税。西日本的战国大名和海上势力则和华人海商联手，在东海从事走私贸易和海盗行为。还有，从15世纪后半期开始，琉球的朝贡贸易长期呈现低迷，取而代之的是对日贸易以及与华人海商进行的走私贸易变得繁荣，明朝已不可能通过朝贡／海禁体制来实施对外通商的一元管制。

　　以明朝为中心的广域秩序发生动摇，东亚海域的去中心化、多元趋势也在加速进行。日本列岛的政治分裂更加严重，西日本的海上势力在16世纪中期也开始参与东海的走私贸易与抢掠。在越南，15世纪末黎朝走向衰落，1527年莫氏政权成立，但之后黎朝的残留势力仍在持续进行对抗。爪哇方面，15世纪后半期麻喏巴歇王国衰亡后，许多港市国家[1]互相竞争。1511年葡萄牙占领马六甲，强行加入东南亚贸易的行列，东进爪哇海、登陆摩鹿加（马鲁古）群岛，北上南海、出入中国沿岸。另一方面，穆斯林海商将据点从马六甲移往附近的港埠，马六甲发挥的集散港机能也向马来半岛和印尼各地的港埠都市分散，往多极化发展。

表3　明代主要朝贡国的朝贡次数（1368—1566）

	朝贡国	I 1368—1402	II 1403—1435	III 1436—1464	IV 1465—1509	V 1510—1539	VI 1540—1566	总计
东亚	朝鲜	60	158	87+α	135+α	90+α	81+α	611+α
	琉球	47	105	63	37	20	16	288
	日本	11	9	1	4	3	1	29
东南亚	越南	25	6	27	23	4	4	89
	暹罗	39	26	11	10	1	4	91
	占婆	23	31	22	10	3	1	90
	柬埔寨	12	7	0	0	0	0	19
	马六甲	0	20	7	5	2	0	34
	苏木都刺	0	16	0	0	0	0	16
	巨港	6	4	0	0	0	0	10
	爪哇	11	34	18	3	0	0	66
	汶莱	1	9	0	0	0	0	10

据中岛乐章《14—16世纪东亚贸易秩序的变迁与再形成》

---

1 港市国家：东南亚各地以河流下游地区和海峡等地区的港埠（贸易港）为据点而建立的国家。河流上、中游流域为其腹地，用这里的产品与外来商人带来的商品进行交易，成为王权的基础。

海域秩序的变动首先在南海发生。不久后的1540年左右，华人海商招徕葡萄牙人到舟山群岛的双屿港，日本人也参与其中，共同展开走私贸易，东海的"大倭寇时代"就此揭幕。于是，16世纪中期在东南沿岸，华人与日本人融合为后期倭寇，在北边收容逃亡汉人的蒙古势力，也开始对中国展开入侵与抢掠。到了1560年代末，明朝的朝贡／海禁体制终于有了重大转变，允许华人海商从福建航往东南亚各地，在北方边境也与蒙古达成和议，承认朝贡贸易以及在国境地带的"互市"。

三个"互相争夺"的局面

在13—14世纪"开拓海疆"时代，穆斯林海商和华人海商的交易网络扩大到整个海域亚洲，但在14世纪末明朝的朝贡／海禁体制下，东亚海域的交易成为一元化的国家贸易。明朝的朝贡贸易圈通过15世纪初郑和下西洋，迅速从东海、南海扩大到印度洋，但朝贡贸易体制从15世纪中期开始呈现长期低迷的局面，到16世纪走向解体，于是东亚海域的海上贸易就形成开放—管制—开放的一大循环过程。

在16世纪，南海首先进入"交易时代"的巅峰期，交易热潮也顺势扩大到东海，甚至两地被华人、葡萄牙人、日本人等海商联结起来，融合为一体。在第二部中，将通过商品、货币、文化、技术等跨境移动，来探讨各类人在这片海域活动的"互相争夺"，这里所说的"互相争夺"大致可分为三个局面。

第一，是明朝想要维持外交和贸易的一元管制，与想要打破限制、更自由地展开海上贸易的华人海商以及海外各国的"互相争夺"。这个"互相争夺"通过华人海商的走私贸易，以及在广州湾与外国船"互市"的形式开展。从15世纪末到16世纪中期，"倭寇"势力展开的走私贸易和抢掠自南海发展到东海，并越加猖獗；但在1560年代末，因明朝的海禁政策放宽，华人海商的南海贸易解禁，这样的"互相争夺"暂时沉静下来。

第二，是海域亚洲登场的葡萄牙、西班牙势力的"互相争夺"。葡萄牙占据忽里模子、果阿、马六甲等海域亚洲的贸易据点，试图掌握海上贸易的主路线，但穆斯林海商为了与之抗衡，开拓了新的贸易据点与航线。葡萄牙还与西班牙针对摩鹿加群岛的香料贸易展开了竞争，甚至在东海联动了朝贡／海禁体制下的第一个"互相争夺"。葡萄牙将参与中国贸易作为目标，明朝则想要排除外国势力，二者之间的纷争持续到16世纪中期。

第三，东亚、东南亚各国之间的"互相争夺"愈演愈烈。16世纪东海、南海的交易热潮中，新兴势力崛起，想要掌握海上贸易带来的利益。16世纪，政权结合了海上贸易积累起的经济实力与以欧洲火器为中心的军事力量，彼此展开激烈的竞争。在东南亚，具代表性的是缅甸的东吁王朝（Toungoo Dynasty）[1]和暹罗的大城王国，其对抗到16世纪后半期依然持续着。在日本，丰臣秀吉政权为政治分裂画下休止符，建立起向心力强的支配体制，还动员配备新型火器的大军入侵朝鲜，明朝也被牵连在内，引发16世纪世界上规模最大的战乱。

在第二部中，希望通过这三个"互相争夺"局面互相联动，

---

1 东吁王朝：1486—1752。15世纪末开始在缅甸南部扩大势力，16世纪后，勃印囊（Bayinnaung）征服了缅甸北部，大城王国也向其臣服；以孟加拉湾的港埠勃固为王都，也推行海外贸易。

来展望16世纪的东亚海域。但如开头介绍的皮莱资和卡莱蒂的记录所示，16世纪是东亚海域历史上为数不多的变动期、转换期。有鉴于此，与其以百年为一阶段来概括，不如按前后大致区分为两个时期来叙述，故第二部的章节结构与第一部、第三部不同。

首先，第二章的内容讲述随着16世纪前期的朝贡／海禁体制的动摇与葡萄牙势力的登场，南海发生的"互相争夺"趋于激烈，进而在16世纪中期扩大到东海，迎来了"大倭寇时代"。本章将梳理这一过程。接着在第三章，则概观东亚海域"交易时代"的整体状况，1560年代末明朝放宽海禁政策，通过海商们的活动，人与物品移动变得活跃，连同东亚海域也晋升为世界规模的市场，形成一个中心。在第四章，随着这样世界规模的人和物品的移动，在东亚海域内部以及与外部世界之间，文化和知识的交流和相互作用的发展，将在宗教、美术、工艺、出版、信息、军事技术等领域勾勒出来。

二 大倭寇时代——东亚贸易秩序的变动

倭寇

明朝嘉靖三十八年（1559）十二月二十五日，杭州门外有位囚犯被处决，罪名是叛逆。他被斩首后，头颅曝于宁波海边的定海关，妻子被赏给功臣为奴。此男子从刚被逮捕便一直自称无罪，也在第一时间上奏皇帝试图阐明原委。这样的文书是极为罕见的特殊案例，被刻写下来流传至今。男子这样申辩：我是徽州府出身的一介商人，在浙江和福建的海上做生意，和同业者共享利益，为国家捍卫海域，倭贼袭击中国、琉球、朝鲜之际，我出于一片对陛下的忠心，作为和平使者前往日本，到各地要求停止侵略行为。如果陛下相信我，请允许和日本展开贸易，我定尽力说服日本各地的领主，不会再让他们恣意妄为，如此一来，无须一兵一卒也可以使敌军的力量服从……

男子的名字是王直[1]（又作汪直），被视为引起历史上"嘉靖大倭寇"动乱的罪魁祸首。当时中国沿海各地饱受"倭贼"的侵扰，日本与中国的私下往来被禁止，但以王直为首的许多华人暗中前往日本。王直的事迹在本章后半部分会再度提及。这里先探讨何谓"倭寇"，考察其基本定义。

倭寇，通常是指以贸易和抢掠为目的，从日本渡海到中国和朝鲜半岛的海盗。"倭寇"一词从字面上解释的话，就是"日本人的蛮横行为"，或者"来自日本的侵略者"的意思。但这个词并非当时以日语为母语者的自称。原本以"倭寇××（地名）"的句式出现于高丽王朝末期的史料中，后来成为独立的名词"倭寇"，在朝鲜王朝和明代中国成为广泛流传且脍炙人口的汉语。本章谈到的16世纪"倭寇"是指1550年代以后，从长江三角洲到广东一带所出现的"倭贼"扰乱，但根据很多中国史料的记载，

---

1 王直：？—1559，以舟山群岛为据点进行走私贸易而累积财富，手下有许多日本人，因官军的攻击将据点转移到五岛和平户。他听从总督胡宗宪的劝告向官军投降，却被当作"倭寇"的首领而被处死。他在中国的史书中被视为海盗，但今日也有观点认为他是中日贸易的旗手而给予肯定的评价。

可知"倭贼"中出身浙江、福建、广东等中国沿海地方者占大多数，出身日本列岛的则属少数派。

穿梭于中国东南沿岸地区的各种反政府势力里，确实有在日本列岛出生、以日语为母语又远渡海外谋生的人。"倭寇"这个称呼变得普遍，其背景大概是因为抢掠民家和与官军的战斗里，打头阵的往往是一群挥舞着日本刀的人。但在被同时代以及后世的记述者所扩大的"倭寇"概念中，当然也包括了华人海商，阅读史料时甚至也会发现将葡萄牙人列入的情况。"倭寇"绝非铁板一块，不同的民族、集团之间经常会在利害关系下出现"互相争夺"的状况。为了解真实面貌，有必要考察在中国、日本、朝鲜活动的商人、海盗、军队、渔民的动向；为了掌握周边的状况，也必须关注以葡萄牙人为核心的商业、军事势力的动向。本章将尝试描绘在"大倭寇时代"里，"倭寇"极为猖獗的16世纪前期、中期的东亚海域。其中可以看到多样的民族与阶级，以及操持各种行业谋生的集团等，在此特别选取具有象征性意义的"倭寇"——有时也是广义的海盗、水军，将其作为焦点来进行讨论。

海盗与水军

16世纪的中国沿海地区，"倭寇"最为肆虐的地方是长江三角洲区域。像松江府的柘林镇、崇明县的南沙等苏松地方的几个港口市镇一度被"倭贼"[1]占据，许多市镇化为战场。有资产的

---

1 倭贼：字义上指的是"倭之贼"，即因是日本人而被官府视为征讨对象。但当时由华人与相对人数较少的日本人共同形成的武装集团，一般也会被称为"倭贼""倭寇"。

人逃到府和县等有城墙防护的都市，但小农、佃户和沙民[1]等零细行业的人，则靠把官军情报走漏给贼军来维持生计。雪上加霜的是，连官军本身也不可信赖。这些由江北、湖南、广西等地被官军强制征召的士兵，很多都被认为甚至比"倭寇"还要粗暴残忍。这样的官军很难获得当地居民的支持，佃户里也有积极维护"倭贼"而与官军为敌的人。在江南因"倭寇"所遭受的灾难中，实际上有相当大的比例是官军以捉拿盗匪为名而侵扰地方这样的二次性动乱。

浙江和福建沿海的府州县也连年被"倭寇"入侵。在这些地区，"倭"也显然是在华人的诱导下，才得以进入村落和市镇袭击，浙江将元凶指向福建人，福建就推给浙江人，互相推诿责任。官方的军船则制造过于粗糙，完全派不上用场。当地民船为了逃避兵役接连逃亡，其他地方雇佣来的军船也和同乡的海盗互通声气，故意走漏机密信息。所以一概而言的官府对"倭寇"、官军对贼军，其中的敌我界限也具有相当的流动性。

这种情况在中国以外的地方，例如日本列岛也大同小异。一般说来，史料里出现的海盗会威胁海上和平，因此成为镇压对象，但是另一方面，现实中他们也肩负着保护船舶免受外敌侵扰的任务。在中世日本，为确保船的航线正确，避免海盗袭击，需要雇用海盗来担任"警固"（保镖兼向导）工作。所以如果支付的通行费和礼金不够优渥，本身就是海盗的警固众展开抢掠行为也不足为奇。在西日本的交通大动脉濑户内海拥有

---

1 沙民：指明清时代居住在长江河口附近的崇明岛一带沙洲上的人，很多来自外地。他们乘坐适合在浅滩航行的平底船（沙船），从事农业、商业、运输业，其中也有人以违禁品的走私和窃盗、抢掠为生，因而被官府视为盗贼的温床。

庞大势力的村上氏[1]等人，就是这样的海盗、警固的典型。据说能岛村上氏是"倭寇"的党羽，但这一点无法被同时代的史料证明。还有，对马在14世纪期间是倭寇的巢穴，但在16世纪反被壹岐的海盗和"上贼船"（被认为是濑户内海地区的海盗）袭击。

虽然被称为海盗，但他们并非专业的海盗集团，实际上多数从事的是往来渡船、交易、渔业等业务。而且，其中的基层部分混杂着许多各种下层民众，可以称为"海上杂兵"。当中世日本发生饥荒和作物歉收，以及战乱变成常态时，战场就是一个重要的谋生场所。当然，对这样的"海上杂兵"而言，到中国大陆当"倭寇"也是海外捞金的大好机会。在中国方面的认知里，九州的大部分地区与濑户内海的沿岸各国是"倭寇"的出身地。故参与16世纪中国东南沿海"倭寇"行列的日本人海盗，并非在领主权力下高度组织性的海盗、水军势力，而很可能是以分布于从九州北部到濑户内海西部的"海上杂兵"为主流。

进入16世纪中期，琉球确实也发生过"倭寇"事件。1556年那霸港事件的袭击者，被认为是侵扰中国沿岸落荒而逃的其中一支"倭寇"。首里王朝面对这样的"倭寇"，通过铺设军用道路和兴建配备了中式火炮的御城（城廓）等措施巩固那霸港的防线，以此进行对抗。袭击那霸港的倭寇不只是以中国为据点的一群，16世纪后半期，从日本到琉球交易的商人也具有武

1　村上氏：指的是以艺予群岛的能岛、来岛、因岛为根据地的三岛村上氏。作为活跃于濑户内海的海上武装势力，被室町幕府和有势力的守护（武家职位）河野氏命令进行海上保卫的任务。在丰臣政权发布海盗镇压令之后，因岛、来岛的村上氏就被置入毛利氏的支配下。

装集团的特性,在琉球也被称为"倭寇",令人闻之色变。这个"倭寇"的本质在史料中的记载并不清楚,但以地理环境来考量的话,七岛滩(吐噶喇群岛)水域引航员在这时也积极参与萨琉(萨摩与琉球)间的交易活动,以七岛众为主体的可能性高。黑潮在七岛滩横穿琉球群岛,周围的海域凶险,需要高超的航海技术,应该就是海盗出没的地方。

另一方面,14世纪曾经受到倭寇严重侵扰的朝鲜半岛,情况又如何呢?本来,朝鲜王朝的水军就是高丽王朝末期为对付倭寇而组织起来的,在朝鲜王朝建立后成立水军部队。到15世纪中期,因朝鲜的怀柔政策倭寇平静下来,同时海防体制也逐渐走向有名无实。之后,15世纪后半期,有报告称发现朝鲜海盗的活动。"水贼"一词始见于1474年,成宗[1](1469—1494年在位)朝的"水贼"似乎包括了济州岛民,但也有全罗道出身的人。中宗[2]朝(1488—1544)以后,也出现了以海浪岛为据点的水贼和江华岛、黄海道的水贼。《朝鲜王朝实录》记载了这些地域的居民常扮成倭人,袭击内地的村落,并推诿给倭人。从那个时代起要严格区分朝鲜人的"水贼"与日本人的"倭寇"就很困难了。进入16世纪,相继发生了三浦的倭人暴动、"倭贼"的袭击,还有漂流的华人走私贸易船抵岸等事件,朝鲜再次重视起沿岸防备。1510年特别设置的军事行政机关备边司,在1554年以后变

---

1 成宗：朝鲜王朝第九代国王李娎。他以儒教主义为基础,重视文化、仪礼。统治期间,有《经国大典》《东国通鉴》《东国舆地胜览》《东文选》《海东诸国纪》等代表王朝的书籍问世。

2 中宗：朝鲜王朝第十一代国王李怿。他发动政变废去前代君主燕山君,篡夺王权。其治下政局混乱不曾间断,外交、军事上相继发生1510年的三浦之乱和北方的女真入侵。

《最伟大的骑士：威廉·马歇尔传》

[英]托马斯·阿斯布里奇 | 著　　王顺君 | 译　92.00元

《东西街：灭绝种族罪和
危害人类罪的起源》

[英]菲利普·桑兹 | 著

吴筱筠 | 译

88.00元

《中世纪的英雄与奇观》

[法]雅克·勒高夫 | 著　　鹿泽新 | 译　99.80元

《九品官人法研究：科举前史》

[日]宫崎市定 | 著　　王丹 | 译　80.00元

《科举史》

[日]宫崎市定 | 著　　马云超 | 译　60.00元

《约瑟夫斯与第一次犹太战争》

[英]德斯蒙德·苏厄德 | 著　　杨迎 | 译　78.00元

《诺曼征服：黑斯廷斯战役与英格兰诺曼王朝的崛起》

[英]马克·莫里斯 | 著　　韩晓秋 | 译　98.00元

《多极亚洲中的唐朝》

[加]王贞平 | 著　　贾永会 | 译　84.00元

《武士威廉：大航海时代的日本与西方》

[英]贾尔斯·米尔顿 | 著　　袁皓天 | 译　60.00元

《伦敦的崛起：商人、冒险家与资本打造的大都会》

[英]斯蒂芬·奥尔福德 | 著　　郑禺 | 译　78.00元

《狮心王理查》

[英]约翰·吉林厄姆 | 著　　黄明浩 | 译　92.00元

《巴格达：和平之城，血腥之城》

[英]贾斯廷·马罗齐 | 著　　孙宇 | 译　99.80元

《埃及、希腊与罗马：古代地中海文明》

[英]查尔斯·弗里曼 | 著　　李大维/刘亮 | 译　168.00元

81

《古希腊民主制的兴衰》

[英]保罗·卡特利奇 | 著
刘畅/翟文韬 | 译
80.00元

82

《欧洲的创生:950-1350
的征服、殖民与文化变迁》

[英]罗伯特·巴特利特 | 著
刘寅 | 译
88.00元

83

《古代中国内陆:景观考古视角下的古代四川盆地、
三峡和长江中游地区》

[美]傅罗文·陈伯桢 | 著
戚轩铭 | 译
82.00元

84

《查理大帝:欧洲之父》

[意]亚历桑德罗·巴尔贝罗 | 著
赵象察 | 译
84.00元

85

《东亚的诞生:从秦汉到隋唐》

[美]何肯 | 著
魏美强 | 译
98.00元

86

《北方骑士团的兴衰:波罗的海征服开拓》

[英]埃里克·克里斯琴森 | 著
李达 / 周超宇 | 译
82.00元

87

《嘉靖帝的四季:皇帝与首辅》

[美]窦德士 | 著
谢翼 | 译
68.00元

88

《改变历史的香料商人》

[英]贾尔斯·米尔顿 | 著
龚树川 | 译
72.00元

89

《成吉思汗:征战、
帝国及其遗产》

[英]弗兰克·麦克林 | 著
周杨 | 译
138.00元

91

《骑士团九百年》

[英]德斯蒙德·苏厄德 | 著
文俊 | 译
88.00元

90

《凡尔登战役:荣耀的代价,

[英]阿利斯泰尔·霍恩 | 著
顾剑 | 译
88.00元

《达·芬奇传:自由的心灵》

[英]查尔斯·尼科尔 | 著
李昕宇 | 译
116.00元

93

《征服,1016-1130:西西里的诺曼王朝I》

[英]约翰·朱利叶斯·诺威奇 | 著
李强 | 译
78.00元

《王国,1130-1194:西西里的诺曼王朝II》

[英]约翰·朱利叶斯·诺威奇 | 著
李强 | 译
88.00元

95

《巴黎公社:围城与公社,1870—1871》

[英]阿利斯泰尔·霍恩 | 著
王宸 / 田方舟 | 译
106.00元

96

《美利坚帝国:一部全球史》

[英]A.G.霍普金斯 | 著
薛雍乐 | 译
160.00元

97

《丘吉尔的非绅士战争》

[英]贾尔斯·米尔顿 | 著
周丹丹 | 译
78.00元

《新加坡:不可思议的崛起》

[美]约翰·佩里 | 著
黄丽玲 / 吕家铭 | 译
60.00元

99

《法国简史》

[英]约翰·朱利叶斯·诺威奇 | 著
陈薇薇 | 译
84.00元

《清朝与中华传统文化》

[美]司马富 | 著
张安琪 / 荆晨 / 康海源 | 译
92.00元

后浪出版公司

汗青堂

开眼看世界

打造兼具学术性与流行性的全球范围历史佳作

成为沟通国内读者与全球历史研究的桥梁

成常设机关，海防体制充实并强化起来。

朝鲜王朝初期的水军（船军），动员了沿岸和岛屿上以海为生的海民，如字面所示，是由"以船为家"的人为主要成员组成的。但到了16世纪，由于水军的征召人数增加，海民相继逃亡，遂改用大量山区出身的人作为代替。与逃亡密切相关的是以采鲍鱼为生的鲍作人。如壬辰倭乱[1]（文禄、庆长之役）时，水军将领李舜臣麾下的水军就动员了这些鲍作人。他们作为引航员协助水军的军事活动；另一方面，也会为水军逃兵引航等，发生各种逃跑行为。

可以说，这个鲍作人处于朝鲜水军和"倭寇"势力的中间位置。他们熟知海路险急之处。"倭人"把他们绑架到黑山岛或楸子岛，或带回根据地给予礼遇，于是有的甚至成为"倭人"前往朝鲜进行海盗活动时的向导，这样的例子也为人所知。

"倭人"手下鲍作人的代表是出身珍岛的沙火同[2]。他被"倭人"带到五岛，在1587年发生的损竹岛倭寇事件中担任了向导，而且对被抓来的朝鲜半岛官人说："五岛真是适合居住。朝鲜赋役甚苦，采收的鲍鱼全被征收。"16世纪后半期，生活于朝鲜半岛南岸岛屿众多的海域中的海民，时而被动员征发进水军，时而被拉拢从事"倭寇"活动。

1　壬辰倭乱：朝鲜方面对丰臣政权发动的侵略朝鲜战争的称呼，也有将第一、第二次战争并称为"壬辰（1592）、丁酉（1597）倭乱"的说法。这场战争在中国称为"万历朝鲜之役"，在日本则被称为"入唐""高丽阵"等。
2　沙火同：据说出身于全罗道的珍岛。1587年诱导倭寇航行到全罗道附近的海面。面对丰臣秀吉要求派遣通信使，朝鲜方面提出要求引渡当时在五岛的沙火同。因为平户松浦氏的协助，1590年二月沙火同被引渡到朝鲜，派遣通信使一事得以实现。

葡萄牙势力的登场

在东亚海域的交易网络中，东边的那霸（琉球王国）与西边的马六甲是重要中继港口。令马六甲王国灭亡的正是强大的葡萄牙势力，这一事件对东南亚甚至是东亚海域的政治势力版图，都带来重大转变。

自第一部"开拓海疆"的时代起，马六甲海峡就是许多港市国家的海上要冲，但这个地区成为爪哇和暹罗等各种势力争夺的场所，长久以来不见政治安定。15世纪初，马六甲王国[1]在此崛起；在15世纪前半期，作为郑和远征南海的基地而急速繁荣起来；到了15世纪中期，明朝的海外贸易走向式微，王国自然就把焦点放在与印度洋方面的交易，王族也正式接纳伊斯兰教。之后又令马六甲海峡东西两岸的各个城市向自己臣服，在当地推行伊斯兰化。于是伊斯兰教从爪哇海沿岸的港口城市开始，广泛地传播开来，甚至远至东方的摩鹿加群岛等地。马六甲发展为东南亚典型集散港（Emporium），在1511年被葡萄牙舰队攻陷。

另一方面，葡萄牙舰队继续扩张势力，1513年抵达摩鹿加群岛，在德那第岛上设立商馆，1515年占领波斯湾口的忽里模子，如此一来就拥有多个交易据点，并将其建为要塞，以此确保联结葡萄牙本国到东亚的海上航线（Sea Lines）。众所皆知，摩鹿加群岛是丁香、肉豆蔻和豆蔻干皮的产地。当时的香料贸易是

---

1 马六甲王国：1402？—1512，也称为 Malaca、Melaka。以马六甲市为盟主，由多个港口组成，因入港商船带来的财富和强大的海军得以维持繁荣。立国者为马来人的印度教徒，但是王族不久后就改信伊斯兰教。马六甲周边的语言也成为马来世界的共通商用语言，是之后的马来语、印尼语的基础。

各国都垂涎的生意。

对于在东亚海域互相争夺霸权的政权而言，葡萄牙等欧洲势力在军事上具有高度的利用价值，因为他们所使用的新型火器是扩张势力的有效手段。而葡萄牙人得到的回报，就是当地政权对兴建商馆的许可。吉利支丹[1]大名大村纯忠[2]将长崎捐献给耶稣教会，可说是典型例子。在这样的欧洲势力以外，还有华人、波斯人、日本人等各种出身的人，被东南亚的当地权力雇佣为差役和军人。但到16世纪时，除马六甲和菲律宾等地，政治主导多由当地政权掌握，欧洲人也不过是通过和各港口城市的统治者交涉，来取得兴建商馆等特权。在这个地区，"欧洲的亚洲侵略、殖民地化"构想的普遍化，还是很后来的事情。

可以印证此事的是，即使葡萄牙控制了马六甲海峡，依旧无法独占东南亚岛屿的交易网络。马六甲被葡萄牙占领后，马来人负责的交易路线，如苏门答腊的亚齐和爪哇的万丹、苏拉威西岛的望加锡等港口城市呈现多极化，延续了生命力。还有，华裔穆斯林商人不仅与中国展开贸易，其活动范围相当广泛，在爪哇岛有"肤色黑的华人是祖先时代到来的人，白色华人是最近来的人"的说法，可见存在多层次的新旧华人社区。

还有，必须注意的是，活跃于东南亚方面的葡萄牙人海商，未必和葡萄牙王室有直接的关联。基于军功由葡萄牙国王授予

1　吉利支丹：日本战国时代、江户时代乃至明治初期对日本天主教徒的称呼。——译注

2　大村纯忠：1533—1587，战国的肥前大名。他是最先成为吉利支丹的大名，也强迫领地民众改信天主教。他将南蛮贸易的据点招揽至领地内的横濑浦，后来移到长崎；在被周边领主攻击后，将长崎及其周边捐赠给耶稣会。

航海权的总督制（Capitão-mor）[1]，在马六甲以东仅适用于前往中国和日本的主干航线。不如说活跃于这一带的是被中国官府称为"佛朗机"、视为海盗党羽的葡萄牙人。他们不仅租借戎克船作为私人商船，乘组人员大多由非洲、南印度、东南亚、中国等地雇来的船员和奴隶所组成，也很稀松平常。这个时代葡萄牙人的活动，正体现了东亚海域跨国交流的真实样貌。

新加入的葡萄牙人在攻陷马六甲后的一段时间内，经常租下华人的戎克船，进行马六甲—中国之间的胡椒贸易。而在马六甲以东的东亚海域，许多葡萄牙贸易商人逐渐自行购入戎克船，稳定地以华人为水手进行交易。接下来，由16世纪中期开始，葡萄牙人也驾驶自己的克拉克大帆船（Carraca/Nau）航行到日本。

葡萄牙人的造船技术，在进出印度洋前后变化很大。15世纪他们从非洲西岸到好望角的航海，使用的是被称为卡拉维尔帆船（Caravela），船体、帆柱高度都不超过30米的较小型船只。卡拉维尔帆船的特征是使用三角帆，船桨舣装（船体完成后再增加各种原装配备）。但在绕过好望角后，受伊斯兰的造船技术影响，开始制造大型船，其特征为圆形深底的船底、有3到4根帆柱、使用方形帆，平均承载量约400吨。这种船在葡萄牙语和西班牙语里称为"Carraca"，英语则称为"Carrack"。但在葡萄牙语里，有整艘船之意的"那奥"（Nau）成为其代名词。因为"那奥"和"克拉克"几乎形状相同，在很多情况中作为同义词使用。如要严格区别的话，则克拉克帆船会使用铁制肋骨加强船体。

---

1 总督制：由于从果阿到中国和日本的航海几乎由王室垄断，故每年会任命专任的总督，是一种特许制度。这个职位最初是由王室认定有功的人物、经过果阿副王的评选后任命的，不久后航海特权成为拍卖的对象，于是也在富裕商人之间被转卖。

在南蛮屏风（参看第四章）上可看到来自澳门的船，就是这种克拉克／那奥型的大帆船。16世纪中期以后，改良自克拉克帆船的盖伦（Galeón）帆船登场，将在第三章详细介绍的马尼拉—新大陆之间的贸易使用的就是大型的盖伦帆船（最大承载量约1500吨）。盖伦帆船和克拉克帆船相比，船体长、吃水浅，最大的特点在于强化了战斗性能。进入17世纪，英国、荷兰等欧洲新兴势力进入亚洲并引起纷争，航行于印度洋与东海之间，故须使用船速快的小桅船（Galeota）。但这种小桅船并不属于16世纪初印度洋演进的克拉克帆船系统，而是回到使用三角帆的小型卡拉维尔式帆船的逆行型划桨船。

双屿的繁荣和衰微

作为代表16世纪上半叶东亚海域的走私贸易港，首先要举出中国浙江宁波外海的双屿，此港又以葡萄牙人对宁波的称呼"Liampo"为人所知，也是葡萄牙人在中国近海的秘密居留地。它处于联结了广东—福建和浙江—江南的中国江南—华南沿岸航线上的要冲位置，同时又是从江南和宁波渡海到日本的航线的起点。葡萄牙私商以此港为据点进行走私贸易，将中国沿海地区和西日本紧密结合，南海和东海连成一块海域，成为他们活动的舞台。因此，曾经承担了联结这两片海域的功能的琉球王国，注定要迈向凋零。

原本不过是一座默默无名的岛屿，却迅速蹿升为国际贸易港，其缘起于一位被称为邓某的福建人，为招徕南海各国的人，将这里作为走私贸易的据点。此时正值葡萄牙人在广州周边水域被广东当局驱逐，转向福建的漳州和泉州，接着北上浙江宁波周边的时期，可以说葡萄牙人的活动对这个港口的发展有决定性的意义。之后在马六甲方面活跃的许氏四兄弟（许松、许栋、许楠、许梓）和葡萄牙人联手，崭露头角。许氏兄弟出身徽州歙县，属于新安商人。

对葡萄牙海商而言，双屿港是取得江南物产的绝佳交易点，以海域亚洲的各地为舞台，写下格局宏大的自传性探险记《东洋遍历记》（*Peregrinação*）的门德斯·平托（Fernão Mendes Pinto），也是这样的海商。平托的叙述虽然夸大了数字，或加上各种修饰，但作为故事背景的舞台设定，反映了他亲身体验的东亚海域状况。明朝的文献史料也证明了双屿是多民族混合的贸易据点。

1540年代，日本商人以白银作为资本积极进入国际交易。1548年日本有势力的战国大名大内氏经营的最后一艘正式勘合贸易船[1]（遣明船）被允许进入宁波港，之后即使入贡被拒绝，但大名大友氏和相良氏、大内氏（或毛利氏，不过他们实质上都是吉见氏）还是相继派遣勘合贸易船到明朝。在1540年代以后，华人海商也前赴后继地到九州地区进行贸易。当初，鲜有直接渡海到日本的葡萄牙船，传教士圣方济·沙勿略（San Francisco Javier）[2]

---

1 勘合贸易船：明朝为矫正伪使歪风，遂在贸易中使用勘合符（许可证）对来船进行确认。明朝与暹罗、占婆、越南、日本贸易时会采用此措施。勘合符是由礼部制造的，需要在写明使节名称、朝贡品以及详细记载其他运载物品的文件上加盖"礼部之印"的骑缝章。朝鲜和琉球则不适用于勘合制度。

2 圣方济·沙勿略：1506—1552，西班牙传教士、圣徒，参与了耶稣会的创立。1541年起以印度果阿为中心传教。1549年登陆鹿儿岛后，在平户、博多、山口、京都、丰后、岛原、大村等地传教。其目标是到中国传教，但途中在广州近海的上川岛病殁。

是搭乘中国船抵达日本的。但以沙勿略的传教活动为契机，葡萄牙人对日本的关注高涨，葡萄牙船也直接加入中日间的航线。九州人就是从这时开始接触了南蛮屏风所描绘的"黑船"。

以浙江、福建地方为中心的走私贸易网络也延伸到琉球王国，而且影响相当深远。走私贸易的扩大，使依托于明朝的朝贡体制立足的琉球王国开始从根基走向崩溃。1542年，福建和广东的走私贸易船将琉球官员卷入其中，产生纠纷，也因此使琉球王朝允许华人海商走私一事曝光，被明朝得知。由此可见，琉球王国已接近穷途末路，如果不和走私的华人海商往来，根本无法生存下去。随着朝贡体制的日薄西山、名不副实，琉球王国对日贸易的比重渐增，主要的通商对象也从15世纪后半期室町幕府的细川氏，转为16世纪前半期的大内氏；在16世纪后半期，则是岛津氏、种子岛氏等一一出现在舞台上。

双屿作为浙江、福建地区最大的走私据点的繁荣，也随着中国官府大规模取缔走私贸易而告终。葡萄牙海商暂时以漳州外海的浯屿岛为据点，再转移到广州近海的上川岛[1]、浪白澳[2]（1554—1555），最后在澳门（1557）安定下来。居留澳门的葡萄牙人社区必须按规定向广东当局支付地租与停泊税。从葡萄牙国王手中获得对日本、中国贸易航海权的"总督"被视为澳

1　上川岛：广州的西南、位于今台山市南方海上的岛屿。被明军从浙江驱逐出的葡萄牙人，在1550年左右曾暂时以此为主要据点。因发音类似，也被葡萄牙人称为Ilha São João岛，沙勿略病逝于此。

2　浪白澳：在澳门的西边，推测为今珠海市南水镇的港口。明时是大小沙洲散布的浅海，外国商船在此进行走私贸易。葡萄牙人定居澳门之前，1554年广东当局允许在这个港口进行贸易。

门社区名义上的领导者，作为国王的官吏，扮演起保护、监督居住在东海海域的葡萄牙人的角色。根据民意，也会另外遴选"当地总督"。但这里若说是葡萄牙人把澳门作为殖民地置于管辖下是不正确的。葡萄牙人不过"寄居"澳门而已。这种情况清楚地展现了这个时期的东亚海域上欧洲势力的特性和极限所在。

在考虑沿海居民、走私贸易海商的海上活动时，不可忽略他们所受到的乡绅[1]和地方官府的庇护。商人向亲自来委托的乡绅、地方官府要求提供大船和资本，并借此展开走私贸易。于是商人的安全获得保障，乡绅的财源也成为商人的雄厚财力，形成彼此互惠的关系。取缔走私交易和海盗的官府，为了消灭不从己意的海盗集团，也会跟与其敌对的海盗势力联手，用"民船"等名义将后者收编在官军下。当然，对海上的武装势力而言，从官府取得身份保证是一大好处。

明代中期以后，作为正规军人供给来源的卫所制在制度上已无甚效用，因此广召佣兵。中国近海军事力量的主体也从官方军船转为动员民间商船，实质上的承担者改为民间势力。换言之，军事、警察机构的"民营化"倾向逐渐显著。

在这样的状况下，实行铁腕扫荡、为走私贸易港双屿的繁荣画下休止符的，是身兼浙江行政长官与福建沿海各府军事司

---

1 乡绅：指明清时代，在地方社会握有势力、有着官僚身份的人，也包含因病和服丧而停职的官僚及退休官僚。他们享有免除徭役等各种特权，在当地也受到现任官员礼遇，尤其是明朝后期，乡绅们的个人威信和名望经常凌驾于当地官府之上。

令官的朱纨[1]。他肃清海上，将福建沿岸的大型民船连同船员收编进官军。这些收集来的军船在1548年的夏季五月攻击双屿港，将其彻底捣毁。第二年早春，又有几个走私贸易港也在官军攻击下覆灭。朱纨的高压政策虽有丰硕成果，却引起当地舆论激烈反弹，他本人在失势后服毒自杀。

实际上，即使是朱纨统领下的海军内部也进行走私贸易，因为这个时期被动员的军船原本并非属于正规军队，而是曾经进行走私贸易的民船。总之，朱纨手下的很多人，只是巧妙地利用体制的保护伞而已，即使他尽全力去遏止，也已经无法禁绝海外贸易。

王直的"可能性"

双屿港失陷后，掌握走私贸易网络霸权的就是本章开头登场的王直。他在广东打造大船，在日本和东南亚的各港口进行贸易，累积了庞大财富。1543年葡萄牙人搭乘的戎克船抵达种子岛、将火绳枪传入日本的故事很有名，而那艘船就是王直的。据传，最初引介日本人参与双屿港的走私贸易的也是他。王直通过与葡萄牙人和日本人的交易建立地盘，经过和同行的激烈竞争，爬升到被称为"海上无二贼"的位置，一时间叱咤风云。

---

1 朱纨：1494—1550，出身苏州的官员。他被派遣到浙江、福建近海征讨海盗，动员福建船到浙江扫荡各地的走私贸易港。这个政策虽然在军事上取得成功，却在官界引起正反两极的意见，被革职后甚至因遭弹劾而自杀。

他在海上确立霸权的过程中，经常得到浙江海道副使[1]和宁波知府等人的援助。其部下包含了数量可观的日本人，他率领"倭寇"中的倭，从事维护治安的活动。他根据官府指示肃清了部分"倭"的事情也为人所知。王直在与官军的"协调关系"里，建立起自己的霸权。

但这时，功名显赫的名将俞大猷强硬主张要征讨王直。他突袭停泊在宁波北面对岸的金塘岛烈港的王直，将之驱逐到东方海上。刚好那时台州府黄岩县发生了大规模"倭寇"扰乱，责任也被推诿于王直。之后，出现被称为"嘉靖大倭寇"的"倭贼"连年入侵，显然这是因王直不在，故无法有效管制这些海盗而导致的结果。由于官军的积极攻势，反而使倭寇越加猖獗，海禁体制自身暴露出进退两难的窘境。

王直在被逐出故国的几年间，再度潜居日本，其据点是五岛福江的唐人街和平户。当时寓居于平户和五岛的华人有2000人，其中很多是随王直而来。他乘巨舰率领着300名手下，据说平常就身穿绸缎衣服，还绑着与日本人相同的发髻，布料和旗帜等都是一副王侯气象。

之后明朝为了解决倭寇问题企图再次利用王直，由江南及浙江的军务总督胡宗宪[2]居中斡旋。当时，沿海地方的士大夫为恢复沿海治安，想走与日本实权者谈判这条捷径，但被明朝官

---

1 浙江海道副使：明清时代的官职名。海道是分巡海道或巡视海道的略称，相当于主管各省沿海地区的治安警察，由负责各省的审判和监察的按察使司的副官来担任。

2 胡宗宪：1512—1565，通过靠拢中央政府的权力中心严嵩，就任浙直总督。他擅权谋之术，却不时被怀疑与金钱挂钩，在他手下聚集了许多具实用技能的人才，平定"倭寇"有功。在严嵩失势后，受牵连而自杀于狱中。

方承认为"日本国王"的室町将军家显然没有这等能力，因此他们决定从九州的有力大名大友氏等处下手。胡宗宪派宁波出身、曾被怀疑与倭寇共谋的蒋洲[1]和陈可愿作为使者前往日本九州。他们在1555年带着胡宗宪劝说王直归顺的口信和王直家人的信件渡海。于是，第三年蒋洲陪同王直回到宁波对岸舟山岛的岑港。

面对"若归国就不追究罪责，缓海禁、允许开市"的诱人条件，王直终究答应了胡宗宪提出的解除武装、投降的要求。作为地方官的胡宗宪，当初是真心考虑帮王直免罪，但朝野谣言四起，说胡宗宪收了王直的贿赂才要帮他免罪，所以他急忙撤回要求赦免和任用王直的奏疏，改为重新提出请求严厉处罚的奏疏。结果在1559年年末，王直被处斩。

本章开头所引王直的申辩，若直接视为事实的话，不过是片面之词而已。但"请允许和日本展开贸易，我定尽力说服日本各地的领主，不会再让他们恣意妄为"这一段话，很难认为只是狂妄之言。因为王直如能对明朝有所贡献的话，只能是以这个"开市"政策为前提。而且胡宗宪的构想本身就是站在同一立场。在当时，中国如果想要越过东海施展政治影响力，除了通商互市，应该没有其他的"剧本"。中国像过去一样积极摸索和日本交涉、通过正式承认通商来重建海域秩序的这种选择——在失去王直这位媒介人物后，几乎完全被放弃了。

---

1 蒋洲：？—1572。他在1555年前往肥前五岛负责说服倭寇头目王直，甚至之后前往大友氏的领地，向对马宗氏和大内氏请求协助镇压倭寇，在1557年与王直一起回国。他的日本见闻后被郑若曾的《日本图纂》和《筹海图编》所采用，对中国人认识日本有很大影响。

东亚海域的经济和日本白银

16世纪的中国沿海一带，棉花、麻等商品作物和生丝、绢织品的手工业制品生产有惊人的成长，以城市为中心的商业经济也有显著发展。和以往相比，舍弃农业、从事其他行业的人员比例明显增加，其中有不少人转为从事海上商业和渔业等。但贫富差距越来越大，城市和市镇吸收了农村人口，另一方面，农村却因赋税、劳役负担的问题产生各种纷争，放弃土地到海上谋生的人源源不绝。

坐落在海上的大小岛屿，成为形形色色的人逃亡和潜居的目的地。其中有为逃避租税和徭役等负担从内地移居的人，只在特定季节搭渔船被雇来拉网的水手，在学问上志向难伸、放弃出人头地的失意文人，犯了罪不断逃亡躲藏的人，以偷渡和走私贸易为业的武装商人，以抢掠海上船舶为生的海盗等，还有渡海而来的葡萄牙人和日本人。在这样的无政府状态下，人们买卖时碰到纠纷就行使武力，穷困时就上岸抢掠。其中，也发生过挟持在海上遇到的官军巡逻船来要求赎金的事情。

武装势力的成长，在不久后的1550年代达到巅峰，形成了跨海的商业网络，而发挥催化作用的就是日本白银。日本白银的出产地，是2007年被登记为世界文化遗产的石见银山[1]。

---

1 石见银山：位于岛根县大田市大森的银山。16世纪前半期正式进行开发，据说当时的产银量占了世界的1/15，也成为大内氏、尼子氏、毛利氏等的争夺对象，最后毛利氏取得胜利。丰臣政权成立以后被置于统一权力的支配之下，17世纪后半期产量达到巅峰。

据传，石见银山是1526年由博多商人神屋寿祯[1]发现的。1533年，寿祯从博多带来朝鲜技工，引入朝鲜传入、被称为灰吹法[2]的炼银法。结果，产量成功实现爆炸性增长，使日本在东亚海域的交易圈占有重要的一席之地。当初日本国内的白银需求很低，大量白银作为输入结算和输出品流到海外。例如在日朝贸易上，1538年后，白银取代了一直以来输出的铜，被大量运往朝鲜。1542年，对马派遣的伪日本国王使节，携带八万两白银进入朝鲜半岛，引起朝鲜政府的恐慌，因为这些白银足以使官方贸易用的木棉国库储备告罄。如此大量的白银流入朝鲜半岛，又进一步流入白银需求大的中国，尤其是辽东等东北边境地区。

但到了1541年，可以看到这次换作日本人从朝鲜买回白银。这是为了直接把白银卖到中国的江南，承担输出的是日本人和华人海商。16世纪中期左右常出现前往西日本的华人商船被风吹到朝鲜半岛岸上的情况。

那日本人和华人又从中国带来哪些贸易品以换取日本白银呢？实际上，交易品和之前、之后的时期相比，并无太大的变化，主要是生丝、纺织品、铜钱、中国漆器、药材等。不过，浙江和福建等地所制成本低廉的私铸钱[3]被大量带往日本和东南亚，可说是这一时期的特色。

---

1 神屋寿祯：出身博多，属于有权势的商人神屋氏一族。他与石见银山和博多圣福寺的关系匪浅。其父一直被认为是神屋主计运安（主计即主管会计，运安是其名，意即"神屋家主管会计的运安"——译校注），但据同时代的史料，应是别家的人。
2 灰吹法：银的精炼法之一。把银矿石加上铅完全熔解后，取出含银铅加热，熔点低的铅渗入灰吹床的灰中，银便分离出来。
3 私铸钱：民间未经国家许可而自行铸造、流通的钱。私铸一律是死刑重罪，日本制造的私铸钱也特别被称为"模铸钱"。

综合以上所述，一进入16世纪，葡萄牙、西班牙势力率先参与亚洲海域的交易。其背景包括曾经是东方贸易中心的君士坦丁堡被奥斯曼帝国占领，以黑海周边为据点的热那亚等意大利城邦的资本流向伊比利亚半岛等。出现在亚洲海域上的葡萄牙人、西班牙人，看重的是在欧洲与中国被大量使用的肉豆蔻、丁香、胡椒等香料。胡椒被大量运往欧洲是众所皆知的，其实在中国的需求量也相当惊人。爪哇和苏门答腊生产的香料特别受欢迎，例如，在马六甲购入的胡椒运往中国，就能以四倍的价钱卖出。华人海商从马六甲回国时，载满了胡椒、丁香、坎贝产的纺织品、番红花、珊瑚、棉布、铅丹、水银、鸦片等，还有铁、硝石、捻丝等。葡萄牙人也加入这样的产品贸易行列，并成功在亚洲的地域间贸易中占据了一席之地。

承认互市贸易的尝试

到16世纪初为止，明朝的朝贡制度作为周边地区国际关系的共通制度框架，发挥了一定功能。而且，不少情况是由散居海外的华人直接参与朝贡。通过熟知朝贡体制意义和结构的他们，这项特殊制度在某种程度上得以顺利运作。明朝治下的中国，原则上禁止私人擅自前往海外和接触外国人，但偷渡到海外后作为翻译再度入国的在外华人，摇身一变成为外国使节的一员，则被视为贵客。

广东、福建、浙江等沿海地方，梦想在海外成就功名而偷渡出国的人不曾间断，且在当局的默认下逐渐成为常态。这些偷渡者也扮演起召集海外商船前往中国近海的角色。16世纪初，相对于明朝政府对海外各国的强烈排他性，民间的活动则呈现积极渡海的动向。

当外国人利用朝贡船以外的船只行驶到中国东南沿岸时，为避免官府查缉，会藏身在沿岸的岛屿上。向他们提供水和粮食的，就是原本以渔业和水上运输维生的居民，其中以广东的疍民[1]、江南的沙民等水上生活者较为人所知。在商业经济蓬勃发展的16世纪，沿岸水域成为重要的交通路线，很多周边的居民也会以某些方式参与其中。

随着交易的活跃化，即使是明言禁止和外国人私交的中国，各地也出现了不同声音，认为应积极应对以累积财富。在正式的朝贡贸易之外，沿海地区的"互市"逐渐扩大。如前章所述，在朝贡／海禁体制下，官方只允许随朝贡使节而来的商人和中国商人交易，即"互市"。但从明朝中期开始，在以前就是南海贸易窗口的广东，也逐渐开放了与朝贡无关的外国船进行"互市"的路线。

在明代，从南方来到中国的各国船舶，多数会驶入广东的港口。本来规定只有朝贡使节才可接受市舶司的接待，但实际上大部分来航广东的外国船明显无法被认定为朝贡船，所以当局会自行决定是否接纳这些规定以外的来客，并准许一定的贸易。在这种情况下，贸易时会课抽分[2]税，再把税收纳入地方军费。简单

---

1 疍民：指在广东沿岸以家族为单位在船上生活的人。许多人从事渔业、水运业，不与一般民户通婚，属于特别的行政组织。历史上被汉人视为异族，但民国以后被认为在语言、形态方面与汉民族没有差别，政策上对其推行定居化，直到今日。
2 抽分：中国抽商税的方式之一。各种团体及个人在特定市场交易的商品，从总量中按一定的比例扣除，征收的是原来的实物或换算成市价的铜钱和银两。南宋以后，沿海地区的贸易港与异族交界处的官营市场会采用这种方式。

地说，对互市的认可是当局者基于财政理由采取的便宜运作措施。

总之，互市贸易获得公认，等于明朝的朝贡／海禁体制被蛀了一个"蚁洞"。如下章所述，在1570年代以后，这个"蚁洞"越来越大。

三　海商的时代

1591年的对中贸易摩擦

1591年4月，西班牙属菲律宾的总督达斯马里尼亚斯（Gómez Pérez das Mariñas）[1]下令禁止原住民穿着中国制衣料，同时着手调查现况。吕宋岛中部的某位村长这样说：

> 西班牙人统治菲律宾群岛后，有更多华人前来，每年至少有8艘中国船来航，根据年份有时会多达20到30艘，每艘都满载着棉布和绢匹。因为有华人运来的棉布，导致各岛屿和当地的原住民不再使用机杼亲自织布，小小的劳动也逃避；开始穿着中国制的布料，不再穿手工织的布料。到现在，无论是首领或自由民，还是奴隶，大家都穿着中国制的布料。

到第二年1592年7月，达斯马里尼亚斯向西班牙国王腓力

---

1 达斯马里尼亚斯：1590—1593年在任。1591年丰臣秀吉要求菲律宾臣服时由他应对。在远征摩鹿加途中，因华人桨手叛乱被杀。

二世[1]报告，提到禁止穿着中国布料的命令，内容如下：

> 很遗憾，我认为和华人贸易是有害的。他们将这个群岛上的大量白银带到海外，这应该被禁止。虽然主要贸易品为棉布，但华人从这里输入原料的棉花，之后织成布匹后再输出……此外，华人运来非常粗糙廉价的绢匹，还有生丝和纺丝。令人忧虑的是后者超过从西班牙本国的输入量，使格拉纳达、穆尔西亚、瓦伦西亚（纺织品业者）缴纳给王室的税收减少。〔布莱尔和罗伯森，《菲律宾群岛，1493—1803》（Blair and Robertson, *The Philippine Islands, 1493-1803*），第18卷〕

即使下了禁令，但之后仍有大量白银从菲律宾流到中国。面对如洪水涌入的中国商品，达斯马里尼亚斯的努力到最后也付之东流。便宜的中国商品大量流入，导致当地产业衰退。这是现代世界各地发生的普遍现象，但400多年前也发生在菲律宾。自13—14世纪"开拓海疆"的时代起，生丝、绢、陶瓷器等中国商品，除了东海、南海，还向印度洋方面广泛地输出。到了16世纪末，中国甚至与包括太平洋、大西洋在内的世界规模的经济接轨。正如作为中国农民副业生产的便宜生丝传入菲律宾，会夺走地球另一边的格拉纳达（Granada）[2]纺织业者的市场，这是16世纪末已

1　腓力二世：1556—1598年在位，1580年继承了葡萄牙王位，统治包括美洲、非洲、亚洲的广大殖民地。

2　格拉纳达：伊比利亚半岛最后的伊斯兰王朝奈斯尔王朝（Nasrid Dynasty）的首都，以阿兰布拉宫闻名。奈斯尔王朝灭亡之后，仍有许多穆斯林纺织业者在此维生，是西班牙绢产地中心。

经开始出现的世界规模经济体系，而东亚海域也逐渐被吸纳在内。

从中国出口到菲律宾的棉布，并非为少数特权阶级使用的奢侈品，而是连一般农民以至奴隶也在穿着的日用品。在"开拓海疆"的时代里，作为船底的货物（压舱物）通常会运载便宜、体积大的商品，但贸易商品的主角始终是高价奢侈品。但进入16世纪，棉布和粮食这些日常的大宗消费物资在贸易品中的重要性则日益提高。

重组东亚贸易体系

东亚海域的"大倭寇时代"，由1540年代的双屿走私贸易揭开序幕，1550年代达到巅峰，在1560年代逐渐平静下来。另一方面，1550年代，葡萄牙等外国船在广东当局的管理下被允许交易（互市），1557年葡萄牙人甚至据有澳门作为贸易据点。这样一来，既然在广东公然开放朝贡贸易以外的通商渠道，就不可能再回到过去的朝贡／海禁体制。

16世纪朝贡贸易逐渐有名无实，不只出现在海域亚洲，也见于内亚。16世纪初开始，蒙古要求扩大贸易，频繁入侵华北，甚至在1550年包围北京。在北方边境，很多汉人逃亡蒙古，从事农业和走私贸易。面对朝贡贸易的失败，明朝终于在1560年代末到1570年代初大幅放宽明初以来的朝贡／海禁政策，海域和内陆两方面都开放了合法的民间贸易渠道，重组对外贸易体系。

首先，1560年代末，大幅放宽一直以来的海禁政策，允许华人海商从福建南部的漳州府海澄港[1]出发，航行到东南亚各地。华

---

1 海澄港：福建南部、漳州湾南岸的港口。原本是被称为月港的走私贸易港，16世纪中期成为倭寇势力的根据地。

人海商拿到福建当局发给的航行许可证（文引），缴纳所定关税，就可合法航行到东南亚各地贸易。这样，与航行到广东的外国船的"互市"相比，华人商船航行到东南亚进行的贸易也可称为"往市"。然而，这样的放宽政策并不适用于日本，之后也严禁航行到日本，但实际上为了取得日本白银，还是有很多华人海商偷渡到九州。另外，虽然自15世纪末开始，琉球的中继贸易由于东海、南海走私贸易的扩大而长期呈现衰退的倾向，但伴随放宽海禁政策而正式承认华人海商进行南海贸易才带来致命一击。琉球和东南亚各国的国家贸易最后在1570年中断，琉球王国对日本贸易的依赖则加深。

接下来，1571年马尼拉市[1]建成，接着开拓了联结墨西哥与马尼拉的太平洋航线。刚好在这时，西班牙治下美洲的波托西银山等地的银产量急增，西班牙的盖伦帆船每年都从墨西哥运载大量新大陆银到马尼拉，购买福建海商运来的中国商品，再运回美洲。在这一年，葡萄牙船首次从澳门驶入长崎，之后从国王那里取得航海权，葡萄牙的定期船来往于果阿—马六甲—澳门—长崎之间，直接联结起印度洋—南海—东海，数量庞大的日本白银于是从澳门流入中国市场。

而1571年也是明朝与蒙古之间达成"隆庆和议"的一年。按照和议，明朝和蒙古之间重启朝贡贸易，同时沿长城开设多个交易场（马市），允许蒙古人与明朝政府及中国商人交易（互市）。这一年还在东北的辽东增设与女真人和蒙古人互市的交易市场。到了16世纪末，努尔哈赤则进行了女真各部的统一，独

---

1 马尼拉市：原为吕宋岛南部的穆斯林首长的交易据点，1571年被首任菲律宾总督莱加斯皮设为殖民地首都。之后，盖伦帆船横渡太平洋，往返于西班牙属的墨西哥阿卡普尔科与马尼拉之间。

占朝鲜人参和貂皮等贸易，扩大势力。

这样，在1570年前后，海域、内亚两方面都建立起取代朝贡体制的新贸易体系，因应明朝和贸易对象国的关系而并存着多样化的贸易渠道。在此想将这个新贸易体系直接称为"1570年体系"，相对于基于"贡市一体"原则的"朝贡体制"，"1570年体系"是为了因应不同状况，在现实中承认"贡"（朝贡贸易）和"市"（互市和往市），特色是"贡市并存"。表4显示了这个体系的空间构造的大致情况。

表4　"1570年体系"的空间构造（〈　〉内为朝贡、互市、往市以外的贸易）

		国家、地区	朝贡贸易的窗口	贸易场所和形式
海域亚洲	东亚	朝鲜王朝 日本 琉球王国	辽东：凤凰城（经山海关）〈自1550年起朝贡贸易中断〉 福建：福州市舶司	在辽东互市 〈葡萄牙人的澳门—长崎贸易〉 〈华人海商的走私贸易〉 〈华人海商的走私贸易〉
	东南亚	越南 暹罗 其他东南亚国家	广西：镇南关 广东：广州市舶司 〈1543年后，朝贡贸易的记录中断〉	〈华人海商的走私贸易〉 在广东互市（15世纪末—） 海澄→东南亚的往市（1560年代末—）
	欧洲势力	葡萄牙 西班牙	〈国家间的贸易交涉失败〉	广州互市（1557—） 海澄—马尼拉之间的往市（1571—）
内陆亚洲	北亚	蒙古 乌梁海 女真	山西：大同（经居庸关） 北直隶：喜峰口 辽东：开原（经山海关）	长城线的互市（1571—） 辽东的马市 辽东的马市、木市、互市
	中亚	西域各国	哈密（经嘉峪关）	陕西的茶马司 于肃州互市（15世纪—）
	西南高原	西藏 西南土司	陕西、四川 四川、云南、贵州、广西等地	陕西、四川的茶马司 与华商交易

出处：中岛乐章《14—16世纪东亚贸易秩序的变迁与重整》

该表中，明朝周边各国会涵盖朝贡、互市、往市中的任意一或两种，甚至也有像越南和暹罗那样三种全涵盖的，可知和明朝的贸易是当地政权承认的。但唯一的例外是日本，因作为倭寇的根据地而被明朝强烈警戒，不管哪种贸易渠道均不被承认，被排除在"贡市体制"之外。日本白银和中国商品的交易是当时亚洲海域内利润最大的地方贸易，但这项利益其实又回归于葡属澳门—长崎贸易和华人海商的走私贸易中。

华人海商与其交易圈

1570年代以后，中国与周边各国之间，在海域、内陆间并存着民间商人的互市、往市（及走私贸易）和国家的朝贡贸易。但若观察东亚、东南亚的海上贸易，朝贡使节和随行商人的重要性较低，以海澄、广州、长崎、澳门、马尼拉等中继港为据点、扩大了交易网络的海商成为主角。

这种状况可说重现了过去"开拓海疆"的情况，但16世纪末海商的出身地更为多样，他们的贸易圈超出东亚海域，联结了世界规模的经济。其中，主导当时东亚海域贸易的是华人、葡萄牙人等海商，尤其是身为航海、贸易领导者的船主和甲必丹[1]。特别是福建南部的漳州、泉州出身的海商，以海澄作为中继港，将贸易网络扩大至东海、南海全域，成为支撑起"交易时代"的功臣之一。

华人商船的船长称为"船主"（舶主），相当于宋元时代的

---

1 甲必丹：荷兰语"首领"kapitein 的音译，也与英语 captain 同源。——译校注

"纲首"，是航海与贸易的总负责人。船主指船舶所有者，有时指所有者的代理人，也有由多位共同经营者的代表当船主的情况。在船主的领导下共同搭船的商人称为"客商"（散商）。客商要支付船费以获得船舱的部分空间，存放各自的商品。当华人商船返航时，受政府承认、称为"铺商"的中介会收购货物。"铺商"独占输入商品的交易，也承揽向政府缴纳关税的代缴服务，他们很多是投资"船主"和"散商"的资本所有者。

华人商船的贸易路线大致可划分为"东洋"和"西洋"。"东洋"是指从福建出发，经菲律宾群岛往汶莱、苏禄[1]、摩鹿加南下的航线，但大部分船只会航往菲律宾群岛，尤其是马尼拉。他们将生丝、绢、棉布等中国商品出口到马尼拉，再将西班牙船带来的新大陆银运回福建。"西洋"指的是从福建、广东出发，南下往中南半岛、马来半岛东岸，抵达苏门答腊、爪哇的航线。在西洋航线上，华人海商输出中国商品，带回胡椒、香料、药材、金属等东南亚产品。

还有，虽然航行到日本被严格禁止，但实际上不断有华人海商从福建经东海偷渡到九州。例如，1596年，被认为是日本朱子学之祖的藤原惺窝[2]和来自吕宋的华人商船船主，在大隅半岛的内之浦港进行了笔谈。这艘商船搭载60位华人，船主儿子是吕宋华人社区的领袖。

---

1 苏禄：散布在棉兰老岛与婆罗洲（加里曼丹岛）之间海域的群岛。那里形成了伊斯兰王国，17世纪后通过与中国和马尼拉的海上贸易而繁荣起来。

2 藤原惺窝：1561—1619。1596年他为了去明朝学习儒学，前往大隅、萨摩，却因无法渡航而返回京都。之后，在京都教授朱子学，其门下人才辈出，例如林罗山等。

海商的群像

16世纪末，华人海商将中国商品提供给东亚海域全域，运回新大陆银、日本白银、东南亚产品，也有葡萄牙海商向中国市场供给日本白银和东南亚产品，并输出中国商品到日本、东南亚、印度洋方面。亚洲海域内葡萄牙船的贸易活动可分为下列三个范畴。第一种是从葡萄牙王室处获得某年某条特定航线以独占贸易的特权，亦即所谓的"总督制"船只进行的贸易，其代表是来往果阿—马六甲—澳门—长崎航线的定期船。第二种是马六甲长官接收过去马六甲王国交易路线的特权贸易，这一航海权经常被卖给当地海商。第三种是纯粹的走私贸易。在各地商馆和要塞工作的葡萄牙人，往往退休后仍定居当地，进行自由的贸易活动，不少人与当地女性结婚，这种结合诞生的混血儿（Mestizo，麦士蒂索人）[1]作为海商和佣兵也相当活跃。

葡萄牙人展开联结了印度洋、南海、东海的贸易，与之相对，西班牙人则一心推进连通美洲与亚洲的太平洋贸易。西班牙的盖伦帆船每年从墨西哥的阿卡普尔科横越太平洋来到马尼拉，输出新大陆银，然后满载中国商品返回。这个马尼拉·盖伦帆船贸易是西班牙属菲律宾的经济命脉。本来只允许住在菲律宾的西班牙人在盖伦帆船上装载运往美洲的商品，但实际上西班牙本国和墨西哥、秘鲁商人也在马尼拉·盖伦帆船贸易里投入大量资本。

---

1 麦士蒂索人：对在葡萄牙、西班牙的殖民地，白人与当地居民所诞生后代的统称。不过在西班牙属菲律宾，父亲为华人的混血儿也被称为麦士蒂索人。

　　另外，在东南亚海域将各地港口联结起来形成贸易网络、从事交易的海商拥有多样化的身世背景。在东南亚岛屿地区，这样的精英商人被称为"Orang kaya"（有钱人之意），其中可分为三类人：为寻求交易机会往来于各地港口的外国商人，为港市国家宫廷和贸易商人承担中介的外国人及其子孙，以及参与贸易的当地权势者。第一种外国商人，以16世纪初尤其是印度南部的塔米尔人和印度西北部的古吉拉特人较有势力，但之后取代塔米尔人而起的是华人海商、葡萄牙人、波斯人、阿拉伯人等，势力壮大。第二种是被港市统治者任命为港务长官（shahbandar）[1]的外国商人。重要的港口城市会设置多位港务长官，当有从其出身地的商船来航时，他们会负责管理、征税以及担任商人与统治者之间的中介。

　　到了16世纪末，值得注意的是日本人开始航行到南海。15世纪，日本人航行的目的地几乎被限制在宁波、三浦、那霸三地。但自1570年代起，东海、南海的贸易圈结合为一，位处北端的九州也被包含在内。尤其是九州的战国大名为取得军费和军需品，会招揽外国船到领地内的港口进行贸易。甚至，日本海商也开始航行到以马尼拉为首的各个东南亚港口，购入华人海商运到当地的生丝等商品，以及黄金和香料等来自南方的产品。17世纪初由朱印船开启的东南亚贸易，已在这时期萌芽。

---

1 港务长官：Shahbandar 在波斯语里是指港（bandar）的支配者（shah）。这一官职广泛存在于印度洋、爪哇海各地的港口。马六甲设有四位港务长官，分辖古吉拉特、印度洋、爪哇海和南海。

港口和居留地的景致

16世纪末的东亚海域,华人、葡萄牙人、西班牙人、日本海商展开活跃的航海活动。他们贸易网络的衔接点是沿岸的主要港口城市。在16世纪的南海,许多贸易航线纵横交错,作为衔接点的集散港蓬勃发展,会集了来自各地的海商。东海则以葡属澳门—长崎航线和华人走私贸易者的福建—九州航线为主干路线,作为次要路线的九州—吕宋航线也有所发展。

港口和其腹地的关系,东南亚与东亚有显著差异。在东南亚的岛屿上,主要河川的下游地区经常建立起"港市国家"。它们以河川的中上游地区为腹地,将腹地生产的香料、米、森林物产、黄金等商品输出给外国商人,并将外国商人输入的商品提供给腹地。这些港市国家王权以港口城市为据点,在政治、经济上支配腹地。相对于此,东亚的陆上政权以农业生产的收入为基础,派遣地方官或政府代表管理港口城市,以获取贸易带来的利益。虽然也有像16世纪的堺那样高度自治的港口,但港口作为支配腹地的政权据点是相当罕见的。

各地来航的人聚集在港口,通常会形成外国人居留地。例如在东南亚的港市国家,王宫所在的港市中心周围通常有按出身地划分的外国人居留地。各居留地中有被任命的领袖,并准许遵从出身地的宗教和风俗习惯生活,有势力的外国商人化身为商人精英,或被任命为港务长官和宫廷翻译,与王室联手主导港市贸易。同样的现象也发生在琉球王国。具有华人血统的居民从15世纪开始定居久米村,肩负起王国的外交、贸易业务。但进入16世纪,对日贸易逐渐变得重要,于是许多日本人居留那霸，久米村的华人社区也逐渐衰退。

即使明朝在1560年代末放宽海禁，也不准许外国人在澳门以外的港口城市定居。海澄只允许华人海商进出，外国船不准入港。即使是准许和外国人交易的广州，也不准外国人居住。广州在春天、秋天会分别举办销往日本、南海的中国商品市集，外国商人在这时来到广州，但无法住在市内，只能待在船上，采买商品时方可登陆。

一般的港口城市是外国商人在当地统治者管理下进行贸易，但与之不同的是，16世纪出现了作为欧洲人在亚洲的贸易据点而建设的新港口城市。其代表为葡萄牙的中国贸易据点澳门与西班牙属菲律宾首都马尼拉，但两者的性质有显著差异。马尼拉以要塞、总督府、教会为中心，西班牙人聚居在王城区（Intramuros），沿着周边河川的低洼地带是华人社区（parian）和日本人街。而澳门在16世纪尚未兴建要塞，葡萄牙人向广东当局支付土地租借费与停泊税，广东当局以此为条件，默认葡萄牙人的居住。

1571年起葡萄牙船来航的首个港口长崎，在1580年由其领主大村氏捐赠给耶稣会，因此这座城市成为联结澳门的葡萄牙东亚贸易的据点，而且是耶稣会在日本传教的中心地。七年后的1587年，丰臣秀吉直接统辖长崎，之后也默认耶稣会士在此居住，并主导了与葡萄牙船的贸易。1590年代长崎的人口达到5000，成为除日本人、葡萄牙人，还有华人、朝鲜人及其混血后代共同混居的国际港口。从16世纪末到17世纪初，九州各地的港口还出现了“唐人街”。这些唐人街通常沿码头形成，华人海商把商品搬上岸，出港之前在此停留，也是在领主管理下与日商交易的地方。

海域亚洲的商品

即使在13到14世纪的"开拓海疆"时代，印度洋贸易和内陆的商队（caravan）贸易也将欧亚大陆和非洲大陆联结起来。到15世纪末，欧洲人抵达美洲，重新将地球上的1/3（美洲大陆和大西洋）与旧大陆联结起来。1571年西班牙人建成马尼拉市，也随之开通了联结墨西哥和菲律宾的太平洋航线，使地球上最后的1/3（太平洋）也被涵盖到世界经济的网络里。因此，1571年可说是全球化的起点。

在16世纪的东亚海域，大众消费（mass consumption）物资成为主要的贸易品，曾被视为奢侈品的生丝、绢、陶瓷器、胡椒等物品，也成为更广泛阶层的日常用品。如第二章所述，从16世纪前半期开始，东南亚、印度产的胡椒、香料、药材、矿物、纺织品等商品，被华人走私客与葡萄牙人积极带到东亚海域各地；进入16世纪后半期，随着华人海商的东南亚航行解禁，以及葡萄牙、西班牙拥有与中国、日本的交易据点，贸易品趋向多样化，总量也大幅增加。像这样，贸易圈的扩大和贸易品的日常用品化，以及参与贸易的族群多样化，为东亚海域的"交易时代"带来了巅峰期。

东亚海域的贸易品中，最受欢迎的就是本章开头介绍的中国产生丝、绢、棉布。生丝、绢的主要产地是江南三角洲中心的水田地区，棉布的主要产地是三角洲东部沿海岸稍微隆起的高地。尤其是湖州的生丝、苏州和杭州的高级绢织品、松江的高级棉织品等，是全世界共通的名牌商品。例如16世纪末，从澳门到长崎和印度的贸易船，每年可运载60吨的生丝，还有海澄到马尼拉，也输出大量的生丝、绢、棉布。

在16世纪末，根据澳门的葡萄牙人交易的输出、输入品清单，从中国（澳门）到日本（长崎）的出口品以生丝、绢为首，还有金、水银、陶瓷器等物品，从中国运往印度的有生丝、绢、金、砂糖、生药等，代价是从日本和印度回流的大量白银。还有印度产的棉布也是东南亚的最大贸易商品，通过印度和葡萄牙的海商供给东南亚各地的港口城市，一部分也运往东亚。

铜钱也可说是中国在东亚海域的重要输出品，尤其是福建南部的漳州，是生产劣质仿造铜钱的中心地。这些铜钱通过16世纪中期的倭寇势力，被大量走私到日本；海禁放宽后的16世纪末，又由华人海商输出到东南亚各地。不管在哪里，都对扩大货币经济发挥了很大作用。16世纪末，火药和作为炮弹原料的硫黄、硝石、铅等军需品的贸易也急速扩大。日本产的硫黄输出海外的同时，中国产的硝石和铅也从澳门和福建走私到日本；东南亚产的硝石和铅则经澳门和马尼拉运往日本。另外，谷物和加工食品也是主要的贸易品，暹罗、缅甸、爪哇等地谷仓地带的稻米被输出到缺乏耕地的各港市，从九州到马尼拉也运载西班牙人的主食小麦和作为航海粮食的饼干。

东亚海域的"白银的时代"

从中国输出的生丝、绢、棉布、陶瓷器等，原本在东亚海域就有一定的需求，而在世界市场里也是需求度高的热销商品。购买这些商品的代价，就是海外的白银不断地大量流入中国市场。16世纪末,欧洲的金银比价是1:12,日本是1:10

左右，但在中国则大约为1∶7。即使有庞大的外国白银流入，白银的价值依然高昂。所以将日本白银和新大陆银运到白银购买力高的中国，再将中国商品运到海外市场的话，获利率将大幅提升。

16世纪的外国白银是通过下列三条路线传入中国的：第一，石见银山等地出产的日本银，通过葡萄牙人的长崎—澳门贸易和华人海商的走私贸易流入；第二，波托西银山等地出产的新大陆银，通过西班牙的盖伦帆船贸易，从墨西哥运往马尼拉，之后由福建海商供给中国市场；第三，从墨西哥运往欧洲的新大陆银，一部分用来投资葡萄牙的亚洲贸易，与旧大陆的白银一起从果阿经印度洋被带到澳门。在1600年前后，估计一年有50到80吨日本银流入中国，25到50吨的新大陆银经马尼拉流入中国。若将经印度洋运往澳门的白银包含在内，一整年流入中国的外国白银总量，估计高达100到150吨。

刚好在1570年代，明朝的"一条鞭法"普及全国，大部分的租税和劳役负担改以银纳，这当然与外国银的流入有联动关系。由出口商品换来的外国白银从东南沿海地区流入，被以长江下游地区为中心的国内市场吸收。接着扩散到全国的白银，绝大多数被明朝政府征收为租税，进而其中大部分被用作北方的军费和与蒙古、女真进行国际贸易（互市）时的货币，沿万里长城送往北方边境。在1600年前后，明朝政府为北方边境一整年支出的军事费和互市的经费，可达150吨白银左右。这几乎与从海外流入的白银量不相上下。而被送往北方边境的许多白银，又作为军需品和购买中国商品的货币使用，回到中国内地。

这样，16世纪末，外国白银流入中国和回流的结果，是在明朝周边形成了三处白银集中的繁荣地带：产白银的西日本，日本白银和新大陆白银流入的福建和广东等东南沿岸，将征收来的租税白银用作军费和互市经费的北方边境。最终，在明代后期，在作为输出商品生产中心的江南三角洲，尤其是城市里的大商人享受泡沫般的经济蓬勃，同时西日本、中国东南沿海、北方边境也因为白银的生产和流入而引起交易热潮。

"互相争夺"与新兴势力的抬头

在16世纪的东亚和东南亚，多种势力争夺贸易的利润，进而利用贸易利润来强化军事力量彼此竞争。在这样各种势力的"互相争夺"中，出现了将贸易带来的利益与军事力量结合的新兴势力，其典型例子是缅甸的东吁王朝。东吁王朝在16世纪前半期进入伊洛瓦底江中部平原地带，并攻占孟加拉湾的海上贸易据点勃固，迁都于此，统一缅甸全国。东吁王朝还通过海上贸易获得大量西洋火器，并雇用葡萄牙佣兵组织火炮部队，向周边地区进行军事扩张。1564年攻入大城王国，使暹罗臣服，在中南半岛建立起强大的帝国。

东吁王朝击败大城王国的四年后，在日本，织田信长进军京都，将列岛的中心地区收服。就如东吁王朝掌握以勃固为中心的海上贸易，组成战斗力强的火炮部队，积极扩张势力那样，信长则掌握了连接九州、通向东亚海域的本州最大贸易港——堺。他还用废止关所（干道上的收税设施）、振兴城下町的商业、订定货币价值等措施来促进流通经济，接着编成大规模的火绳枪部队，迈向统一日本列岛之路。

而继承了织田政权的丰臣政权称霸九州，直接管辖长崎和博多，试图掌握海外贸易，同时通过一连串政策，包括全国的土地调查（太阁检地）、解除农民武装（刀狩令）和兵农分离、禁止私自调动武力和战斗（总无事令）、镇压国内外的海盗行为等，将原先离心、多元的各方势力"互相争夺"的状况，统合在向心、单一的秩序下。

另一方面，丰臣政权想和明朝开通国家贸易的愿望失败，之后的对外政策转向狂妄的扩张主义，后来爆发了两次朝鲜侵略战争。丰臣政权最大化发挥了向心力强的权力，动员西日本的全体大名，配备最新的火绳枪，派遣总数达30万人的军队前往朝鲜。然而朝鲜的抵抗与明朝的大规模救援，导致这场侵略战争彻底失败，也令丰臣政权走向毁灭。但这次堪称16世纪世界上最大规模的军事行动，令以明朝为中心的国际政治秩序，受到相当大的离心作用影响。

在16世纪的交易热潮里，上述三处繁荣地带各自掌握交易活动并从中获利，以强化兵器和水军等军事力量，发展出新兴的商业／军事势力，形成"互相争夺"的局面。在各自的地区，他们的行动统合了互相竞争的各种势力，并朝着向心方向前进；但另一方面，因为商业利润和军事扩张的协同作用，以明朝为中心的东亚国际秩序也出现离心因素，而日本的丰臣政权就是先驱代表。

进入17世纪，明朝东南沿海、东北边境的繁荣地带，在各种商业／军事势力的"互相争夺"中，特别有力的新兴势力获胜并生存下来，在各自地区建立起具向心力的支配体制，同时与明朝渐行渐远，加速离心化。其代表是东北边境的努尔哈赤、皇太极父子以及东南沿海的郑芝龙、郑成功父子。

世界规模的物品与人的移动

东亚海域的贸易秩序重组为新体系，16世纪末迎来"交易时代"的巅峰期，同时经济也达到世界规模。东亚海域也与世界市场接轨，尤其是中国商品被运往新旧两大陆各地。在印度洋海域，虽然在15世纪以前主要由穆斯林海商输出大量中国商品，但到16世纪末，则由葡萄牙人直接将中国商品运往欧洲。当时，光是里斯本的一条街就至少有六间中国陶瓷专卖店，果阿的医院经常使用中国制的器皿装食物。1603年荷兰船掳获了前往里斯本的葡萄牙船，上面运载了1200箱中国生丝和20万件中国陶瓷。

在本章开头也介绍了中国产的生丝、绢、棉布、陶瓷器等物品，由福建海商大量出口到菲律宾，再由西班牙的盖伦帆船贸易将这些货品从马尼拉运往墨西哥的阿卡普尔科。价廉质优的中国绢，很快夺去西班牙本国纺织业者的墨西哥市场，甚至因中国生丝的流入，导致墨西哥当地的生丝生产一路衰退，另一方面使用中国生丝的纺织业却发达起来。

中国商品还从墨西哥运往波托西银山脚下的秘鲁。16世纪的秘鲁，丈夫要制作妻子的衣服，如果使用西班牙绢要花费200比索以上，但使用中国绢则只需25比索。因此据说秘鲁首都利马的市民都使用高质量且昂贵的绢，利马妇人穿的绢制礼服比世上其他地方都要丰富。西班牙国王腓力二世为防止从波托西等地所产的秘鲁、墨西哥白银流失，经常下令禁止进口中国商品，却不见成效，甚至连被征服的印加民族也接受中国商品。1602年某位印加酋长夫人留下的遗产目录里，包含了"中国制色丁布料的缂织壁毯（tapestry）"。那时秘鲁库斯科的印加民族会将历代印加国王的肖像画赠送给住在西班牙的同胞，这些肖像画便绘制在"中国制塔夫塔布料织的白布"上。

　　承担起世界规模的物品流通的主要是欧洲人，东亚各国的民众要凭自己的意志横渡太平洋和印度洋，机会还是很有限的。即使如此，自16世纪末到17世纪前半期，除天正、庆长遣欧使节这样的有名例子之外，也能确认存在从东亚移居到外部世界的民众。16世纪末的马尼拉，有1万名华人和1000名日本人居留，其中乘盖伦帆船前往美洲大陆的不乏其人。1613年秘鲁利马进行的人口调查显示，市内有38名华人、20名日本人居住。他们多是下级工匠和西班牙人的奴隶，推测大概是因人口贩卖和债务关系到美洲的吧。而在1630年代墨西哥城当局为保护西班牙人理发师，命令将华人理发师的数量限制在12人，墨西哥城似乎出现过华人社区。

　　16世纪后的世界海上贸易中，奴隶是最重要的商品之一。当然这在东亚海域也不例外，尤其是侵略朝鲜半岛时被动员的大名，在当地绑架了不少人带回自己的领地，再卖给长崎等地的外国商人。本章开头提到的佛罗伦萨商人卡莱蒂，也在长崎买了五位朝鲜人奴隶，并让他们改信基督教。他在果阿释放了其中四位，返回欧洲时，有一位名叫安东尼奥的朝鲜人与一位日本人与他同行。他们在大西洋被荷兰船袭击，日本人因此死亡，卡莱蒂和安东尼奥被带到荷兰。他们之后返回佛罗伦萨，而安东尼奥则移居罗马。

实际上应该有许多人因人口贩卖等缘故，从东亚各地航行到美洲和欧洲，虽然几乎没有留下史料。1617年佛兰德斯的绘画巨匠彼得·保罗·鲁本斯（Peter Paul Rubens）在安特卫普与从中国回来的耶稣会士金尼阁（Nicolas Trigault）见面，留下穿着中国服装的金尼阁肖像，同时也绘制了穿着朝鲜冠服的东洋男性肖像画。被日本军队劫持、卖给葡萄牙人的朝鲜人，很多在长崎和澳门等地被迫改信基督教。画中的男性应该也是改信基督教，被耶稣会士金尼阁带回欧洲的吧。

尤其是到了16世纪后半期，随着世界规模的物品与人的移动，各种文化、信仰、工艺、技术等传播开来，互相融合和竞争。第四章将叙述这些文化交流的各种面貌，尤其关注东亚海域与外部世界的互相作用。

四　多元混合的文化发展

从港口看东亚海域

位于海域交流交叉点的港口所留下的遗物，是最能够如实反映16世纪东亚海域文化面貌的实例。在日本，近年的考古发掘事例完整充实，结合丰富的文献史料进行的研究也有所进展。这里列举九州丰后府内（大分市）的例子。

府内是一个港口城市，位于大分川流入别府湾（濑户内海）的河口，自古以来就是该地区的政治中心，是16世纪推行广域贸易活动的领主大友氏的根据地。在西日本，拥有5000家町屋（工匠和商人居住的房屋，多为前店后居式）的都市屈指可数，府内就是其一。以大友馆（领主权力的政治据点）为核心，有御所小路町、上市町、工座町、唐人街等45条街道。首先，在大友馆的推测位置及其周边所出土的文物，有金箔土师器[1]和装饰用金属器具等金箔制品，天目茶碗等品茗器具，还有玻璃制品和炮弹，以及华南和泰国（暹罗）产的文物。町屋遗迹里有特色的出土遗物，是许多中国景德镇产和漳州产的青花瓷器。据推测，其中有些物品并非流通商品，而是从事和中国贸易的人或是航行到日本的华人的日常用品。除朝鲜、泰国、越南产的文物，也确认发现了日本国内只有数例出土的缅甸产物品。部分遗迹中，光是贸易陶瓷就占了出土遗物的六成以上。町屋遗迹里也发现了吉利支丹的遗物。在1551年的圣方济·沙勿略的传教活动后，府内发挥了耶稣会士重要活动据点的作用，开设了基督教会和神学院（collegio）[2]、西医医院等。教会墓地里也出土了可确定是日本吉利支丹的遗骨。

府内出土文物的多样化，清楚显示出随着明朝的海禁体制放宽，在重启繁盛交易活动的华人海商之外，欧洲势力重新登场的东亚海域的特色。在被称为"华人进入外夷"时代的16世纪，东亚各地形成华人居留地。他们的文化直接传入周边地区，以府内为例观察这样的这些华人海商居留地，可以知道他们并非当地被埋没的少数群体，而是采取和日本人混居的形态，形

---

1 土师器：古坟时代到平安时代的一种陶器，以赤褐色和几乎没有纹饰为特征。——译校注

2 神学院：以培养神职人员和教授日本人西洋文化为目的而开设的吉利支丹学校，于1580年在丰后府内创建。

成较为宽松的华侨社会。而且，他们活用高度的专业能力，在当地社会发挥作用，作为先进技术的传播者奠定社会地位。华人参拜、捐赠日本的宗教设施，参加宗教仪式，显示出不同文化、宗教、信仰的混合。

东亚海域的新登场欧洲势力，循着这些华人海商网络，也与贸易活动联动，直接引入自己的信仰文化和新技术，其代表就是在府内发现的多样的吉利支丹相关文物。另一方面，和外国人接触的日本人也具有吸收不同事物的开放性，不只接纳华人文化，也接纳欧洲来的基督教。府内的开放性表现在作为异文化交流的窗口，这个港口城市蕴含着使文化融合的可能性。16世纪的东亚海域里，各种文化不只并存、渗透，或是反弹，时不时也会融合。在作为接触异文化最前线的各地港口，多元文化"互相争夺"的戏码不断地上演。

综上，16世纪出现的各种文化面貌，本章将聚焦于信仰（航海神、基督教）、工艺（陶瓷器、屏风、南蛮漆器）、技术（火器、出版）、信息，将其作为复合性海域交流对文化带来的具象征的样本来叙述。

扩大的交易圈与航海神

往来于16世纪东亚海域港口城市的民众，为了航海安全，会虔诚地向自己信仰的航海神祈祷。进入16世纪，华人海商的活动相当活跃，也带动妈祖（天妃）、龙王、观音等航海神信仰的普及，逐渐给原本信仰乡土神明的各地沿岸民众带来巨大影响。尤其是伴随华人海商的活动，妈祖信仰向东亚海域广泛传播。

祖庙在福建湄洲岛的妈祖信仰，通过福建船舶驶向海外，从中国大陆南部沿岸普及琉球、西南日本、东南亚各地。

在如浙江沿岸等以龙王信仰为大宗的地方，妈祖信仰也以妈祖为龙王女儿的形式被接受。兴起于舟山群岛、作为航海守护神的普陀山观音，在第一部的时代，已从中国大陆沿岸传入朝鲜半岛沿岸和西日本。在这个时代，妈祖被赋予了观音菩萨化身的新意义，菩萨的通称在琉球和九州变得普遍。龙王信仰在山东沿岸和朝鲜半岛沿岸也很盛行。山东的龙王信仰和国家守护神（东海神）结合成东海龙王，但在沿岸居民之间，女性化的龙女神（海神娘娘）更受欢迎。在第一部的时代作为海运（漕运）的守护神而升格为国家守护神的妈祖，在明代也成为郑和等人海上远征和沿岸各地海防所的守护神，更增添了国家守护神的威光。但被洪武帝封为平浪侯的晏公等新兴国家守护神也登场，在地方上经历了盛衰起伏。位于山东和辽东之间的庙岛（沙门岛）上的天妃宫，也被称为龙女庙，在不同阶层的信仰中，其神格也有所不同。

在日本列岛，妈祖信仰以九州的华人居留地为中心传播开来；在本地也可找到之前就存在的航海神，例如濑户内海的海盗信仰严岛神[1]，从南海（纪伊半岛到四国）到九州南部信仰熊野十二权现，持续信仰和当地有密切关系的神。后来与16世纪"动乱时代"的状况互相结合，同时也是军神的八幡神大受欢迎，后来八幡神也成为海上武装势力（倭寇）的头目。而根据地域

---

1 严岛神：位于广岛县宫岛町的严岛神社所祭祀的神，有市杵岛姬命、田心姬命、湍津姬命等。受到以平清盛为首的平家一门相当虔诚的信奉，并得到濑户内海的海民支持。

不同，宗像三神[1]和严岛神也很受欢迎。

从日本派遣到明朝的外交使节（遣明使），在14世纪末以后，是由禅宗僧侣担任的。他们信仰的航海神是志贺岛的文殊菩萨和平户岛的七郎权现等位于中日航线上的本地神祇。尤其是七郎权现，本来作为龙神即海神或寺院的伽蓝神，在从宋代到明代的中国被广泛祭祀（招宝七郎），因宋日交流发达而传入日本并落地生根，之后在16世纪的大陆社会，韦驮天和关公作为伽蓝神扩大影响，加上航海神妈祖渗透民间，因此招宝七郎衰落而被遗忘，但在日本引入了宋风（受中国宋朝影响的）佛教的禅宗寺院里，作为伽蓝神存续下来，像平户的七郎权现那样作为航海神一直受到民众信仰。的确可以说各种神祇会互相竞争。

基督教的传教与相克

16世纪是基督教等西洋异教与欧洲势力的贸易活动结合一体传入东亚神祇信仰空间的时代。耶稣会[2]教士圣方济·沙勿略原本以印度的果阿为据点，在南亚和东南亚从事基督教传教的基础工作；1547年，他在葡萄牙人海商的走私船上遇到了前往

1　宗像三神：指的是海神多妃理毘卖（田雾姬、田心姬）命、多岐都毘卖（湍津姬）命、市寸岛毘卖（市杵岛姬）命这三女神。在福冈县宗像神社里的三宫（奥津宫、中津宫、边津宫）被祭拜。宗像神不仅是海民集团的航海守护神，也是国家的祭祀神。

2　耶稣会：16世纪以圣依纳爵·罗耀拉（Ignatius de Loyola）为中心，圣方济·沙勿略等同伴七人共同创立的司祭修道会。站在贯彻天主教复兴运动的第一线，1549年由沙勿略传入日本。

马六甲、鹿儿岛出身的日本人弥次郎，遂立志到日本传教。沙勿略在马六甲找不到要航往日本的葡萄牙商船，故乘华人海商阿万[1]的船登陆鹿儿岛。沙勿略曾提到阿万在船上供奉偶像，航海中频繁地掷筊占卜，推测应是指妈祖这些航海神。

弥次郎改信基督教，协助沙勿略在日本传教，但在沙勿略离开日本后，他也离开耶稣会加入海上武装势力。根据马六甲的耶稣会士培莱思（Francisco Pérez）所说，沙勿略一行人刚抵达日本不久就写了几封信，通过华人的戎克船带到马六甲，而那艘船上所载的四位日本人借住在马六甲华人基督徒的住宅里，投宿期间改信了基督教。在日本，基督教的传教活动以九州、畿内为中心，1590年代前由耶稣会独占，但16世纪末西班牙的托钵修会[2]来到日本后，则以本州为中心拓展活动范围。

初期的传教策略以招揽更多的葡萄牙贸易船为条件，首先让期望与外国船交易的领主这些统治阶层改信基督教，之后扩及家臣团、领地居民。但作为接受方的领主也不是单纯地改信了基督教。如在肥前大村氏的领地内，因基督教的渗透使自古以来的伊势神宫信众减少，接受御被大麻（祈祷符）被除仪式（消灾解厄）的人数也减少。但统治者阶层要立即改变信仰，难免会和本地势力的"异教徒"发生摩擦，因此大村氏的户主就让臣下按照顺序，让每家四人或六人这样少数人分批改宗，基

---

1 阿万：在马六甲有妻子并相当活跃的华人海商，并有"Ladrão"（海盗）的绰号。沙勿略的书信里记载他死于中国漳州。

2 托钵修会：指方济各会、道明会、奥思定会。起源于13世纪的欧洲因十字军东征运动而起的民生凋散，以清贫、不拥有为原则，生活上立志效仿基督的修道者集团。耶稣会将澳门作为航行到日本的据点，而在亚洲的活动据点则是西班牙属马尼拉。

督教在统治者阶层里就慢慢地普及开来。于是，户主本身依然接受伊势大麻的被除仪式，事实上是基督教信仰和伊势信仰（当然是神佛习合[1]的形态）并存。当地的这种改信，虽然是"吉利支丹大名"的战略判断，实际上是信仰因互相竞争而呈现复合性存在的状况。这也是这时期的特征。

传教手段中，也有从底层开始教化民众的方法，例如在领主的权力范围内，开设教会和医院、救济贫民设施和孤儿院等。医院和孤儿院在日本加入耶稣会的葡萄牙贸易商海商阿鲁梅达（Luís de Almeida）的布施下开设。阿鲁梅达加入耶稣会后，开始运用自己的财产从事贸易，以取得耶稣会的传教基金。往后日本、中国的耶稣会传教活动，几乎都是由他赚取的贸易利益支撑的，管理财务的司祭长（Procurador）一职变得重要起来。长崎被捐赠给耶稣会后，因为有来自澳门的定期船入港，于是成为日本国内最繁盛的港口，来自全国的町人（城镇手工业者、经商者的总称）也一同皈依基督教。16世纪末日本全国的吉利支丹人口超过了30万。

另一方面，1557年后，葡萄牙人因在广州进行互市而常驻的中国澳门，传教士以作为神父培训机关的圣保禄学院为中心活动，其中有传教士被明朝宫廷以传授西洋科学技术的名义聘用。比如，16世纪末进入中国的利玛窦（Matteo Ricci），在与当地士大夫阶层的交流中，一边介绍西洋文明，一边尝试传教。通过这些活动，到17世纪时，天主教在知识分子社会和宫廷中获得一定地位，西欧的科学和艺术也随之传入。

---

1 神佛习合：日本本土的信仰和佛教折中所形成的一个信仰形态。——译注

东亚海域的基督教发展，在日本，16世纪后半期以列岛西部为中心获得相当多的信众；在中国，传教活动则在17世纪才开始走上轨道，各国的传教进展有时差。但逐渐渗透日本社会的基督教，由于16世纪末丰臣秀吉发布了禁教令，而遭到禁止与激励镇压。在中国，17世纪后期，清朝也强化了对基督教的禁令。东亚海域逐渐走向禁止基督教的时代。

联结海域亚洲的陶瓷之路

丰后府内大量出土的陶瓷器产于以中国大陆为中心的地区，不只在亚洲，甚至是运往世界各地的最重要工艺品。15到16世纪的中国陶瓷改为大量生产青花瓷器（在日本被称为"染付"），取代一直以来居主流的青瓷、白瓷。明代在景德镇设官窑，相对于元朝时代强调气魄的纹样，明代青花瓷的风格纹样优美、强调空间感。明代依赖西亚输入的优质含钴颜料，因此可据各年代的颜色来判断当时的贸易状况。如万历年间主要使用国产的浙青[1]，故在色泽上偏黑，推测是因这时钴颜料的进口遭遇了困难。

另一方面，青花瓷主要以宫廷与一部分富裕阶层为对象，15世纪后民窑的产量开始增加，到16世纪则取得显著发展，在技术水平上可与官窑相提并论，连官窑也开始委托民窑烧造。在景德镇以外，福建南部的漳州窑等民窑也生产瓷器，而且生产景德镇的仿制品等粗糙的出口瓷器，远销东南亚以至欧洲各国。后世,这些专门输出海外的瓷器在欧洲被称为"Swatou-ware"

---

1 浙青：相对于从西方输入的回青（颜料名），中国本地的钴蓝釉，江西产的称平等青、石子青，浙江出产的称为浙青。

（汕头瓷器），在日本被称为"吴州手"，为人所知。依照纹样的组成形态被称为"芙蓉手"的瓷器的制造，也始于16世纪后半期，不久之后日本、西亚和欧洲纷纷开始生产仿制品，在世界各地引起热潮。

中国以官窑的青花瓷器为主流的时代，即从14世纪后半期到16世纪，越南、泰国、缅甸模仿中国的青瓷、青花瓷生产陶瓷器，并积极输出海外。尤其是在西亚的伊斯兰文化圈所出土的14世纪后半期以后的泰国、缅甸产陶瓷器，在比例上甚至可与中国陶瓷器匹敌。尤其是由于15世纪中期以来南海的海上贸易陷入停滞，中国陶瓷器在东南亚的流通量减少，取而代之的是泰国、越南的陶瓷器生产大为发达。但到了16世纪末，东南亚陶瓷器的生产转为面向国内，产量缩减。其背景是明朝放宽海禁政策，使输出到东南亚的中国陶瓷器剧增。放宽海禁也促进了中国民窑的发展，随着中国民窑制品席卷东南亚市场，相对地也夺走了东南亚陶瓷器的市场。海禁体制的缓和为东海、南海的陶瓷器贸易结构带来了很大的转变。

反映时代的屏风

1582年，天正遣欧使节与耶稣会日本巡察使范礼安（Alessandro Valignano）[1]一起乘葡萄牙船从长崎出发。这时，范礼安带着织田信长赠送的"安土城图屏风"。屏风上是信长命狩野

---

1 范礼安：1539—1606，意大利的耶稣会传教士，以巡察使身份到过日本三次，著有《日本巡察记》。他从事的活动包括设立培养神职人员的学校、派遣天正遣欧少年使节团、出版吉利支丹版书籍等。

永德绘制的在七层的天守阁上所见的安土城与安土街景。永德一改16世纪初确立的线条明快、轮廓清晰的狩野派画风，开拓了力度与华美兼备、规模宏大的画风，成为新式桃山美术的代表画师。他陆续绘出符合当权者信长、秀吉喜好的作品，俨然是时代宠儿。他制作的"安土城图屏风"被献给罗马教皇，放在梵蒂冈宫殿中的地志廊展示。可惜现已无法确认该屏风的下落，所以被称为虚幻的屏风。

在赠送永德的屏风之前，日本屏风已是日本与东亚各国外交时用作赠礼的美术工艺品。尤其被称为"金屏风"、主要使用金色和青绿色颜料绘制、具有富贵吉祥之意的花鸟画的豪华屏风，有很多被运往海外。屏风既是日常家具，也是绘画作品，作为生活美术具有相当显眼的丰富装饰性。16世纪中叶以后，以耶稣会传教士身份来到日本的人见到这些日本屏风，通常都会产生强烈的好奇心和兴趣。结果就如路易斯·弗洛伊斯（Luís Fróis）[1]说的"好几幅屏风已被送往葡萄牙和罗马，每年到印度的船也运载了大量屏风"（《日本史》）。屏风被陆续出口到欧洲，"屏风"一词也直接转化为葡萄牙语、西班牙语的"biombo"。狩野永德的"安土城图屏风"曾在梵蒂冈展示过一事，可以说正是象征着这个日本屏风来到欧洲的时代的纪念性事件。

此时的日本出现大量被称为南蛮屏风[2]的屏风。这是以16世

---

[1] 路易斯·弗洛伊斯：1532—1597，葡萄牙的耶稣会传教士。1563年来日，作为驻日传教长受织田信长礼遇。他著有《日本史》《日欧文化比较》等，精通日本的事物，也担任过范礼安等人的翻译。

[2] 南蛮屏风：描绘与16世纪后半期至17世纪前半期来到日本的南蛮人交流的屏风。狭义上是指描绘南蛮人航行到日本时的登陆情况和交易模样的屏风。

纪后半期航行到日本的南蛮人和南蛮船，即所谓的"南蛮趣味"为主题的屏风。南蛮本来是汉族出于华夷思想对中国南方异族的蔑称，但在16世纪后的日本，大多指从东南亚方面来航的葡萄牙、西班牙势力；比起蔑称，更多的是指带有异国风的珍奇事物。南蛮屏风里，有一种样式为六曲一双[1]的左右屏风，上面绘有在日本和异国活动的南蛮人和南蛮船，以及南蛮贸易带来的文物等。当时抱有扶桑（日本）、震旦（中国）、天竺（印度）三国世界观的日本人，对这些新登场的南蛮世界的人、物品、风俗文化等有着强烈好奇心，所以把其样貌详细地画在屏风里。这些人、事虽是崭新的描绘对象，但画师依然沿袭传统习得的手法、使用传统的绘画材料来绘制，风格也和该时代描绘的人像相通。虽然也有在图案上比较正确描绘南蛮人和南蛮船的作品，但对于不曾目睹的异国建筑，画师只能凭想象力，将本应是欧式建筑的东西代之以东洋的建筑物，相当有趣。南蛮屏风在形态和技法上采用屏风这种日本传统美术工艺品，在表现上描绘西洋的事物，形成了混合东西要素的作品。在这层意义上，如实反映出16世纪的东亚海域交流的交错混合的样貌。

海域交流的扩大和南蛮漆器的诞生

葡萄牙人来到亚洲各地，会让当地人使用本地的技术和装饰手法制作欧风造型的器物。通常认为这些器物的样式特征，是在葡萄牙的印度大据点果阿周边形成的，因此称为印度·葡

---

1 六曲一双：六曲屏风左右成对。——译注

萄牙样式。葡萄牙人注意到亚洲多样化的工艺品与工艺文化，因此在亚洲各地生产出像印度·葡萄牙样式的综合风格的工艺品，并向欧洲出口。

南蛮漆器[1]在造型上也以欧洲器物为原型，使用日本发达的莳绘[2]技术，但纹样表现与日本的传统相异。值得注意的是，南蛮漆器的特征是把空间填满的纹样装饰，还多采用螺钿[3]工法。日本的螺钿虽被指出与朝鲜王朝有关，但传统的日本美术不仅与朝鲜、中国有密切关系，南蛮漆器还被认为与印度西北部古吉拉特地区的工艺品有共通之处。整面镶嵌贝壳的南蛮漆器以古吉拉特的贝壳工艺为基础。在印度也制作了与南蛮漆器相同规格的橱柜，印证了两者的关联性。类似的产品在日本也能制作，因为欧洲人也要求日本的漆器有"印度风格"的要素。他们对日本这个国家还不太熟悉，相比之下对作为东方之印象的印度则相当熟悉，大概因此要求从亚洲带回的东西具有印度风格的要素。兼具日本风格与印度风格的南蛮漆器，呈现多样而混杂的特征，从这一点来看，当时欧洲人期望的日本形象（实际上是印度式的"东洋"形象）与实际是有落差的。而且欧洲人传入的物品和形象也未必能与日本传统工艺技术融合、协调，也会发生异质要素冲突的情况。

南蛮漆器中，也极为罕见地存在作品本身并非日本制造的

---

1 南蛮漆器：通过葡萄牙商人输出的漆器。

2 莳绘：指在漆器上以金银粉、色粉等材料绘制各种纹样装饰，是日本的传统工艺。——译注

3 螺钿：漆器工艺的一种。使用像夜光贝壳、鲍鱼贝壳这样有珍珠光泽的贝壳，切割成纹样装饰，在木器和涂漆面上镶嵌和贴上的工艺技术。

情况。与其说是各种样式的融合和混杂，不如说是异质要素在一件作品中"互相争夺"，产生了意想不到的效果。南蛮漆器是将日本风格、印度风格及其他各种风格的要素以多种形式混合的工艺品。其中重要的是，欧洲人在比较亚洲各地的工艺品后，要求活用各地区具有特色的工艺技术来制作日常器具。而日本漆器坚固、品质优秀，使用莳绘等工艺，在绘画、装饰方面的表现足以自豪胜过其他地区的漆艺品，因而受到瞩目，所以才能制作出南蛮漆器。南蛮漆器成为从日本向欧洲出口的漆器的先驱，也成为输出到亚洲各地中继港的国际商品。

17世纪以降，受日本漆器的影响，在各地都制作了许多类似的物品。墨西哥受南蛮漆器的影响，也引入了在油画上嵌入螺钿的做法。这样，受混合了东西方多种要素制作出来的南蛮漆器的影响，其他的地区诞生了新的混合品种，这些现象不能仅从海洋的东西交流这个角度来理解，更可以从中感受到这个时代海域交流的驱动力。

火器技术的新发展

通过海上贸易，从亚洲运往欧洲的有陶瓷器、屏风、南蛮漆器等物品，而沿着同一路线从欧洲带来亚洲的则是先进的火器技术。在15世纪的欧洲，火器技术迅速发展所带来的"军事革命"，不久就扩大到西亚，到了16世纪，连东亚海域也受波及，给往后的历史进程带来巨大影响。

金属制火器最早的实际应用是在13世纪的中国。自14世纪后半期开始，明朝制造了为数不少的能携带使用的"长枪"和大型火炮等火器。但在15世纪中期以后，由于没有大规模的对外战争，火器技术的革新也趋于停止，到16世纪初仍在制造明初样式的火器。另外，中国火器也传入与明朝往来的朝鲜和琉球，甚至和明朝交战的东南亚。但火器在东亚、东南亚如火如荼地传播的同时，只有日本列岛被排除在外，除了战术上的理由，主要是因为日本无法取得火药的主要原料硝石。

16世纪前半期，随着葡萄牙势力进入东方，他们带来的西方火器传入东亚各地，具代表性的是佛郎机炮和长火枪。佛郎机炮使用汽缸式子炮，是在炮身后部依序发射装填的后装式火炮，在葡萄牙船上作为舰载炮使用。1522年明朝和葡萄牙人在广东发生军事冲突后，佛郎机炮传入中国。它在连续发射的持久性、射程、破坏力上，都胜过中国的传统火炮。明朝活用经年积累的火器制造技术对佛郎机炮进行过改良，使其可用于守城、野战等场合，于是在明代大大小小的各种佛郎机炮被大量生产。

在1543年，葡萄牙人将长火枪传到种子岛，其制造技术在战国时代的日本列岛迅速普及，成为建立统一政权的原动力。中国的长火枪似乎也是由葡萄牙人传入的，但刚开始时无法完全仿造；1548年明军攻击走私贸易据点双屿时又传入日式火枪技术。还有，从福建等东南沿岸传入了欧式火绳枪，1558年明朝政府制造了1万支以上的鸟铳（火绳枪）。但明朝最初制造的鸟铳是沿用过去的火器技术的铜制品。铜制鸟铳虽然可在短时间内大量仿造，但相对于锻铁铸造，其枪身比较脆弱，数发之后有爆炸的危险，无法期待高命中率。

一直以来，火器技术方面存在空白的日本，在16世纪中期长火枪传入时，几乎是从零开始原样仿造，之后急速普及整个日本列岛。这与葡萄牙人和华人走私贸易者将东南亚、中国产的硝石供应给日本有很大关系。中国则是活用既有火器技术，独自改良欧洲的佛郎机炮，给军队配备了大量的各种大型火炮。16世纪末的丰臣政权侵略朝鲜时，形成日本火枪与明朝火炮正面对决的局面。

拥有丰富多样火炮装备的明军与大量装备精锐铁炮的日军，双方所展开的大规模的战争，让彼此的火器技术交流活跃起来，也为技术水平的飞跃提供了契机。明军的大型火炮尤其在攻城战时发挥了威力，故德川家康在堺和近江的国友铸造大炮，同时也从荷兰商馆购买大炮，在1614年、1615年包围大阪城的战役[1]里，用超过100门的大炮，展开猛烈炮击。另一方面，拥有优越性能的日式长火枪，也对明军造成很大威胁。明朝政府俘虏日军，获取铁制长火枪，促进了国内的制造。明廷还将日本俘虏组成长火枪部队，灵活用于镇压西南少数民族叛乱和东北女真的战役。

以日式火枪为代表的火器技术在明朝迅速引起高度关注。16世纪末研究铁炮的《神器谱》问世，其中介绍了来自奥斯曼帝国的大型火枪“鲁密铳”等多种胜过日式火枪的火器。通过日军俘虏获得的日式火枪、援朝明军带来的佛郎机炮传入成为战场的朝鲜，为当时以弓箭为主要兵器的朝鲜带来了最先进的火器技术，17世纪的朝鲜则成为东亚屈指可数的火器制造、持有国。

以火器为主要兵器的大规模战争四起，包括俘虏在内的人员往来相当频繁，促进了火器技术的流动、扩散，导致以陆地为基

---

1 指大阪冬之阵、大阪夏之阵这两场德川家消灭丰臣家的战争。——译校注

础的明朝政府面临向心力降低和各种势力抬头的窘境。在17世纪上半叶的明朝，以像徐光启这样亲近耶稣会士的官僚为主，尝试引入最新的欧洲火炮，取得了在后金攻防战中击退努尔哈赤等成果。但后来因为明朝引入最新火器并不顺利，而后金则从明朝获得火炮，并通过熟悉火器技术的天主教传教士等人才，成功引入最新锐的欧洲火炮红夷炮（红衣炮），逐渐超越明朝取得优势。在16世纪后的东亚海域，新火器技术的引入与运用的成败，成为各势力兴亡的分水岭。顺利吸收新技术的势力，在17世纪的东亚国际秩序的变动中掌握了主导权。

大量出版的时代与出版技术的融合

作为人类共享信息和知识的手段，出版文化的存在是相当重要的。16世纪的东亚海域出版文化蓬勃发展，书籍被大量出版，在主要使用汉字的地区，当时基本以木版印刷为主流。只有朝鲜半岛的活字印刷是个例外。16世纪则从汉字文化圈以外的地区传入新的出版技术，并与旧有技术产生了融合。

书籍的出版和贩卖由书肆（书商）负责，在16世纪的中国大陆，他们的活动取得了划时代的发展，木版印刷以中央政府、地方政府、有势力人士进行的出版活动为中心，在使用汉字的地区普及。在16世纪以前的中国大陆，能被确认的从事出版和贩卖工作的书肆只存在于大城市和福建山间地带。书肆的活动在数量上非常有限，无法超越拥有悠久历史的抄本文化。但进入16世纪以来，刻本对抄本已有决定性的优势，在以中国大陆沿岸为中心的地区大量图书被出版，营利性出版大幅增加。

众所皆知，15世纪后半期古登堡（Johannes Gutenberg）开发活字印刷术，到16世纪在欧洲各地普及。耶稣会在16世纪中期前往亚洲传教时，也将这项技术传入。日本的天正遣欧使节团从里斯本踏上返国之路，将印刷机带回亚洲。1587年，在印度果阿耶稣会巡察使范礼安治下，前使节马提诺（Martinão Hara）的拉丁文演说由日本人用活字技术印刷出来。在日本，虽然1587年发布了吉利支丹驱逐令，但在范礼安的主导下，出版了超过100种由罗马字和日本假名文字写成、被称为吉利支丹版的书籍。另外，1582年抵达澳门的耶稣会士利玛窦，于1601年进入明朝的宫廷，将众多基督教相关书籍和西洋学术书译成中文出版，他采用的是中国传统的木版印刷。

16世纪末丰臣政权侵略朝鲜，将朝鲜半岛上的很多文化财产蛮横地带到日本，其中包括朝鲜出版流行的朝鲜活字本，铜活字也同时被带回。1593年，日本的后阳成天皇敕令推行活字出版，自此天皇和当权武将、有权势的寺社积极出版活字本，使"古活字版的时代"持续了约60年。这一出版盛况很大程度是受到朝鲜活字文化的直接影响，同时也原封不动地引入了使用欧洲活字印刷术的吉利支丹版的排版技巧——将欧洲活字印刷的铅活字改为木活字，将压印改为传统的擦版印刷的古活字版印刷。

丰臣秀赖在1606年出版了古活字版《帝鉴图说》[1]，集中表现

---

1 《帝鉴图说》：明代书籍，采用图说方式描写中国古代帝王的治绩，劝诫治乱兴亡与应做之事。内容从古圣王尧帝到北宋神宗，包括了帝王的任贤、孝德、仁慈、俭约、好学、龟鉴和应尽善行81项，以及从夏朝的太康到北宋的徽宗，帝王该戒慎的恶行36项，共117项。

出当时东亚海域的出版文化特色是书籍极具混合性。16世纪末发行的底本，显示出明代后期木版画的技术水平；另一方面，排版方面的古活字版则通过欧洲的活字印刷和朝鲜半岛的活字技术，以及传统木版印刷的融合技术而实现。这本被带到日本并翻刻的《帝鉴图说》，正合为政者所好，到后世也一直是障壁画的标准主题。在全国性的建筑热潮下，以名古屋城的本丸里狩野探幽所画的"帝鉴图"襖绘为代表的障壁画和屏风画大为流行。万历元年（1573）刊行的中国书籍的最新信息，以前所未见的速度迅速传播到列岛各地。这个事例显示了这个时代东亚海域出版文化的兴盛，以及因此带动的信息普及。

漂洋过海的日本信息

16世纪的东亚海域，不只人员、物品的往来，信息的流通也变得活跃，尤其是日本作为世界屈指可数的白银产地、大倭寇时代和侵略朝鲜的起源地以及基督教传教最前线，其信息引起了海外的注意，因而诞生了各种研究图书和报告。

本来明朝对日本信息的关注度并不是很高，但1523年的宁波之乱唤起了对日本现状的关注，以此为契机，由薛俊[1]编纂的《日本国考略》（1523年）成为后世日本研究的基础。到16世纪中叶，发展出一般称为嘉靖大倭寇这样四处侵扰中国大陆沿岸的情况。明朝派使节到日本要求镇压倭寇，1555年蒋洲、1556

---

[1] 薛俊：生卒年不详。中国定海县人，精通学问，担任常州司训时教过许多学生。他所编纂的《日本国考略》是明代最早的日本研究书籍，虽然并不完善，但对之后的日本研究书籍产生了很多影响。

年郑舜功[1]赴日正是为了此事。他们到西日本各地查访，将最新的日本情报带回明朝。

作为成果，郑若曾的《日本图纂》（1561年），因包含"日本国图""日本入寇图"等详细地图，以及从中国经琉球到日本的航线的"使倭针经图说"而备受瞩目。在"日本国图"里，倭寇的根据地五岛列岛被夸张地画得跟九州本土一样大，以此表现日本作为倭寇根据地的形象。郑若曾编纂的《琉球图说》里所收录的"琉球国图"是描绘16世纪首里和那霸港的唯一绘图，相当珍贵。他还扩充《日本图纂》的内容，参照136种地图、典籍，撰写了《筹海图编》13卷（1562年）。《筹海图编》里有中国沿海等地的丰富地图和遭受倭寇侵扰的综合年表，也收录了各种船舶和武器等绘图，堪称集倭寇研究的大成。

相对于此，郑舜功的《日本一鉴》（1565年）是他以自身作为使者在日本停留时所收集到的信息为基础写成的，其中清楚地记载了他自己的航行路线和倭寇的活动，以及日本的地理风俗等内容，收录的地图很多不见于他处。在当时明朝刊行的日用类书（附插图的日用百科全书）早期刻本中，日本人以禅僧的形象出现，但在之后的刊本里，则是半裸背刀的典型倭寇装扮。宋元以来的禅僧交流的形象被半裸的倭寇像取代，成为日本人的刻板印象。

另一方面，深受前期倭寇侵扰的朝鲜王朝，很早就开始着

1　郑舜功：生卒年不详。1556年奉浙江总督之命，为交涉镇压倭寇之事前往日本。在丰后大友宗麟的领地内停留，隔年与大友氏所遣使僧清授一起回国。根据这次的航行体验和在日见闻、所收集的史料等写成的《日本一鉴》，对中国人认识日本有很大影响。

手搜集日本信息，申叔舟的《海东诸国记》[1]（1471年）就是集大成之作。但在前朝倭寇趋于平静的15世纪后半期，对日本的关注度也逐渐下降。进入16世纪，对马宗氏为了通商派遣伪使前来，而朝鲜政府依赖的是伪使随便提供的信息，无法得到真正的第一手情报。16世纪中期后期倭寇出现在朝鲜沿海，令朝鲜重新认识到对日海防政策的必要性，朝鲜的贡使在北京取得《日本考略》（1530年）一书，并在朝鲜重新刊行。但在那之后，朝鲜政府并没有渠道可以获得最新、正确的日本信息，这也是导致其对丰臣政权侵略朝鲜一事毫无防范的原因。

　　相比起来，对16世纪的日本最有兴趣，积极收集信息、仔细研究的集团是耶稣会。他们的关注动机与中国人、朝鲜人很不一样。对他们而言，获得的信息不只有助传播基督教，也有向欧洲人呼吁异国传教的宣传效果，而且这些信息也满足了欧洲知识分子阶级对未知世界的强烈求知欲。耶稣会收集信息的特点在于通过会员的往来书信实现情报收集和共享。沙勿略来日后，将传教的实际情况和成果统整为报告书，寄给罗马的耶稣会总长等人，经耶稣会检阅和认可后，交付印刷并广泛发行。在这些公开文书之外，会员也会制作以不公开为前提的文书。比起为鼓励传教而写成的教化书信，对会外保密的报告书里的信息可信度更高。耶稣会进行的日本研究，在关于语言学、历

1　《海东诸国记》：申叔舟奉朝鲜国王成宗之命编纂、1471年成书的书籍。其中记载日本、对马、壹岐、琉球的国情和邦交的历史，规定了使节的应对，成为朝鲜外交官的必备书。

史学、文学、地理学的方面越加细致，像《日葡辞典》[1]和路易士·佛洛伊斯的《日本史》之类的书籍应运而生。

若是比较明朝、朝鲜、耶稣会这三者所获得的日本信息，耶稣会在信息收集和分析上是最出色的，理由之一是优质的信息来源。比如佛洛伊斯，以丰臣秀吉的右笔[2]作为可靠的信息来源，包括秀吉发出的朱印状写本等也收录在《日本史》[3]里。耶稣会士还把复杂繁多的基础数据体系化，在提高信息准确度的综合分析能力这一点上，也具有相当高的水平。

再度登场的丰后府内

15世纪的日本列岛向海外输送人员、物品、信息，只能通过东海周边地区之间几条有限的路线。但在16世纪的东亚海域，人员、物品、信息的移动一下子活跃起来，范围也得以大幅扩展。本章开头介绍的丰后府内，就是集中呈现着16世纪东亚海域状况的地方。府内的都市空间里，禅宗寺院、基督教会、华人居留地（唐人町）并存，出土的文物包括基督教的十字架和纪念章、佛具、佛像，大量日本制、中国制、朝鲜半岛制、东南亚制的陶瓷，还有火绳枪的子弹和零件。除大批的中国钱币，也发现了与日

---

1 《日葡辞典》：耶稣会传教士为方便学习日语而编纂的字典。主体在1603年、补遗在1604年完成。其中收集了约3.58万个日文单词，没有雅俗、假名汉字之分，使用葡萄牙语解释字义，也标示了典故、用法、相关语、位相等其他内容。
2 右笔：为主人代笔，负责文书记录的人。
3 《日本史》：佛洛伊斯记述了从圣方济·沙勿略抵达日本，到1592年左右为止的40年间日本耶稣会的传教历史。虽然带有作为传教士的某种程度的偏见，但其在观察和信息搜集上的准确性和详细记载是公认的。

本白银流通有关的测量器材砝码。

这座国际城市的统治者是大友宗麟[1]。他曾派出遣明船，也积极推动与明朝的走私贸易和与琉球王国的交易，同时通过耶稣会士打开与澳门的通商渠道，甚至和柬埔寨等东南亚各国也有私下往来。他在少年时代就接触到刚传入种子岛的火绳枪，之后还从澳门获得了大型的佛郎机炮。蒋洲和郑舜功在丰后停留时，也在大友宗麟手下收集日本信息。待在府内的传教士所写的书信经耶稣会的情报网传递到世界各地。路易士·佛洛伊斯在他的《日本史》里，感慨万千地记录了丰后王国的繁盛以及被岛津氏侵略而灭亡的事。府内位于海域亚洲东方的日本列岛一隅，却是汇集跨海移动的人员、物品、信息的空间。

但16世纪末控制了九州的丰臣政权，动员大友氏等九州各国大名侵略朝鲜，以在战场上玩忽职守为借口将大友氏赶出丰后。17世纪后的府内也逐渐失去国际城市的功能，沦为全国数百个小藩的城下町之一。在东亚海域各地，多方势力将贸易利益和武力结合、互相竞争的时代也接近尾声，继之而起的是由在各势力的"互相争夺"局面里决胜而出的统一权力，管理特定的路线上移动的人、物品、信息——这样的时代即将拉开帷幕。

1　大友宗麟：1530—1587，即大友义镇。他是战国时代的武将，身为丰后、筑后、肥后、筑前、丰前、肥前六国的守护（武家职位）。作为大友义鉴之子，与大友义长为兄弟关系，在北九州建其地盘，因与岛津氏对立而向丰臣政权靠拢；热衷于南蛮贸易，受基督教影响强烈。

第三部

分栖共存

1700—1800 年

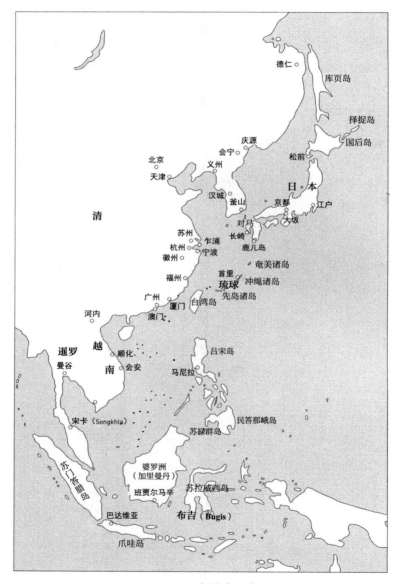

德仁　库页岛

择捉岛
国后岛

庆源
会宁　　松前
北京　义州
天津
　　　　　　　　　日　本
汉城
　　釜山　京都　江户
对马
清　　　　　　大坂
　　苏州　乍浦　长崎
　　杭州　宁波　鹿儿岛
　　徽州　　　奄美诸岛
　　福州　首里
　　　　　琉球　冲绳诸岛
广州　厦门　先岛诸岛
　　　　台湾岛
河内　澳门

越　　　吕宋岛
南　顺化
暹罗　　　马尼拉
曼谷　会安

民答那峨岛
宋卡（Songkhla）　　苏禄群岛

婆罗洲
苏门答腊岛　（加里曼丹）
　　班贾尔马辛　苏拉威西岛
巴达维亚　布吉（Bugis）
爪哇岛

1700—1800 年的东亚海域

一 时代的素描

两次漂流事件

时为将军德川吉宗[1]的统治下的宽保二年（1742）七月，有一艘萨摩船在从琉球到鹿儿岛的途中遇险。船上载有船员21名，其中两名下级船员是在琉球雇用的。他们一行人剪发投海许愿，并丢掉货物使船体变轻，尽了最大的努力，但在猛烈浪头的冲击下，船只沉没，乘员改搭小木舟脱困。这时有1名船员因转移失败而罹难，剩下的20名听天由命在海面上漂流，幸运的是抵达了某座岛屿。(《通航一览》卷225,《萨州船清国漂着谈》,《旧记杂录》追录卷87)

明和元年（1764）十月，这次筑前的定期船伊势丸运载着津轻的木材前往江户，途中在鹿岛滩遭遇暴风雨。狂风暴雨中，20名乘员把船里的浸水拼命舀出，丢掉船上的木材让船体变轻，剪发投入海里，一边向神佛祈祷，一边

---

1 德川吉宗：1684—1751，江户幕府第八代将军（1716—1745在位），本是御三家之一、纪州德川家的第五代当主（日语中对主持家族事务的负责人的称呼——译校注），继承德川宗家成为将军。他推行被称为"享保改革"的财政重建与机关重整，中兴了幕府体制。

努力奋战。好不容易脱离险境，但船已失去风帆、舵和锚，也只能在海面上漫无目的地漂流，大约过了101天后，终于漂抵不知名的大岛。(《南海纪闻》《漂流天竺物语》)

——读到这里，可以知道虽然船舶种类和信仰会有不同，但不论哪个时代、哪个地区，在海上难免会发生漂流事件。但从这里开始，他们的命运如何发展，可以明确展示出第三部要探讨的1700—1800年的东亚海域特征。先看萨摩船后来的情况。

生还的漂流者

他们漂抵岛上后，推测"这里应是唐国吧"。果真如他们所料，那是一座属于今天中国浙江省东北海域舟山群岛的小岛。岛上居民完全不谙日语，但理解了他们说明自己是漂流者的手势，给他们提供了食物和悉心的照料。之后，他们被带到舟山大岛，那里的地方官通过笔谈听取详细的事发经过。此时，船长传兵卫写下一句"日本国之内萨摩国松平大隅守领内之者"。"松平大隅守"指当时的萨摩藩主岛津继丰，松平姓是有势力的外样大名[1]被允许的赐姓。即使在舟山，一行人也是每天有饭菜茶烟，相当受礼遇。

不久后，传兵卫一行人渡海前往大陆，在镇海、宁波、杭州、绍兴、嘉兴辗转移动，最后抵达乍浦这个港口。乍浦是从

---

1 外样大名：江户时代的大名种类之一，指亲藩大名（与德川家有血缘关系的藩领）、谱代大名（关原之战以前就一直追随德川家康的大名，又称世袭大名）以外的大名。他们主要是关原之战后服从德川氏的诸侯。——译注

中国大陆航向日本长崎的商船的主要出发港口。他们住在一个名叫三官的唐人的宅邸里，此人拥有开往长崎的船只。在那里，一行人不只三餐温饱，还被提供衣服、棉被等，受到热情款待。三官是奉乍浦地方官之令照顾和遣返传兵卫一行人回国的，提供给他们的生活费和发放物资则由公费支出。

到了春天，一行人乘三官的船从乍浦出海，大约花了10天进入长崎港，被交给长崎奉行所。奉行所巨细靡遗地盘问姓名、本籍，确认其信仰和踏绘[1]、漂流情况以及逗留时的情况。在判断一行人并无问题后，将他们交给萨摩的官员，之后各自回乡。

如上所述，漂抵中国大陆沿岸的一行人，在与日本没有邦交的清朝官民共同协助下平安归返，回国后也没有因违反"锁国"令而被追究，顺利回归日常生活。在第二部介绍的时代，他们漂抵的舟山群岛曾经是"倭寇"的一大据点。若是在该时代的话，不是财物被洗劫一空、人被卖掉，就是他们逼不得已也成为倭寇吧。

但今非昔比，在18世纪的东海上，此事并非特殊案例，漂抵清朝领土的日本人几乎毫无例外地受到保护，让他们搭乘长崎的商船返回日本。途中经常有地方官参与，衍生的各项费用也由公费支出，因此可知这些救助、保护措施是清朝的国家制度，而地方官的工作职责包括了处理漂流民事宜。反过来，在日本也一样，漂抵日本的外国人按幕府和诸大名的规矩获得救助、保护，按相同路线回国。这些基于这些国家制度层面而对外国漂流民施行的保护、遣返不只实行于清朝—日本之间，而

---

1 踏绘：指江户时代在镇压基督教时，为区分当事人是否为教徒，要求其用脚踩踏刻有基督和玛利亚像的木板或金属。——译注

是在清朝、日本、琉球、朝鲜这四国之间互相进行的。即使在没有直接建交的琉球—朝鲜之间，甚至是和越南之间，都各自以与清朝的关系为媒介，互相送返漂流民。

这些做法在现代人的常识里会认为是理所当然的，但清朝、日本、琉球、朝鲜之间，能确实地救助、遣返漂流民，实际上是18世纪初才开始的。当然，之前也有海难的救助、遣返，但大部分是单方面进行的，并无互相遣返的保证。不只如此，很多漂流民或归化当地，或当奴隶，或被卖掉，像中世日本有将漂流船依照当地惯例处置和占有的做法。也就是说，这些保护、遣返并非偶然，而是制度性的互相保障，这种情况成为18世纪东海的特征。

同时值得注意的是，这些互相遣返并非以国家间存在着外交关系为前提。众所皆知，18世纪的日本与清朝没有邦交，但两者并非完全断绝往来。以民间贸易为主的各种交流关系，非常兴盛且稳定地发展。这意味着不只是幕藩体制下的日本，清朝方面也承认这些"形式上的断交与现实上的交流"。

虽然日本的"锁国"和清朝限以广州一口通商所造成的18世纪封闭、消极的印象，因近年的研究而有很大的改观，但和前后时代相比，一般来说，可能这个"封闭"时代的印象还是比较强烈的。不过，即使限制重重，但各国并没有封闭门户，不管是有明确的法规，还是彼此默许，双方在约定俗成下热烈交流。确立由当地政权救助、保护及互相遣返外国漂流民这些"常识"，也是其中的一环。

在这个时代的海域上，鲜少发生引人注意的战争和动乱，但这并不意味着交流停滞、低迷不振，应说是呈现稳定和繁荣的景象。而且，在这种平静的表面下，有一场深处的变动正在悄悄而稳定地进行，故为具体勾勒出这时期的特征，首先回顾之前时代的情况。

围绕东海的权力与"海洋的和平"

从18世纪的开始追溯到100年前的17世纪初，东海与其周边地区如第二部描述的，以生丝为代表的中国大陆特产与日本白银、美洲白银的交易相当兴盛，各地区的政治秩序和社会结构的内部变动也达到巅峰。动荡中形成了新的政权。从织田信长、丰臣秀吉到德川家康，日本列岛产生了统一政权。努尔哈赤统合满洲的女真各部建立了后金。日本在第二代将军秀忠、第三代家光[1]的时期，江户幕府建立起能够对全国行使强力支配权的幕藩体制。而后者是在皇太极的时候，改族名为满洲，并改国号为大清。两者均在1630年代到1640年代形成完整的统治体制。

德川政权当初热衷于与明朝的外交交涉和朱印船海外贸易，这时重整对外关系，走向了被称为"锁国"的严格管理对外关系的体制，以限制海外往来、禁止基督教、管理贸易为核心，将对外关系的窗口集中在长崎口、萨摩口、对马口、松前口"四口"[2]

---

1 秀忠、家光：德川秀忠（1579—1632，1605—1623年在位）与其子家光（1604—1651，1623—1651年在位）是江户幕府第二、第三代将军。两人致力于德川政权的确立，将家康用武力得到的霸权导入安定轨道。

2 四口：江户时代的对外关系有四条路线，长崎口为中国、荷兰船只的入港处，萨摩口对应琉球，对马口对应朝鲜，松前口对应虾夷地（北海道）。

进行管理。还有，同时兴起的后金—清朝政权，以兵民合一的八旗兵制这种社会组织作为国家体制，以强大的向心力和军事力量为武器，一一降伏吸收蒙古各势力，使朝鲜臣服并脱离明朝的朝贡国阵营，建立起自成一格的国际秩序。另一方面，被秀吉与皇太极大军相继蹂躏的李氏朝鲜，与遭到萨摩藩岛津氏入侵、被纳入统治下的第二尚氏的琉球王国，虽然都迫于无奈，但也在新的环境下重整体制（近世朝鲜、近世琉球）。

这些变动中，统治中国且位于国际秩序中心的明朝，因1644年的内乱走向崩溃。之后的40年中，攻占北京的清朝政权、起兵叛乱的李自成等人的武装势力、作为明朝残存势力的南明各政权、叛明降清的吴三桂等人的三藩，还有郑成功一族的海上势力，彼此反复合作与反目，争夺霸权。清朝陆续打败抵抗势力，在该过程中下令禁止沿海居民的出海（禁海令），并强制他们迁往内陆居住（迁界令），以此对抗海上的郑氏势力，终于在1683年占领郑氏统治的台湾，成功扫清了16世纪以来独立的海上势力。

于是，清朝的康熙帝在翌年允许民间商船航行海外，在沿海重要地方设立四个海关[1]管理海外贸易，而商船的航行目的地也包括日本长崎。虽然没有中央政府层面的官方接触，但日本与清朝维持了安定的通商关系。清朝已经和作为朝贡国的朝鲜、琉球缔结外交关系，由此形成了在各陆上政权的强力统治下进行海上往来的状态。

---

1 四个海关：设置在主要对外贸易港口的税关，有江苏的江海关、浙江的浙海关、福建的闽海关及广东的粤海关四处，由中央特派的海关总督管理，向入港的商船征收入港税和货物税。

在第三部所探讨的时期，这些国家层级的政权日益壮大，将地方层级的各种权力置于统治之下，开始了由国家强权主导交通、交易的时代。经历16世纪的动乱和秩序变动，这些在17世纪形成（清朝、德川政权）和重整（朝鲜半岛、琉球）的政权，强势地掌控自己国家境内的事务，在这里以"近世国家"称呼。这些强力的"近世国家"，给16世纪各种海陆势力并存、如同沸腾锅炉的状态画下休止符，为自己和他者之间画线，重新定义各自的领域、成员，彼此在海上占一席之地。

同时，这些"近世国家"，尤其是由曾经强大的满人所建立的清朝与日本的德川政权，虽然与海上贸易无缘，但并不仇视海上贸易，不如说他们本来就是在16—17世纪活跃的国际贸易中形成的新兴军事势力，随着霸权的发展，将重心从对外贸易转移到领土统治、主宰新秩序上。而且，各政权在对外关系的管理体制上处于对等状态，武力冲突和外交纠纷几乎消失，各势力专心于贸易活动，因此这个时代出现"海洋的和平"。强大的统治力，使东海外围的势力以及欧洲来航的航海者，在这个时代必须遵守东海的规则。

但这一状态并非像今日那种"国际协议"后的产物，而是由各政权配合各自的状况建构起"最适合自己国家的管理体制"，然后彼此取长补短之下形成的。这是因为各政权之间极力避免发生摩擦、冲突，而且在逻辑上为了让"国内统治"与"国际秩序、对外关系"两立，进行了暗中默许的努力。即使领域内强力政权林立，它们既不正面冲突也不会成为正式的同盟，而是眼不见为净，在避免麻烦的同时享受利益——达到某种"分栖共存"的状态。最显著的例子就是以自我为中心、各自构想秩序的清朝和德川政权，为了不让彼此的世界观、秩序观碰撞，避免建立起直接的外交关系，同时又承认、奖励民间贸易。萨摩船的传兵卫一行人就是在这种环境下得以平安返国的。

如上所述，18世纪的东海上，原本许多从事与海有关的独立且多层次的集团、组织里，逐渐发展出国家层级的政权，并极度强大化，将其他的各种势力置于管理、统治下，而且各自实施了由政权主导的海上交通管理，呈现了政权之间"分栖共存"的状态。这是第一个特征。

东海的外围——南海的漂流民

相对于所谓"井然有序"的东海，外围的海域又如何呢？为了验证，下面来看开头提到的第二件漂流事件。

20位船员度过约三个月的艰苦漂流生活，带着获得重生般的心情上岸——后来知道那是菲律宾群岛的棉兰老岛[1]。一开始不见人影，在岛内徒步几天后，终于看到人迹。一行人非常高兴地走近，却被手持火枪、吹箭、枪、盾等武器的100多位长相奇特的当地居民包围，即使在沙地上写上"日本"仍无法沟通，身上物品被洗劫一空。他们被带给酋长，当作奴隶使唤进行农事生产，陷入困境。其间有9人相继死去，4人被带往其他地方，或被当成奴隶转卖。剩下的7人被卖到邻近的苏禄[2]，被迫在商船

---

1 棉兰老岛：位于菲律宾群岛南部的大岛，16世纪伊斯兰教盛行，中部的伊斯兰王国因海上贸易强盛起来，与北部吕宋岛马尼拉的西班牙势力对抗。

2 苏禄：苏禄群岛散落在棉兰老岛和婆罗洲（加里曼丹）之间的海域，当地建立了伊斯兰王国，17世纪后因与中国和马尼拉的海上贸易而繁荣兴盛。

上做了约一年的挑夫杂役。

1766年，孙太郎和幸五郎两人被带到婆罗洲的南部城市马辰（Banjarmasin），但幸五郎在中途病死，于是剩下孙太郎一人。他在马辰被叫作大根官的华人买走。大根官是从事纺织品和陶瓷器买卖的富商，福建的漳州人。他虽然住在马辰，但为更改户籍和采购商品会定期回国。他有许多奴隶，孙太郎最得他心，与其他奴隶不同，被视为家人。

马辰是个大港，大根官等华商（唐人客商）的住家遍布各处，也有荷兰商馆。从港口稍微往上走的地方住着当地首长，大根官交易时经常带孙太郎到那里，孙太郎也曾到当地的荷兰商馆帮大根官办事。那时，有位荷兰人向孙太郎提议，如果晚上偷偷游泳渡河逃出，搭船从巴达维亚出发，能在3个月内返回日本。

过了七年，孙太郎的思乡之情越加强烈，于是有一天，他下定决心向大根官请求回国。在孙太郎拼命说服下，大根官同意他的请求，与入港的福州船船主商量，而船主又与其他船主商量，得到的回复是辫发[1]作"唐人"模样才可同行回长崎，但孙太郎不愿剃发，只能作罢。但不久之后孙太郎找到机会乘荷兰船到巴达维亚，之后再转搭其他荷兰船到长崎。终于在1771年的夏天于出岛上岸，被引渡给官员并接受官府审问后，孙太郎终于得以遂愿回乡。

与东海的漂流相比，漂抵东南亚的一行人经历了悲惨的命

1　辫发：将部分头发留长，其他部分剃掉的发型，是北亚游牧、狩猎民族的男性自古以来常见的习俗。满人的辫发是只在后脑勺留长一处头发，再结辫垂放。清朝入关后也强迫汉人辫发以示服从。

运。20位船员全部得以上岸，却在当地被抢掠、奴役，成为人口买卖的对象，一下子只剩下孙太郎一人，其他音讯全无。而他能够在华人富商的主人大发善心和荷兰船的帮助下返乡，不过是偶然的幸运罢了。

由上可知，南海的漂流民未必会被救助、遣返，而且漂流民、漂流物往往被视为沿岸居民和领主的财产，是被夺取、占有的对象。但要说东海和南海是不同世界，在偶然的漂流事件之外就毫无瓜葛的话，又并非如此。像孙太郎被华人富商买下，经过与福州船的接洽，最后乘荷兰船返国，也就是说和东海的情形一样，华人海商和荷兰商船也经常往来于南海，海上交通、贸易活动的进行并未因为海域和政权而被隔离开。

但在政治层面上，可见马辰的"当地首长"对孙太郎并无多大兴趣。他们漂抵、游历的各政权并没有一套保护、遣返漂流民的措施。也没有发挥对应窗口（counterpart）的功能。换言之，漂流民遭遇的悲剧，并非因为身处未知、无交流的异世界，而是这片海域虽然在经济活动上有所联系，但在政治层面、制度层面不像东海沿海各国那样存在对漂流民的保护、遣返体制导致的。

东海和南海的"差距"

上述两个漂流事件表现出的漂流民的迥异命运，对应了东海与南海的差异。这两个海域的差异应被称为此时代的第二个特征，简言之，就是政治层面和经济层面的"差距"。

如上所述，从政治层面来看，基于东海沿岸各政权共同默许下的"分栖共存"，形成了一个井然有序的世界。相对于此，清朝同样与南海毗邻，但和东海不同，南海周围并不存在可以发挥对应窗口功能的政权，在政治上两者是不对称的世界。但在经济、贸易上，华人海商和欧洲商船往来于中国大陆和日本列岛之间的海域，东海和南海联动，形成连接合一的世界。亦即说，东海和南海在政治上虽然是分离的，但在经济、贸易上是一体而互动的。而且，经济、贸易活动的中心是在南海，并且在这一世纪里，重心越加倾向南海。

产生这种"差距"的背景，是与东海相比，政权对南海的控制相对薄弱，几乎采取放任的态度，这是原因之一。清朝的政策虽无东海、南海之别，但东海沿岸各政权在政策方针上是一致的，南海却几乎不存在对等的政权、规范，结果就形成放任的形态。例如汉人在移居海外的情况中，虽然清朝方面对于东海、南海的出国规定是相同的，前往东海方面哪怕出国了，包括日本在内的国家也没有接纳移民的土地；但南海方面则不同，只要出国就有办法住下来，所以海外汉人亦即华人社会如雨后春笋般出现。

在这些状况下，18世纪急增的中国大陆人口，向南海方面扩展、流动，马辰的华人宅邸栉比鳞次。像买了孙太郎的华商，以及一起商量返国事宜的福州船主，可说如实反映了当时活跃的南海交易以及汉人移居海外的状况。还有最后送孙太郎返国的荷兰船，是经巴达维亚再转往日本的，据此又可推测荷兰在东南亚岛屿的进出和安定的亚洲贸易等背景。

作为"边界"的海洋

这个时代，各政权"分栖共存"的状态在形成、维持的过程中，各个领域的"内""外"区别逐渐明确。海洋兼具衔接和分隔地域的两面性质，而这一时期则较为突出地表现了分隔性，亦即海洋作为区别"内"与"外"的"边界"作用，在这个时代越发强烈。于是，空间和人的归属趋于固定，"内"通过海洋的"边界"与"外"区别，而这些"内"逐渐浮现"国家"的轮廓，也是这个时代的第三个特征。

在这个形成"分栖共存"的时代，东海上人与人的跨海接触越来越少；另一方面，物品的移动则活跃进行着，通过书籍和实物进行的知识、技术的交流、转移、传播相当繁荣。因为人的接触、交流受限，相对提高了物品和信息的价值。其中，各地吸收既有和外来的文物、习俗，并加以融会贯通，逐渐成熟为日后被称为该"国""传统"的样式。同时，在这种做法下，各国形成了把海视为"边界"的宽松的共同认知，而彼此对领域的认知以及以此为基础的互相不可侵犯，还有与此互为表里的漂流民互相遣返等习惯、制度，也趋于完备。

另一方面，经历了这个时期以海为"边界"的领域认知、领域化的逐渐发展，不只支撑着东海周边诸国的"分栖共存"，可以说还恰好为迎接欧洲所主导的以国界和据国界划分的国土为基干的"近代"做了准备。这个"近代"也是在18世纪揭幕的。18世纪可说是超越东海放眼世界的海域——北太平洋登场的时代。开拓此海域的欧美船[1]，带入了领土、边界的概念、方法。

---

1 欧美船：当时刚独立的美国领域只有东岸，商船经好望角、南美的合恩角（Cape Horn）进出太平洋。

18世纪前半期，由陆路东进的俄罗斯越过白令海峡，抵达北美洲的阿拉斯加和阿留申群岛，同时南下千岛群岛和日本接触。在这个世纪的后半期，英国的詹姆士·库克[1]——就是闻名遐迩的"库克船长"（Captain Cook）率领的探险队、法国的拉彼鲁兹（La Pérouse）[2]探险队到北太平洋探险，后者从东海北上横渡日本海。这些欧美船只在登陆的土地上举行占领仪式，为土地命名，并争相扩张领土。虽然这种方法并不通用于陆上强权并列的东海，但欧美船只带来的明确标示领土分割的想法和做法，与默认的"分栖共存"属于不同维度，在预告了下个时代的趋势的同时，也与东海的"规则"有一定兼容性。

综合全局的话，时代的转折发生在清朝转向开放政策的1684年。在第三部探讨的时期，基本上是从发挥强硬个性的两位统治者——康熙帝和德川纲吉[3]的统治进入安定期的1700年开始，到同样为大家所知的在位六十载的乾隆帝过世的前一年、德川家齐[4]还在担任将军的1800年为止，但我们将起点稍微回溯到1684年，放宽幅度来眺望时代的全貌。

---

1 库克：1728—1779，英国海军、探险家。1768年起进行三次太平洋航海探险，之后在夏威夷岛因与岛民争执被杀。

2 拉彼鲁兹：1741—1788，法国的海洋探险家。1785年奉法国国王路易十六之命进行太平洋的航海探险，到达日本海，通过宗谷海峡。

3 德川纲吉：1646—1709，家光之子，成为其兄家纲的养子，担任第五代将军（1680—1709年在位），推行文治政治，重视学问文化，其统治时期被称为元禄时代。

4 德川家齐：1773—1841，幕府第十一代将军（1787—1837年在位），担任将军一职长达50年，是江户时代在位最久的将军；之后作为大御所（对退位隐居将军的称呼，等于"太上将军"的意思——译校注）也握有实权。

二　海商和"近世国家"的"分栖共存"

18世纪海上世界的旗手

　　萨摩的传兵卫一行人受清朝官府保护，与在东南亚饱尝辛酸的孙太郎，同样搭船经前往长崎的路线返国，东海的漂流者最后能够回归于陆上政权的保护和管制下。由此显示出这个时代的东海是被强势政权亦即"近世国家"围绕，在海上来回穿梭的人也必须在这些国家制定的规则下活动。

　　但另一方面，这些"近世国家"并非通过压制民间活动来独占经营事业。传兵卫等乘华人海商的船返国，孙太郎也被荷兰船遣返日本，清楚显示出这个时期在陆地权力的保护伞下，依然是以华人海商与欧洲商人为代表的贸易商、航海者担任了主要旗手。在四个"近世国家"里，日本、朝鲜、琉球严禁国民航行到海外，故东海、南海自然就成为其他选手的舞台。18世纪前半期，上个世纪末的海禁被解除后，华人海商的戎克船成为交通、交易的主力，东海、南海成为"华人之海"。另一方面，因为"近世国家"实施海禁，使17世纪一时衰退的欧洲商船再度来航，并呈现增加趋势，在18世纪后半期跃升为另一个主角。

　　这些华人海商和欧洲商人成为主角，对比第一部、第二部所描写的状况，就是穆斯林海商的消失与日本船的撤退；换个角度看，是其角色被这两者取代了。欧洲船方面，16世纪的主角葡萄牙船也将宝座拱手让给荷兰、英国。

　　与16世纪不同，他们并非和政权"互相争夺"，而是携手共享利益的"分栖共存"，也就是说，不同于过去倭寇和有力乡绅、

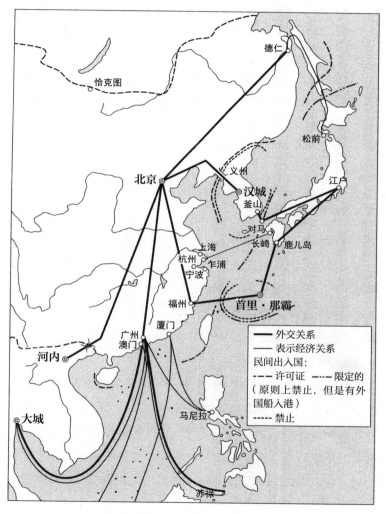

恰克图

德仁

松前

北京

义州
汉城
釜山
对马

江户

上海
杭州
乍浦
宁波
长崎　鹿儿岛

福州

首里・那霸

厦门

广州
澳门

河内

大城

马尼拉

苏禄

外交关系
表示经济关系
民间出入国：
许可证　限定的
（原则上禁止，但是有外
国船入港）
禁止

"近世国家"的对外关系和交通管理

战国大名在地方层级上势力蜂起、互相对抗的状况，如今各国在各自的领地内确立管理体制，贸易则在公权力的管理下以许可和委托的形式蓬勃发展。同时，并非政权单方面地限制人们的活动，渴望一定秩序的民间也接受这些方式，在公权力的管理下享受利益，亦即能够实现共存、利用的状况。18世纪负责海外贸易和对外交涉的贸易商、航海者也与政权联手，是共同执行"分栖共存"的旗手。在这些情况下，承包港口各种手续和交易中介等工作的代理业者、翻译，也相当活跃。

华人海商的戎克船

接着，具体来看作为这一时代海上主角的贸易商、航海者的形态。这个时代最活跃的是乘戎克船在海上来往穿梭的华人海商。戎克船的船型根据海域分为数种，但用于航行于东海的主要是被称为鸟船的尖底形远洋船。大型鸟船全长可达40—50米，船的建造、维护需要庞大资金，所以共同出资、委托契约和企业组织等方式较为发达。

具体的经营结构可细分为出资者、交易的负责人和代理人、船舶拥有者、实际负责航海的船舶运用者以及船舶运用者所招募的海员。其中主要的人员可列举建造及拥有船舶的船户、贸易商的货主、与货主订契约负责航行和交易的船主。在进行海外贸易时，有的货主会亲自出航做生意，也有委托给船主的情况。像后者这样，不亲自航行的贸易商又称为财东、在唐货主，与之订立契约代为航行、交易的船主又称为行商、出海。18世纪中期的在唐货主与行商船主几乎是分开的，航海收益由共同出资者与海员分配，各按出资比例和职务领取相应份额。行商船主以下的海员，也被允许运载一定的个人货物，然后在停泊的港口城市贩卖。

船主是商船的负责人，不只负责船的航行，也统筹整体交易。作为指挥航海的上级海员，副手、管出纳的财副、作为航海长的伙长（火长）、作为事务长的总管、操舵的舵工会分担主要业务，其下还搭载被称为目侣、水主等大量的下级船员[1]。小型船的下级船员约30—40人，大型船有100人以上，如果再加上贸易商等人搭乘的话，总人数从50—60人起，甚至多达200—300人。在前往南海的船上，船客除贸易商，还可见到许多劳工和移民的身影。

对日贸易的主要出港地，是浙江的宁波、乍浦以及江苏的上海等江南的港口。1684年解除海禁不久，不只江南，来自福建、广东各港口的船只也大举航行到长崎。但日本方面采取贸易限制政策，清朝也通过商人团体进行管制，其结果是在18世纪时，江南各港口中，确立了浙江商人的根据地乍浦作为对日贸易基地的地位。日方称这些来自中国大陆港口的人为唐人，将商船统称为唐船。详细区分的话，日本按照出港地的远近，把江苏、浙江方面来的船称为"口船"，福建、广东方面来的船称为"中奥船"，东南亚方面来的船称为"奥船"，以便掌握。

相对于此，途经南海与东南亚、欧美进行南洋贸易的两大中心，是福建的厦门和广东的广州（欧洲称为Canton）。厦门发展成华人商船的最大出港地，广州与之并列为双璧。后者尤其

---

1 下级船员：有亚班（看守员）、大缭（负责帆、帆柱）、头锚（负责船锚）、值库（择舱、货物管理）、总铺（负责伙食）等，每次航海都会雇用这些人。

因在 18 世纪后半期被指定为欧美船的入港地而有显著发展，成为南洋贸易的中继港。在爪哇海和菲律宾群岛方面，苏禄王国和布吉人（Bugis）[1] 等交易势力也很活跃，与华人之间时而竞争、时而合作。南海的海上交通特征，是存在双向的、复数的航线，与东海上从中国到日本的单向通行不同。像孙太郎在马辰遇到的华人海商，也这样穿梭于海上。

贸易港的商人团体

　　中国的大商人不只直接发展海外贸易，也和来航的外国船交易，并担任招待。自古以来，被称为牙行的承包兼中介在中国社会进行的交易中都相当活跃，清朝在制度上并没有区分国际贸易与国内商业，所以海外贸易也和国内的一样，由牙行居中斡旋。

　　牙行在中介交易的同时，也帮忙处理纳税（从政权来看是征税）和各种手续，并负责仓库和宿舍的安排、经营，连官府对工商业者的交易进行征税和管理，甚至筹措官用物资等，也是通过牙行（官牙）的。负责海上贸易的牙行被称为船行，除在货主和船户之间居中调停运送、补偿等契约的履行，举凡乘员的雇用，身份保证，出入港、进出口的手续与纳税，管理货物，提供宿舍等也一手包办。处理海外贸易的称为洋行[2]，这些行商（代理航行、交易的船主）被称为洋商，最有名的是在广州独占

1　布吉人：居住于东南亚东部多岛海的苏拉威西岛南部的穆斯林居民，擅长造船和航海，以海商和士兵的身份活跃于东南亚的海域上。

2　洋行：洋货行、外洋行的略称。洋货行是解除海禁后设置的处理海外贸易的官许商人集团，相对地，外洋行则是只负责西洋商船的集团，1760 年从洋货行分立出来。

对欧美贸易的广东十三行（公行）。它们在独占贸易业务的同时，也负责招待和管理欧美人停留时的一切事宜。

对日贸易方面，1726年江苏、浙江的八位民间商人被任命为商总，负责管理、监督贸易商和商船。而在1740年代，政府指定被称为官商、额商[1]的特权商人来承包官方的铜贸易。清朝希望通过对日贸易获得作为铜钱原料的铜，但因日方的贸易限制导致无法稳定供给，再加上江、浙派系与福建、广东派系的商人集团争夺地盘，故决定采取商总的一元化管理和官商、额商的独占筹措委托的方式。

琉球朝贡船的指定入港地是福建福州，政府指定了通称为十家球商的特权商人（琉球馆客商），通过帮忙采买琉球方面委托的物品来进行贸易。而在南洋贸易方面，1720年也形成了厦门洋行——其实这些机关都是牙行的一种。

不过，虽然特权商人给人的印象是独占利益，但实际上因行商间的过度竞争和承包工作的负担、官员的榨取等，导致业绩不振、破产的情况也屡见不鲜。各商家要获得稳定利益，形成组织发展起来，其实是难上加难。连有名的广东十三行，其组成的商家都经常变更，行数也会随着时期而有所变化。

东印度公司和港脚贸易

与这些华人海商的船只一同在东亚海域从事贸易的欧洲商船，是各国的东印度公司与被称为"港脚贸易"（the country

---

[1] 额商：承包政府对铜需求的商人。官商向政府借资金，额商经过官许后用自己的资本进行贸易，被允许贩卖多余的铜。

trade）的民间自由商人的船。说起东印度公司，不必说最具代表性的就是荷兰东印度公司和英国东印度公司[1]，之后崛起的法国印度公司和丹麦、瑞典、奥斯坦德（Ostend）等东印度公司[2]，也都看上茶贸易持续增长的利益而派船前往中国，互相竞争。另一方面，日本允许船只来航的只有荷兰东印度公司，利用这个立场，比起欧洲商品，将亚洲商品大量地运往日本当然能获得更多利益。相比之下，朝鲜、琉球并没有对欧洲船开放任何通商门户。

东印度公司船从欧洲本国出发，绕过好望角，横渡印度洋，这样的远洋航行一般需要铺设了龙骨的大型帆船，搭载大炮作为武装是这种帆船的显著特征。船上成员有船长、高级船员、水手、实习生，还有负责公司和殖民地业务的商馆职员、士兵、工匠等其他乘客。乘员的走私贸易在一定范围内是被许可的，他们从事公司业务的同时，也活用这些许可规定——虽然经常超出范围——积极地进行贸易活动。船客里也有在清朝宫廷当官的传教士，但在前往日本的船上，别说传教士了，任何与基督教有关的物品都被禁止出现，在入港前全部都会被封存。

相对于这些专营公司，"港脚贸易"的自由商人并非在本国，而是联结起印度洋、南海、东海在亚洲区域内进行贸易。船舶

---

1 英国东印度公司：BEIC，1600 年得到女王伊丽莎白一世的特许状而组成的贸易公司。在印度、波斯都设有据点，逐渐超越葡萄牙，和荷兰角逐海上霸权。

2 之后崛起的……东印度公司：法国的海上势力较晚起步，但是以政府为强力后盾急速扩展事业。在 18 世纪初和西洋公司合并为法国西印度公司。奥斯坦德是 18 世纪前半期由奥地利国家出资、承认而设立的公司，但寿命短暂。

的持有、租赁、运用，都需要花费庞大费用。东印度公司以外的贸易活动最初是利用该公司的船只进行走私交易，但到18世纪后半期，自由商人通过共同出资等方式来运营自己的船舶，"港脚贸易"的活动出现显著成长。英国在东海、南海没有据点，但他们在印度—中国贸易上发挥了莫大的作用。住在印度的亚美尼亚商人和帕西人（Parsi）[1]等，也和英国出身的商人竞争，相当活跃。1780年代以后，他们的商船瞄准了广州兴盛的茶贸易而汇聚于此。于是"近世国家"和专营公司开始瓦解"分栖共存"的时代。

由上可知，虽然华人海商和欧洲商人是这个时代人员、物品、信息流通的主角，但同时其由头到尾都需要被"公认"才能进行贸易，这也显示出陆上政权的强力管制无所不在，而华人海商和欧洲商人终究只能在权力的许可下进行活跃的商业活动。荷兰东印度公司为持续与日本贸易，只能表现出毕恭毕敬的态度。享受互市恩惠的英国，只要向清朝提议外交交涉[2]，就遭到冷漠拒绝。荷兰东印度公司在南海也拥有陆上的政治权力，但它在同样是亚洲海域的东海，则不过是在各国政权的承认下从事贸易的选手之一，由此也可看出东海和南海的"差距"。

---

1 帕西人：从伊朗移居印度的琐罗亚斯德教徒（祆教）集团，以印度西岸为据点，在商业上活跃。现代的塔塔财团（Tata Group）为人所知。

2 英国……向清朝提议外交交涉：马戛尔尼使节团为了交涉变更贸易制度而访问中国，在1793年避开广州直接到北京，在热河的离宫觐见乾隆帝；虽然免除了三跪九叩的臣礼，但交涉完全以失败收场。

联结国家的船与人员

因国家之间或类似的外交关系而定期航行于两国之间的人，也是18世纪海上交通的重要旗手。谈到基于外交关系派遣的官方使船，首先必须提到朝贡船。

在这些"近世国家"里，定期派遣朝贡船的是琉球王国。在建国便向明朝朝贡的琉球，1609年受萨摩的岛津氏入侵而臣服，之后分别向明朝和日本保持双重的君臣关系。在中国改朝换代后，此关系也被取代明朝的清朝继承下来。琉球国的中山王被清朝皇帝改封为琉球国王，此后一直向中国定期派遣贡使。

近世琉球的朝贡是"两年一贡"，于是每两年派遣两艘（约200位人员）进贡船到中国，中间的那一年也会派遣一艘接贡船（约100位人员），用来迎接进贡后返国的船，故实质上琉球每年都要派遣使船到中国。这项任务称为旅役，被指派的官员就称为渡唐役人，其中包括正使、副使、翻译、留学生这些外交人员和与贸易相关的人，这些是上级船员，当然船上也搭载不少下级船员。

琉球船的指定入港地是福建福州。这些渡唐役人一边执行包括官方贸易的朝贡公务，同时在一定范围内进行被允许的个人贸易。于是琉球和日本的产品供应给中国，在中国采购的商品供应给琉球——还经琉球供应给日本。在这些朝贡船之外，琉球也会频繁派遣各种特使[1]到中国。反之，当琉球国王换代时，

1　特使：迎接册封使的接封使、答谢册封的谢恩使、恭贺皇帝即位的庆贺使、吊唁皇帝驾崩的进香使、通报琉球国王逝世的报丧使等。由此可知首里王府抓住一切机会派船到中国。

清朝也会派遣册封新国王的使节。册封使船[1]入港后，随后就会进行冠船贸易，即琉球方面采购册封使一行人携带的大量中国产品。这种贸易形态又称为评价贸易。

另一方面，琉球也处于德川政权、萨摩岛津氏的统治之下，故每年也会派遣三艘官船（楷船）到鹿儿岛，将纳贡品跟使节运到萨摩。反之，也有获得萨摩许可的大和船（萨摩藩的民间船舶），不只航行到那霸，甚至前往宫古岛、石垣岛。他们是从琉球运载贡品到萨摩，因此被允许在琉球做生意的特权海商。面对德川政权时，琉球也比照清朝，在将军交替时按惯例派遣庆贺使，琉球新国王即位时则派谢恩使到江户。这被称为江户立（上江户），从1644年到1850年共17次（其中18世纪有8次）。

日本和朝鲜两国之间的外交关系也通过海上往来。朝鲜王朝和清朝依靠陆路往来，对国外开放的港口只有以日本为目的地的釜山一港而已。日朝之间历经丰臣秀吉出兵朝鲜后的外交交涉，在17世纪初以对马岛主宗氏为窗口，德川将军与朝鲜国王建立了外交关系。1635年后，外交、贸易的方式几乎定型。当幕府有将军换代和子嗣诞生的喜事时，朝鲜会遣使庆祝，一开始称为"回答兼刷还使"[2]，意即使节背负的使命是答复日本方面的国书与接回秀吉侵朝时被带到日本的俘虏。1636年后则被称为"通信使"，到19世纪初为止，共12次遣使到日本（其中18世纪有4次）。

相对于此，德川将军并没有直接遣使到朝鲜，但朝鲜和对

---

1 册封使船：册封使搭乘的船称为封舟、封船，琉球方面称为"册封使船"，也因运载着国王的王冠，称为冠船、御冠船。18世纪时从民间调派两艘鸟船作为册封使船的做法成为惯例。

2 刷还：韩式汉语，即送还之意。——译校注

马之间频繁互相遣使。基于和朝鲜之间的协定，对马一年会派20艘被称为岁遣船[1]的使节船到朝鲜。若有其他要事，在德川政权的命令下，会派遣比一般使节规格更高的参判使。对此，朝鲜则派遣译官使（慰问使）到对马。这种派遣远多于有名的通信使，江户时代就超过50次。

作为朝鲜方面的窗口，釜山设置了日本人居留区（倭馆、和馆），时常有对马的官民在此停留。釜山和对马之间以外交使船为首，各种各样的船舶频繁往来。而对马方面也会以各种名目[2]增加航行次数来提升贸易量。18世纪贸易船的比例在航船数量上占了八成，参判使也搭御米漕船等便船到朝鲜，要回国就搭那时入港的对马船。这些船舶几乎都是向商人借来的，船的拥有者被称为异船头（居船头）。

与清朝有官方外交关系的除了朝鲜，还有越南。朝鲜和越南都与清接壤，因此都被指定走陆路进贡，情况与琉球的朝贡和对马的朝鲜外交不同。至于暹罗的朝贡船则经南海来，在广州入港。

贸易都市长崎

相对于这些华人海商、欧洲商船或是琉球船，由于德川政权发布禁止航行海外的禁令，在东海、南海上，除了日朝间的

---

1 在这个时代因为接待业务的简化和节省经费，岁遣船缩减为一年八次派船（也称为兼带），故被称为八送使。

2 各种名目：使送船以外，还有水木船、御米漕船（运送水、柴、米的船）等各种名义的贸易船和被称为飞船的紧急联络用小船。

对马船和日琉间的萨摩船，日本贸易船几乎不见踪影。故在日本列岛，并无自行前往海外的贸易商，取而代之的是接待来航外国商船（即唐船和荷兰船），并与之进行交易的国内贸易商和翻译、代理业者等重要角色。而舞台就是唯一对唐船、荷兰船开放的港口长崎。

长崎是"四口"里唯一由政权直辖的贸易港，但贸易实务和市政并非全都由武士经营。虽然日本处于幕藩领主制、身份制下，原则上公权是武士的专属品，但在实际执行时，会以各种形式将有势力的町人、农民编入统治组织里。而在海上贸易中也有这样共通的特征。

长崎的长官是长崎奉行，但以奉行为顶点，其下具有武士身份的官吏不到50人。实际的贸易事务和市政庶务由町人身份的地役人（当地的官员）处理。长崎的地役人组织在18世纪初总人数超过1000，规模相当庞大。市政运营的核心是以长崎代官[1]为首的六位町年寄和85位町乙名。贸易品的买卖通过17世纪末设置的长崎会所[2]进行。面对来航的外国人，乙名身为町的负责人，当中又配置两位"兰方"（与荷兰商馆接洽的出岛乙名）和四位"唐方"（与华商接洽的唐人屋敷乙名），统筹管理组头以下的各种职务。荷兰商馆所在的出岛，在体制上属于町，故依照町的模式配置乙名、组头来管理。出岛乙名、唐人屋敷乙

---

1 长崎代官：长崎的首席地役人，辅佐长崎奉行。他们身为居民的领导，对长崎市政有很大影响力，也负责长崎周边幕府直辖领地的统治。历经村山等安、末次平藏家，1739年后则由高木作右卫门家世袭。
2 长崎会所：统辖长崎贸易整体的会计和利益分配的贸易管制机关，负责向中央的上缴和长崎的财政营运。

名在从事贸易业务的同时，也各自监督停留在出岛的荷兰商馆员和住在唐人屋敷的华商，以及管理在此出入的日本人及设施。

接待被称为"唐人"的赴日华商采取的是宿町、附町的制度。宿町是指给赴日华商提供住宿，同时也提供生意买卖的中介和征收手续费等相关实务、承包住宿兼中介业务的町。1666年后，宿町与作为辅助的附町由各町轮流担任。1689年设立唐人屋敷后，原则上赴日华商在市中心寄宿、停留的情况消失了。在成立长崎会所后，生意买卖的中介工作也被会所吸收，甚至后来维修船和搬运货物的工作都由他们接手了。

关于在交易、停留时不可或缺的译员，则是分别设置了阿兰陀（荷兰）通词与唐通事。译员由町人担任，他们同时也是奉行所管理下的地方官员，在承担翻译、口译工作外，还要负责关于出入港、商业贸易的各项业务和管理停留的外国商人，并活用专业知识，在行政、贸易、学术上对当局建言、辅佐等。由于不允许荷兰人直接雇用译员，故荷兰商馆员把通词视作一种看守者、监视者的存在。

在身份制度下，这些职务能够作为"家职"被继承。唐通事是从70多户由中国大陆赴日定居的"住宅唐人"及其子孙中选任的。荷兰通词则多出自16世纪以来从事过与葡萄牙贸易的葡萄牙语翻译[1]家族。职务制度形成于18世纪初，以被称为本通事的大通事、小通事与辅佐的稽古通事这三个职位为主，上设通事目付（监察）。每个通事下面另设辅佐、实习等职位（荷兰通词不是通"事"，而是用"词"字）。

---

1 葡萄牙语翻译：荷兰人和日本人之间的对话在17世纪时还使用葡萄牙语，用荷兰语对话、翻译的做法在18世纪才定型。

他们虽然是地方官员，但身份上终究是町人而已，在制度上被定位为民间层级的"通商"相关人员而非政府之间的"外交"人员。因此可知，长崎虽然是政权直辖的贸易都市，但政府并没有直接参与贸易和各项业务，而是以长崎的町为媒介，进行民间层级的商业行为。

沿岸航海与国内海运

环绕着东海的各地区，各自分别在远洋航海、沿岸航海、河川交通上发展出关于造船、航运、运输、契约、商业交易等方面的方法、技术，且相当发达。海上交通和河川交通当然不同，而且这片海域受季风与黑潮的影响，因此在远洋航海和沿岸航海方面，包括船舶形态、规模和船员的职掌、技能也自然地存在不同。在交通航线和负责的旗手方面，也因这时期各个政权对远洋航海的实际限制，使各地的远洋和沿岸的航海以及航运主体、运输物等，纷纷出现"分栖共存"的情况。

中国大陆和朝鲜半岛之间隔着黄海，海上有戎克船来往穿梭，18世纪的海运业极为兴盛。绵长而水浅的海岸线使吃水浅的平底沙船成为这片海域的主角。最大消费地，也是产业集聚地的江南浏河港（浏家港）成为沿海、内河水运的最大转运站。浏河港位于上海的西北，相当于苏州外港，由此为起点从江南到黄海、渤海的路线由沙船联结起来，而内陆航线则通过大运河衔接了通向北京的物流网。

在北起辽东、南至广东的港口，来自各地的商人、船员，以不同的方言、经商习惯，甚至不同的度量衡进行交易，故有牙行介入来协助买卖、成交、缴税等各项业务。在港口，经常要招募搬运货物的港湾劳工和每次航海需要的下级船员，吸收了过剩的劳动力。但另一方面，这群人没有熟练技能，处于流动不安定的状态，因此对沿海地带的官府、地方社会而言，是治安、雇佣上的一大隐忧。

在国土由太白山脉纵贯的朝鲜半岛，海运与汉江、洛东江等内陆河川的水运也很发达。从建国初期起，朝鲜就整顿了由政府直营的漕运网络，将全国各地的税谷、贡品及进上品运送到王都汉城。17世纪后，随着民间水运的发达，改由汉城的京江商人所有的京江私船承包漕运业务，甚至出现用1000石规模的帆船进行税谷运输。相对地，地方居民所有的船称为地土船，在蓬勃发展的民间水运里，出现了联结各地市场运输物资的船商，继而从中产生了水运业者的分化。这些私船的成员大致由船主（船只拥有者）、物主（货主）、沙工（船长）、格军（船员）组成，也有船主本身不上船，或船主、物主、沙工为同一人的情况，经营形态相当多元化。

琉球也整顿了以那霸港、泊港为基地的国内海运网络，不只冲绳本岛的中北部和周边离岛，连宫古、八重山地区也涵盖在内。行驶于这个网络的主角，是以那霸为基地的民间海运业者——由船主（拥有者）、船头（船长）、水主（船员）组成。他们驾驶被称为马舰船[1]的中小型戎克船，将商品运到各地，另一方面又收取运费、手续费，从地方运载租税、文书、官吏等到那霸。这个网络通过朝贡延伸到中国大陆，又通过往来的大

---

1 马舰船：18世纪在王府的指导下引入的戎克船型船舶。和过去使用的和船型相比，更加牢固且航行能力卓越，故迅速普及开来。

和船与日本列岛互相联结。

在日本列岛，因为海外航行的禁令，所有船舶、海事人员被限制在沿岸航行。虽然日本船没有直接航行到海外，但国内的海运相当活跃，贸易、海运业得以大力发展，再以长崎作为通往海外的衔接点，与在外海穿梭的华人海商、荷兰船形成"分栖共存"的情况。

近世日本的运输主角，当然是实现了大量输送的海运和水运。大阪—江户之间的航线堪称物流的大动脉，作为定期货物船的菱垣廻船和樽廻船频繁往来。18世纪后半期，快速而运费低廉的后者渐占上风，又因与北方的物产流通愈加紧密，联结虾夷地（北海道）和大阪的北前船[1]逐渐得势。

廻船的经营形态方面，货主委托船主（船舶拥有者）运送的称为赁积船。而与之相对，船主本身直接进行商品贸易、经营的称为买积船，船主自己搭船指挥的称为直乘船头，受雇于船主且被委托进行航海、交易的人称为冲船头（雇船头）。冲船头被允许运载、买卖一定分量的个人货物，水主们也会从船主的利益里获得规定的分配。

像这样，为了进行海运，也必须要有牙行和商社那样的业者，作为货主和船主之间的契约、商业交易的中介，以及在发生海难和盗窃、违规情况时负责处理、补偿业务。在日本是由廻船问屋（批发商）来担任，在江户、大阪还组成问屋商会，商议并执行共同的海上损失法。虽然这仅限于国内活动，但也可以说，

---

1 北前船：北前船指对将虾夷地、北陆地方的物产绕到西边送入大阪的廻船（定期往返的货船）的统称。这些船在北方也被称为弁才船。船主多以日本海沿岸为根据地，其中很多船主自己也兼货主从事贸易。

这些经营结构其实与活跃于东海、南海的华人海商及欧洲商船的部分互相对应。

与海对峙的权力

在这个时代，与这些贸易商、航海者直接接触的地方政权，都置于最上层的国家权力的强力统治下。各国连接其基层的地方权力，与第二部的时代不同，必须服从于更加严格的上级权力的统治，而不像16世纪国家统治宽松、解体和地方趋向于自立的情况。接下来会探讨各国的对外关系以及沿海地区的各种权力。

清朝取代明朝统治了作为经济、贸易中心的中国大陆。到1750年代为止，对于占据了帕米尔高原以东大部分地方的清朝而言，明朝原来的领土还不及其一半版图，为统治如此广大、多样化的领土，不同地域采用的统治方式也有所不同。

清朝在明朝原有领土里，沿袭明朝制度设立从总督、巡抚到知府、知县等各级地方官实现地方统治，同时在四个海关设立海关总督，负责管理海外贸易和征税。在地方行政与海外贸易关系两个系统之外，还有作为军事、警察系统驻扎在主要海港以及邻近的军事要地的国家军队主力驻防八旗，以及以汉人为主体、被称为绿营的治安维持部队，共同确保陆海安全。另外，在重要港口设置海关，同样在产业要地也会派遣负责物品调集的特任官。他们不只履行原本的职务，也要搜集当地的情报以参与当地的管理。例如在江南的江宁（南京）、苏州、杭州设置织造，专门掌管官用纺织品的生产，就是代表例子。

　　另一方面，传统上中央政府里处理对外关系的是负责朝贡相关事务的礼部。但先不说遵照礼仪进行的朝贡事务，不按朝贡形式的日本贸易、欧美贸易都相当兴盛，所以在这个时期，掌管国家财政的户部和处理皇室财政的内务府显得格外重要。内务府是由八旗中直属皇帝的军队（上三旗）组成的家政机关，故会派遣内务府的官员（包衣）担任海关监督和织造。

　　清朝的政治、制度特征是以八旗出身的人，即旗人为统治阶级的核心人物。中央、地方的高官半数以上，还有像蒙古、西藏等明朝旧有领土以外地区的重要统治人物，几乎都是以这些满人为主体的旗人。因此在上述这些官职里，当地的驻防八旗一定是旗人，海关监督是内务府派遣的旗人，总督、巡抚层级也大多是旗人。中央的很多高官也是皇族、旗人，而且他们都拱卫在皇帝周边，所以海洋政策的制定可以说大部分掌握在看似与海洋无缘的满人手中。另一方面，中央的高官职位里有一半确定由汉人官僚出任，中央政府、明朝原有领土里的中下级官员几乎都是汉人，故在现场与朝贡使、贸易船应对的许多负责人都是汉人。

　　相关的官府涵盖多个系统，系统之间也好、一个系统之内也好，都会发生权限和职掌重叠的情况，其特征是无法一人单独做出裁决。在当地，总督、巡抚以下的各级地方官，中央特派负责贸易的海关监督，驻防将军以下的驻军司令，分别以不同的形式参与事务。这是传统中华王朝官制的特征，同时也是被编入八旗的满人与蒙古人共同统治汉人的方式，是清朝独特的治理方式。

　　还有，必须注意的是，左右中央对外政策的关键在于内陆的情势而非海上。自1680年代以来，清朝持续与西北的蒙古分支准噶尔汗国对抗，为免腹背受敌，有必要维持海上的宁静，而不单是出于经济利害的考量。

朝鲜王朝的统治机构也是在官僚体制下组成的。在中央政府里，自17世纪以来，原本负责国防的备边司取代了之前的议政府，成为最高机关。全国分为八道，派遣观察使（监司）为长官，其下设置被称为守令的地方官统治府、牧、郡、县等行政单位（统称为邑）。外交由相当于中国礼部的礼曹负责，地方上则不设置专门的组织。如在对日外交方面，设有倭馆的釜山由东莱府使（东莱府的守令）管辖，负责其日常的关系事务与纷争处理。警备和供应燃料、修缮建筑物、搬运货物等工作，则由以武官釜山金使为长官的釜山镇负责。在东莱府使、釜山金使下，日常与倭馆谈判的官员是倭学译官（日文翻译），还设置了训导、别差。

在琉球政府的首里王府中枢，是由国王和摄政、三司官（三人宰相）、物奉行（处理财政、用度、产业）、申口方（处理外交、户籍、警察、司法）组成的合议制评定机关，审议从国家级大事到未决的裁判案件。负责外务、内务的申口方由锁之侧、双纸库里、泊地头、平等之侧的四个部局组成，其中锁之侧管辖外交。但琉球与清朝、日本有双重的君臣关系，外交在国政里占很大的比重，因此在这层意义上可以说，王府几乎全部机构都以不同方式参与了对外活动。

日本列岛的诸权力和海域交通

相对于清朝、朝鲜、琉球三国，日本的德川政权是基于主从关系形成的幕府领主制度的形态，故与前三者在原理、组织上有很大的差异。也就是说，对外开放的"四口"里，萨摩口、对马口、松前口分别交由岛津氏、宗氏、松前氏这些幕藩领主管辖，政权直辖的长崎口也由将军的直属家臣旗本统治。

长崎的最高负责人是长崎奉行，最初由大名出任。但在宽永年间（1624—1644）以后，成为老中管辖下的远国奉行之一，从旗本当中任命，人数也随时间变化，基本上是两人每年轮流在江户（在府）和长崎（在值）任职。长崎奉行不只管理外国贸易和购买将军、政府所需物品这些与贸易相关的业务，也包括搜集海外信息、监视西边大名的动静、统筹长崎及西边的沿岸警备和镇压吉利支丹等，要负责包括都市长崎在内的广泛的治安、国防任务。

相对于此，萨摩口、对马口、松前口由特定的幕藩领主来运营，发展出各自独立的管理形态。德川政权承认萨摩的岛津氏对琉球的统治和征收年贡，并将琉球的进贡贸易定位为长崎之外取得中国物产的一条补充路线，因此在萨摩的监督下让琉球继续朝贡。另一方面，岛津氏本身也通过琉球对清贸易的收入增加自己的财政收入，家老中设置了专门负责琉球事务的琉球部，并派遣在番奉行到那霸进行监督，让他们驻留在被称为御假屋的公馆。但首里王府在内政、外政上仍得以保持独立。

对马宗氏维持着以通信使延聘为核心的对朝鲜王朝关系，并负责取得关于中国大陆情势的信息，和中国、朝鲜产品的供应路线等工作。故即使宗氏只有两万石左右的实际收入，却得到十万石级的家格（江户时代各藩的等级）待遇，当财政困难时可领取补助金等，在大名中地位特殊。至于松前氏，由于当地无法种稻，故是唯一的"无高"，即没有石高（俸禄）的大名，但其家格被列为万石级以上，是相当奇特的存在。它所交涉的对象也与其他三口不同，为各地尚未形成国家的阿伊努人集团。松前氏通过交易、纳贡、臣服仪式，与个别集团、首长缔结关系，形成独特的形态。

而为顺利执行这些任务，与长崎口一样，译员是不可或缺的。对马原本就有商人出身的朝鲜通词，1727年又在雨森芳洲[1]的建议下，于府中（严原）开设朝鲜语学校培育翻译人才。此外，在萨摩，除了管辖琉球事务，还有频频发生的华人商船漂流事件，因此也设置唐通事，甚至还培养朝鲜通事以处理朝鲜船漂流事件。在处理实际的漂流、遣返时，不只能看到这些人派上用场，从中也可窥见萨摩有独立的私下往来网络。相对地，可以正式航行到清朝并朝贡的琉球派遣了官费留学生（官生）和非正式留学生（劝学）搭乘进贡船到当地学习语言。因此在有来自中国各地的民间商人的长崎，唐通事会说南京、福州、漳州等地的方言，但琉球的通事学习的则是通用的官话。

海与权力的结合形态

在前述各项中，要说直接与海洋相关的权力，在清朝是海关监督和沿海地区的总督、巡抚，在日本是长崎奉行和对马宗

---

1 雨森芳洲：1668—1755，在木下顺庵门下学习朱子学的儒者。他在对马宗氏家当官，致力于对朝鲜外交，著有记载从事朝鲜外交心得的《交邻提醒》等书。

氏，在朝鲜则是东莱府使等。尤其是海关监督与长崎奉行，超越官僚制、主从制的差异，代表中央特派的公权处理海洋事务。因为是特派官，故虽在贸易、出入国管理方面被赋予强大权限，其下却没有任何直属部队，在这一点上两者是共通的。关于清朝的海港警备工作，由非海关的驻防将军指挥的驻防八旗，和总督、巡抚或提督麾下被称为绿营的附近部队负责。在长崎，警备工作也由周边各大名分担，主力是隔年轮流担任警固番役的福冈黑田氏和佐贺锅岛氏的军队。原则上一旦有事，长崎奉行可以动员、指挥他们，想立即行动却有困难。因此当1808年发生英国船企图追捕荷兰船而入侵长崎港的辉腾（Phaeton）号事件[1]时，无计可施之下只好接受其要求并允许离开。英船得逞后离港，当时的在番奉行松平康英自杀以示负责。

在往来、贸易形态方面，日本与清朝的策略也意外地共通。不管在长崎还是广州，公权力本身会避免直接与外国商人接触，始终是通过乙名、通事（或通词）或洋行、公行介入的民间交易来进行外国贸易。在海外贸易方面采取基本开放态度的清朝，与全面禁止远洋航行且严格限制外国船来航的日本，虽在政权方针上呈现对比，但由此可知，在贸易港活动的特许商人集团、中介业者、翻译的角色和特性方面是相当类似的。

相比之下，在朝鲜，辖内设有倭馆的东莱府使虽担任对日外交的窗口，但东莱府使终究是一介地方官，并不像日本的长崎奉行是特任、特派的官员。不过，东莱府使官位较高，并可直接向国王上奏，被赋予比一般守令更高的地位。这是与济州

---

1 辉腾号事件：1808年拿破仑战争中与荷兰敌对的英国军舰"Phaeton"号入侵长崎，挟持荷兰商馆员，从日本取得柴、水、粮食后离去的事件。

牧使、义州府尹共通的边境要塞长官的特征。

还有，这些直接面对海洋的政权，在国家层级和地方层级上，随着利益和主体的不同，即使在这个中央管理统治严格的时期，总督、巡抚等清朝的地方长官和日本的大名等沿海地带的地方权力本身也会染指走私贸易。其中，萨摩的岛津氏在领地内的岛屿上走私，同时也利用自己支配下的琉球的进贡贸易，发展超过允许数量、范围的交易，甚至在19世纪威胁到长崎贸易。

总的来说，这个时期的海域具有开放性和闭锁性、放任和管制的两面性。因为没有发生大规模的战乱和紧张情势，故华人海商和欧洲商船相当频繁地来往于海上，从这一点来看是开放的；另一方面，海上行动的缰绳被陆上政权的决策牵制，在其下活跃的各种旗手并没有被给予受保障的权利、权限。与第二部描写的混乱和过度竞争的时代相比，这个时期政府与来航者之间的渠道被持续压缩，但并非转为由政府直营，而是全权委托给承包业者。

有办法通过这个渠道的仅限于一些海商和使节，作为其窗口的贸易港，存在着半官半民的牙行、町年寄、通事等，处理征税代理和出入港口、停留相关的业务，以换取政权所赋予的贸易特权，官民联手进行着贸易与管理的一体化。这些往来与交流的特定化，应该可以称为压缩与集中的管理。这些结构和交流的具体面貌为何？这是接下来要探讨的课题。

三　交流及居留的压缩与集中

正德新例和信牌骚动

1715（正德五）年三月，在日本长崎奉行所，当时的长崎奉行大冈备前守清相向将启程回国的华人海商宣布贸易改革的新法"正德新例"，这也被称为"海舶互市新例"。其内容涵盖广泛，与华人海商直接有关的条款之一，就是他们航行到日本的船舶数，要从原本每年间80艘降为30艘，还要根据不同出发地订定每年的来航船数。主导此事的是新井白石[1]。时间往回追溯到30年前的1684年，自清朝解除海禁以来，华人海商的贸易船大举进入东海，长崎的入港船舶数连年激增。虽然限制了贸易额和船舶数目，但银、铜的流出及过多商船进行走私贸易仍是此时的一个大问题。因此这次想出了新法子，即以长崎唐通事的名义，向华人海商发行"信牌"，即入港许可证，没有许可证的船自第二年起就不许入港和贸易。

到了清朝，这个信牌造成过一时骚动。没有取得信牌而遭受驱逐的海商因无法在长崎交易，他们就以"反叛清朝，服从日本，持有使用外国年号的文件"为由，举发那些持有信牌的生意对手。受理案件的清朝当局内部存在意见分歧，掌管对日贸易出港地的浙海关监督保在认为就按新方式继续通商，无须大惊小怪；同样，江苏的江海关监督鄂起也担心因贸易不振会导致关税收入减少。然而布政使（省财务长官）段志熙和按察使（省

---

[1] 新井白石：1657—1725，德川家宣、家继时参与幕府政治中枢的政治家、儒者。和雨森芳洲同门学习朱子学，推行被称为正德之治的政治革新。

司法长官）杨宗仁则认为海商取得外国"信牌"大有问题。于是，身为地方长官的闽浙总督满保和浙江巡抚余元梦（虽有汉名，实为满洲旗人）为了先试探日本的处置方式，在翌年的1716年，安排了一艘广东船前往长崎。海商李韬士没带信牌，想要如往常一样进入长崎，却因为不符新例而被驱逐。就这样，这项争议连同信牌实物，被一起上报给北京朝廷。

在北京，这项争议也引起哗然。清廷有人提议应与给本国商人发放证书取代贸易许可证的日本进行交涉，要求处罚拥有信牌的海商等。但当时的康熙帝亲自检查过信牌后，否决了这些意见，以"这个文件不过是民间交易时取得的许可证，不是外国官方文书"为由，认为本国海商拥有并使用信牌没有问题，故判断不须和日本做任何外交交涉。

同一年在日本，对于要如何处置没有信牌的来航唐船，白石这样回答老中的询问："信牌并非奉行所发出的东西，而是通事和商人之间的交换协议。我不认为清朝方面会发生问题。"这回答经汉文翻译后转述给归帆前的李韬士，或许也辗转传达到清政府那里。白石的答复与康熙帝的判断完全吻合，简直是心有灵犀。

但要说这是诡辩的话，确实就是诡辩。正德新例是日本政权颁布的法令，华商们被聚集到奉行所，听长崎奉行亲自宣布。即使说信牌是华商和通事之间的交换协议，不过前面也曾说过，通事是听从奉行指挥的地役人（地方官员），但白石和康熙帝也都维持自己政权的方针、原则，睁一只眼闭一只眼，按实际利益进行判断。

于是，信牌一事没有演变成外交问题，也没有在国内造成纷扰，就这样圆满落幕了，暂存在浙海关的信牌也归还给海商。在新规定下，华人海商可以公开地前往长崎经商。1717年立即进入长崎港的一艘船上有李韬士的侄子李亦贤，他携带着当局还给李韬士的信牌。往后，日本方面通过交付给华商的信牌来管理贸易，成为清日贸易的基本形态。

"政治之海"的非政治化

像这样，18世纪环绕东海的各地区出现了前所未有的具有强大向心力的政权，彼此并不打算将他者编入自己的政治秩序里，而是在各自的原则和实际利益上衡量，适应对方做出符合现实且多样化的对策。不只是被认为脱离一般"朝贡体制"并"锁国"的日本，连被认为主宰"朝贡体制"的"中华王朝"清朝本身，都不仅不会强迫他国接受自己的秩序，还会避免官方的"外交"以展开有弹性的对外关系。

这样，清朝取代在对外关系方面推行朝贡一元化逐渐失败的明朝，所推行的并非重建、扩大的朝贡制度，而是缩小、稀薄化政治关系这样完全相反的做法。如在第二部探讨过的，这个趋势始于朝贡/海禁体制瓦解的16世纪，虽然明清交替的动乱时期短暂地恢复过海禁，但从成功征服海上势力的1684年起，华商的出海贸易和外国船的互市贸易急速扩大。这一时期的海上贸易，不只局限在被"近世国家"环绕的东海，在来自东南亚、欧洲的贸易船络绎不绝驶来的南海，贸易基本都采用互市的形式，朝贡的比重相当低。换言之，能衡量这个时代的海域的既不是"朝贡"也不是"外交"，这些充其量只是多样化关系里的一方面而已。

当然，若要和清朝进行官方交涉的话，来自外部的接触就被视为"朝贡"，只能够遵照自古以来已经僵化的模式，"册封"交涉者并将之定位为"外臣"。不只德川政权讨厌这一套，就连清朝本身也尽可能避免启动这些模式。像默认琉球"两属"于日、清的状况，并不要求来航的外国船行朝贡礼仪，就是最佳写照。

这个情况的背景，是清朝本身作为一个欧亚大陆的帝国，在各种立场上与各种对象交过手——东海，不过是其中的一方而已。如果固执于原则和形式，可能损害贸易利益、造成纷争等，引起不必要的麻烦。因此清朝的基本姿态是能在商业利益和维持治安方面得到实际成果就好，亦即实利优先的现实主义。这些不只是皇帝的想法，在旗人官僚之间也是共通的。在先前登场的地方官里，不把信牌当作一回事的人，从名字来看几乎都是满人、旗人。日本方面则一边由中央特派的长崎奉行进行管辖，一边通过町人身份的唐通事居中斡旋；不只贸易，包括政治问题也都在民间交流的框架里处理。

这样看来，一直以来所认为的，这个时期的东海是以清帝作为主宰者的"朝贡体系"和"册封体制"下的一元秩序——作为反作用，只有日本一国脱离了这样的体制——并非事实。确实，以历史纵断面来看，东海是陆地政权管理海上贸易并管制航海者的"政治之海"，可以说这种情况在这个时代达到极限，其应有的形态，换言之，是表现为谋求"'政治之海'的非政治化"。公权力的贸易、出入境的管理以前所未有的严格程度展开，这一点上虽然"政治"走在前头，但在此框架下并没有衍生出"政治问题"，民间贸易形式的贸易、交流蓬勃发展。

"近世国家"间的关系面面观

接着，这些"近世国家"具体说来是建构了怎样的关系，而且是否有所妥协呢？作为国家级别政治权力的四个"近世国家"，可以分为不承认存在高于自己的权威、秩序的日本、清朝，以及接受这些秩序的朝鲜、琉球。然而，日本也好，清朝也好，都没有打算和对方一较高下，也没有企图实质统治朝鲜、琉球或干涉其内政，因此在这时代，这四个势力形成了实际的"分栖共存"。

以此为前提的国际秩序认知，并非单纯承袭古制，而是形成于17世纪中期的明清交替时，是该时期特有的产物。明朝的灭亡和清朝统治"中华"，这些秩序变动对东海周遭的各个社会带来很大的冲击，当初前景尚不明朗的清朝在1680年代大致确立起霸权，努力试图向包括明朝原有领土的各地说明现况和自身的定位。

毕竟，汉文古典共通的各个社会，都认为自己是文化中心，以不同理由贬低他者、划分阶层，持有以自我为中心的等级秩序观——华夷思想。而当被视为"夷"的满人坐上了"华"的位子，明清交替以后的华夷思想的特征就是围绕着该如何接受这样的"华夷逆转"下的等级秩序观的多元化、相对化。

成为国际秩序主宰者的清帝本身，对于汉人以及朝贡国，以保护、实践礼教维持天下太平作为正统性的根据，主张自己坐在"华"的位子。另一方面，对于蒙古、西藏，则自诩为文殊菩萨的化身，是藏传佛教的保护者。对此，朝贡国的琉球、朝鲜虽然在清朝主宰的华夷秩序里自居朝贡的臣位，但朝鲜的知识阶层在内心里将满人视为"夷"，在国内继续使用已经灭亡的明朝年号，认为自己是唯一的"华"，呈现出复杂的态度。另一方面，德川政权虽然断绝与清朝的公开接触，以此维持自己不向任何人臣服的权威，并与之抗衡地以"武家威仪""神国"意识的固有性，而不是礼教的普遍性为依据，假想琉球、朝鲜等"异国"的服从，建构了独自的国际秩序观[1]。

　　近世琉球处在这些秩序的夹缝里。一直保持与清朝、日本的双重君臣关系并存的琉球，对清朝而言，是明朝以来已忠实顺从的朝贡国，对日本而言则是"服从将军武家威仪的'异国'"。不管是清朝还是德川政权，都把琉球定位为确认自己的中心性、向心力的存在，所以琉球为了不让这些双重外交露出马脚，采取了倾国家之力对清朝隐瞒与日本的所有关系的政策。

　　这个政策其实是出于德川政权的顾虑，因担心统治琉球会与清朝发生摩擦，17世纪后半期在萨摩岛津氏的指示下开始执行。尤其是进入18世纪，发布了几次如何隐瞒的指示，首里王府本身也积极对清朝隐瞒日琉关系，规定了"当琉球人共乘日本船漂流到中国时，所有人都要打扮成日本人"等相当具体详细的内容。实际上，开头介绍的萨摩船漂流事件里，同船有两位琉球人，是用菜刀切掉头发、绑成像日本人的发髻后才上岸，又将名字中的"金城"改为"金右卫门"、"吴屋"改为"五右卫门"这样的日本风格，相当谨慎。

1　独自的国际秩序观：这个国际观与中华的世界观相同，是以自我中心的秩序的构想，设立日本独有的优劣标准，可称为日本型华夷秩序。但因在外交和战争上并没有实现，实际上只通用于日本国内而已，因此称不上是现实层面的国际秩序，在这层意义上也称作日本型华夷意识。

但清朝完全没有注意到日琉关系吗？其实不然。虽然琉球人和萨摩人的苦心孤诣令人动容，但清朝很早就察觉出琉球被日本管制的"事实"。不过清朝认为只要保住"琉球是清朝臣下"的颜面就好，不用特地谴责琉球或对日本进行外交交涉，因此选择"视而不见"。这样形成彼此互相默认现状的关系，成功避免了长崎口的信牌问题在"政治之海"的东海上演变成"政治问题"。

以对马为媒介的日朝关系也一样。作为对朝外交窗口的对马宗氏，是臣服于德川将军的幕藩领主之一，同时，承袭了自中世以来朝鲜王朝的朝贡者的角色，所以朝鲜方面经常把对马视为朝贡者，但对马方面谨慎地避免有君臣关系含意的表达和手续，不承认自己是朝鲜的臣下。如朝鲜送给对马的是"对朝贡的赏赐"，但收到的对马将其解读为"来自朝鲜的所务（年贡等呈上品）"。双方采取对自己有利的解读，并继续往来。

虽然存在认知差异，但对马与朝鲜的关系稳定发展。在经济上依附朝鲜贸易的对马和想要与日本维持稳定关系的朝鲜，在利害上是一致的，所以两者选择了妥协。对马背后的德川政权，只要宗氏与朝鲜维持关系是对自己有利的，也不需要鸡蛋里挑骨头。换言之，对马、朝鲜（以及德川政权）的关系里，也存在着两者（乃至三者）的默许同意。

"近世国家"致力于"分栖共存"

在国家层级的接触当中会成为问题的，是君主的称号和年号。朝贡关系下的清朝和琉球、朝鲜之间没有问题，但此外的关系就经常潜藏着蠢蠢欲动的火苗，所以为了防患于未然，日本与清朝没有建立外交关系，清朝也不动声色，遇到信牌问题时避开直接交涉。相反，不得不对双方朝贡的琉球，则在对清文书中使用清朝年号，对日文书中使用日本年号，刻意分开。

另一方面，在年号上，日本与朝鲜之间经过17世纪的迂回曲折，确立了日方以日本年号、朝方则用干支（明亡前用明朝年号）的对等方式。日本方面的称呼更复杂。德川将军写给朝鲜国王的国书中会自称"日本国源〇〇"[1]，朝鲜国王写给将军的国书中则称呼其为"日本国大君"。这样奇特的形式逐渐固定，之后除在1710年代新井白石主政时恢复了"日本国王"的称号，直到幕末都采用这种形式。两国在各自国内展现威严，但互相之间为了达到称号上的平衡会采用各自的纪年法。

不只君主之间，双方也在大臣和地方官层级的往来形式上下了其他功夫。对马宗氏不是跟朝鲜国王，而是和礼曹之间交换对等形式的书信，清朝与俄罗斯之间也采用这种方式。日本与清朝之间，长崎奉行与江南、福建地方官是通过文件完成交涉的。像这样，国家层级的相互关系上特意避免外交接触，而在不得已时，也出于不伤害彼此国内统治逻辑的考虑而琢磨方式。

另一方面，同样向清朝贡的朝鲜和琉球之间，这个时期并无缔结直接的外交关系。在册封、朝贡的国际秩序体系下，朝贡国之间的来往被视为"私通"，原则上是被禁止的。不过实际上，在17世纪初之前，朝鲜国王与琉球国王作为"睦邻"，双方曾派遣使节或在北京进行官方交流，但这些在这个时期已不复

---

1 日本国源〇〇：只称呼国名和姓名而不出示官位的特殊自称，是表示日本实际统治者的称号。15世纪以来就这样使用，作为源氏支流的德川家也自称源某。

见，因为通过整备外交关系——例如彼此的漂流民通过清朝遣
返——也降低了直接往来的必要。

清朝的出海限制和出入境管理

18世纪时，"近世国家"告别了之前时代因混沌而产生的"自由"，凭借强烈意志和实力建立了安定的海上秩序，各政权也用心维护这个建好的秩序。为此，必须排除基督教和独立的海上势力等被视为危害国内统一的不安要素，出于这个维持治安的目的，各政权纷纷采取严格的出海限制和出入境管理。当然，在18世纪，比起治安问题，管理外国贸易和防止走私贸易这些经济问题才令人关心。但在此必须再次提醒，这个体制建立的第一目的原本是保障安全、维持治安。

首先来具体检视通过海路进行的出入境、出入港的管理模式。这可分为对船舶本身的管理与对乘船者的管理，以及对载人船只的出入管理。有着与台湾郑氏长期对抗的惨痛经验的清朝，将对船舶实施登记视为义务，出航时各级地方官提交航行许可证，在各个港口实施违禁品的检查和征税。

1684年清朝刚解除海禁时，曾禁止有两根帆柱的大型船，但进入18世纪时这方面的管制放松，且关于造船、船员的规定趋于完备。首先，想要造船的话，事先要备齐亲戚、邻居的保证书，然后向州县官府和海关提出造船申请书，必须取得政府机关发行的料照（购买造船材料的许可证）；完成后要提出报竣禀（报告书），接受知县的检查。合格的话，就会在船体烙印上船号与船户姓名，并发给船照（船的登记证）。

接着，建造好的船要出航时，需要附上保证书，将船照提交给海关检查，并确认乘员的人数、身份，再凭巡抚发行的部照、布政使发行的司照、知县发行的县照、海防厅发行的厅照这四份文件来申请并取得航行许可证。之后，再由港口的沿岸警备队检查所有许可证和运载货物，检查完毕后，会核发被称为"挂号"的验证合格证贴在县照上，之后才能出航。航行许可证上面会记录航行目的地和返航期限（沿海贸易是两年，远洋贸易是三年），禁止航行到许可目的地以外的地方或停留超过期限。

而对于来航的外国船，会按种类、性质规定入港的港口和手续。朝贡船有指定的港口，如琉球船是从福建的福州入港。互市的贸易船，若在四海关的管辖下按规定办理手续和纳税，就可出入港、交易。但当然，依据交通的便利性和集货、交易条件等不同因素，大致上入港地、贸易对象逐渐固定，例如欧洲船航行到广州渐成为惯例。

在此期间，发生了英国要求在广州以外交易、违反惯例航行到宁波的弗林特事件[1]。以此为契机，1757年下令限制欧洲船只能在广州一地入港，而在两年后的1759年制定《防范外夷规条》，进一步管制在广州停留的欧美人的居留、行动，广州成为只能进行规定的互市和朝贡的地方。这就是有名的"一口通商"（Canton System）贸易管理体制。

但必须要注意的是，这不过是限定欧美船必须从广州入港

---

1 弗林特事件：英国人詹姆士·弗林特（汉名洪任辉）对广州的贸易限制不满，于1755年从澳门直接乘船到宁波请求开放贸易的事件。往后三年他连续前往宁波，1759年甚至到达天津，此举反而引起更严格的入港管制。

而已，并非意味清朝的门户是"闭锁的"。此外的朝贡船、贸易船依然航行到各个港口，华人海商的出海贸易也相当兴盛。在往后的半个世纪中，广州贸易额更激增到三倍以上。

总而言之，清朝施行以登记制、许可制为基础的政策，虽然手续本身规定严格且繁杂，但原则上给予了要出国或参加贸易者很大的自由。

日本、朝鲜、琉球的"海禁"体制

另一方面，日本、朝鲜、琉球三国对于连接内外的移动，管制相当严格，尤其是日本的德川政权。最为人知的是1630年代实施的禁止日本人航行到海外、禁止归国、禁止基督教、彻底实施贸易管理的"锁国"政策，将对外关系置于自己的管制之下。故只允许基于政权友好关系的往来琉球、朝鲜之间的使船来航，并针对驶入长崎的华人商船、荷兰船之外的外国船建构了一套监视、通报的体制。

华人商船、荷兰船入港时的程序大致如下：远见番发现船影，奉行所官员就会乘检使船出海，并配合石火矢的信号核对旗帜确认船籍。之后检使、通事（通词）们就会登上对方的船，要求提供船员名册、货物目录等必要文件，翻译、确认，待检查完毕后，才允许船只靠岸、登陆，相当严格。还有，为搜集信息，当荷兰船、华人商船入港时，要编写荷兰风说书[1]、唐船

---

[1] 荷兰风说书：汇整荷兰船每年带来的海外信息的报告书，由长崎的荷兰通词根据从商馆长处听闻的信息写成，之后呈送老中。

风说书[1]，提交给长崎奉行。

对国内船舶，德川政权初期的大型船没收令[2]扩及全国。1635年的五家诸法度禁止了500石以上的大型船，但船舶管制的焦点并非在于航行禁令，而在于管制大名这个军事目的，即抑制西边大名的海军势力。故1638年放宽禁令时，商船就不被包含在内，构造不同的戎克船型远洋船则从一开始就在管制对象之外。"锁国"，与其说是对船本身的管制，不如说是想要彻底管理人的移动。

曾饱受倭寇侵扰的朝鲜，为维持沿海地区的治安，也实施海禁政策。朝鲜王朝海禁的主要框架，由禁止本国船的远洋航行、空岛政策（即强制迁离岛屿居民）和外国贸易的管理限制组成。这些措施是为了断绝海上武装集团与沿岸居民的接触，以及避免岛屿成为他们的根据地。其中的一大特点是，外海航行禁令不只限制民间船，也适用于军船。因此能出航外海的，是从唯一联结外国的港口釜山出发，仅限于像通信使、译官使乘坐的外交使节船。

同样，四周环海的琉球也实施政府禁止民间的海外往来并管制海外贸易的政策。虽然首里王府会向清朝派遣渡唐船（进贡船、接贡船），但除了这些官方使节船，琉球禁止本国船航行到海外。包括连接零星散布在东海上诸岛屿的域内交通，也受王府管制。名为船手座的海事行政机关隶属于物奉行管辖的给

---

1 唐船风说书：根据来航长崎的华人商船处得到的海外情报写成的报告书。由入港的华商口述、长崎的唐通事写成，之后呈送老中。

2 大型船没收令：1609年命令关西以西的各大名，不分军船、商船，没收、禁止500石以上的大型船，但无法转为军用船只的戎克船等的航海船除外。

地方（办公和调度物资的部门），负责船舶登记、船具管理、发行航行许可证、检查运行状况等工作。造船本身受到王府的管制，造新船需经王府许可，砍伐造船用的木头也同样受隶属于物奉行管辖的用意方之下的山奉行管理，加上王府推广奖励农业政策，因此严格限制民众的捕捞活动。近世琉球并未因四周环海，就成为以海外贸易和渔业立国的"海洋国家"。

海上势力的重整与沿岸警备体制的完备

总体来说，对这些以陆地为重心的"近世国家"而言，海是高度戒备的对象，因此消灭过去在海上兴风作浪的自立势力并加以重整，以防止新兴的威胁对象出现，就成为维持治安、保障安全的重要课题。

清朝把在征服战争过程中投降的武装编入八旗军，作为自己的兵力活用；面对海洋也采取同样方针，收编海上势力来提升战力。在17世纪后半期与台湾郑氏的对抗中，指挥渡海作战的水师提督施琅原为郑成功部将，后降清编入八旗军，被任用为福建水师提督。

另一方面，日本因为丰臣政权发布的海贼镇压令，海上势力的自立活动被封锁了。和一直以来缺乏执行力的政权不同，丰臣、德川政权拥有压倒性的武力、财力将其彻底执行，成功封锁了过去曾在海上呼风唤雨的"海贼"势力。

日本的统一政权并没有将海上势力收编为海军进行有效利用，而是将其纳入幕藩制下，控制他们的势力，或将其迁到陆上，置于领主制的管辖下。于是，能岛村上氏驰名于濑户内海的村上水军丧失独立性，被编入毛利家臣团，成为在御座船[1]和朝鲜半岛通信使船等船上掌舵的船手团，听命于旗下。志摩水军的九鬼氏[2]被转封至与海隔绝的摄津三田、平户的松浦氏[3]、来岛村上氏[4]也不得不迈向陆上领主之路。东海周边无论哪里，曾在海上随心所欲、来去自由的独立势力，也只能像拔了獠牙的狼被豢养起来，成为助长"分栖共存"局势的一员。

另一方面，各政权构筑起沿岸的警备体制，防止出现新的海上势力，同时也为防御来自海上的外敌入侵。不管是海上的外部势力抑或国内的反清运动，清朝为防止不安定因素的传入、抬头，在沿海各地设置驻防八旗和水师营，配备战船，以稳固海防体制。同时对商船、渔船实施各种禁令，除了严禁运载武器，金、银、铜、硫黄、硝石等矿物，超过乘员需要的粮食也被列为违禁品，以防止其流入海上和海外反清势力的手里，成为他们的资金来源、军需品和军粮。可见当局对此相当警戒。

1717年到1727年所实施的南洋海禁令，是因西北战线与准噶尔汗国作战，又同时面临南海方面的在外华人人口增加的状况，为了消除背后的不安而发布的。实际上，1721年台湾发生

1 御座船：指天皇、公家、将军、大名等权贵人士乘坐的豪华船。——译注

2 九鬼氏：熊野水军的一派，战国时代以志摩、鸟羽为据点，势力显赫，臣服于织田信长、丰臣秀吉；在关原之战后，成为内陆的摄津三田、丹波绫部的大名。

3 松浦氏：割据肥前松浦的武士团，16世纪因海上贸易而繁荣，但因英国、荷兰商馆的关闭、转移而被断绝了贸易立国之路。当地因镇信流茶道、以《甲子夜话》闻名的松浦静山（1760—1841）等，在文化方面大放异彩。"唐船之图"（前述）也是平户松浦家传承下来的。

4 来岛村上氏：三岛村上氏的支流，以伊予、来岛为据点。与能岛村上氏分道扬镳后，向织田势力靠拢；在关原之战后成为内陆的丰后、森的大名。

了朱一贵之乱[1]，对身为大陆国家的清朝而言，必须随时留意陆海两方的局势发展。

日本的德川政权则如上所述，国内的海军力量因被视为治安方面的威胁而受到压制。另一方面，对于外国船，在完备的监视、通报体制下，一旦有事发生，也有动员诸大名的健全体制。在禁止葡萄牙船来航的1630年代到1640年代，指示各大名设置了远见番所和形成通报、动员的规范，确定了平时的警备体制和有情况时的指挥系统。随着正德新例的实施，也准许对在近海出没的华人商船使用武力：没有信牌、进行走私贸易的唐船被视为"海盗"，成为驱逐的对象。

四周环海的琉球，作为德川政权的对外政策的一环，被包含到监视外国船的任务中。由国王至基层的百姓都被组织起来，建立起王府机构几乎全体参与的应对外国船来航、漂流的体制。农村等地方上会发放御条目[2]、异国船绘图、异国船旗印绘图，在王府派遣的海防官（在番）指挥下，部分百姓以地方役人身份组成异国方[3]、远目番，以备不时。外国船漂流、靠港时，先由被称为飞船的小型联络艇和烽火向王府传递消息，和日本一样彻底实行监视外国船的体制。

如上所述，"近世国家"采取的方针，并非陆上政权自身整备海军以进出海上，而是凭借强大的陆上军事力量对沿岸严加

---

1 朱一贵之乱：清代台湾发生的一次叛乱，由福建出身的移民朱一贵领导。起义势力一时占据了大半个台湾，到1723年被完全镇压。

2 御条目：统整了外国船来航、漂抵之际的处理方针，共15条。1704年由萨摩通知首里王府，到1840年代为止成为琉球处理漂流船的大原则。

3 异国方：专门负责取缔外国船的官职。——译注

戒备，瓦解海上势力的立足之地。从这点来看，此时期的海洋管理，与近代以远洋海军为主干的"门户海洋（＝领海）的管理"不同，可以说是通过出入境、贸易管理体制和沿岸警备体制，实现了对居民越境移动的成功管制。同时，这些国家的共通特征是决策和军事上的快速反应几乎都为八旗和幕藩领主专属，不会委托给民间的海上势力。这样的体制在18世纪后半期出现了变化。

外国人居留地和居民的形态

各政权还在外国船的指定入港地设置了指定区域、设施，限制来航外国人的活动、权利。各国的外国人居留地虽然反映了不同情况与特性，但也可看到例如原则上采取"隔离"等多项共通点。

清朝

在清朝广为人知的，是专门指定给欧美人的广州外国人居留区，汉语称为"夷馆"，英国人称为"Factory"，沿着广州城外的珠江沿岸设置，与入海口处的葡萄牙人居留地的澳门合为一体，共同运用。当初只是规划指定居留区，宽松地规定了停留中的外国人也能进出广州城等，但雍正（1723—1736年在位）以后逐渐加强管制，1759年发布的《防范外夷规条》严格限制外国人的活动。根据这个规定，欧美人只能于贸易期间在此停留，交易一旦结束，就必须返回澳门，等候下次贸易，原则上禁止在广州长期停留或离开指定地区、在广州市区游荡。在广州的交易只限与特许商人进行，也禁止欧美商人雇用当地居民。

但其实在指定港设置外国人专用的指定设施是很常见的。福州有柔远驿，广州有怀远驿。柔远驿位于福州城东南门外，因只有琉球人使用，故通称为"琉球馆"。该馆占地约5600平方米，四周围起土墙，内部用外侧的大门（头门）和内侧的二门（仪门）区分出两个空间，大门到二门之间是清朝人员的区域，并设守卫（把门关）的检查哨和翻译人员（河口通事）的办公室。二门以内是琉球人停留的区域，其中有办公用的大堂和住宿设施，最里面还有供奉航海神（天后、妈祖）、土地公、客死异乡的琉球人牌位（坟墓在城外）的地方。

柔远驿是清朝官署，建筑物完全是中国风格，由福州府的负责官员（海防同知）管理。进出馆驿受清朝的守卫监视，禁止夜间外出和外宿，但琉球人白天的行动并没有受到太多限制，能够访问城内外各地，游览附近的温泉、名胜。原则上，居留者仅限于首里王府派遣的渡唐役人，停留费用则由清朝作为恩赐支付。停留人数方面，随着来自琉球的船舶往来，在十几名到200多名的范围内增减，正使、副使们大约20位，以两年一次的频率上岸后走陆路到北京朝贡，剩下的成员就在福州进行贸易等业务。柔远驿作为琉球使节在清朝领土内的活动据点，同时也是从福州到北京远距离朝贡活动的起点和终点。

广州的怀远驿位于城外的西关（广州城外西南一带），明初设立，明末一度荒废，1653年随着暹罗和荷兰的朝贡被许可，在旧地重建；主要是用作暹罗贡使的住宿设施，根据19世纪前半期欧洲人的记录，门的上方标示着"暹罗国贡馆"，并设暹罗人的墓地，旁边也有祭拜航海神的天后宫。朝贡船和使者以外的船员，则停靠、停留在广州郊外的黄埔。

日本

在日本，众所皆知的指定区域是长崎的出岛。那是由沙洲经填海后形成的扇形人工岛，原本不过是为了收留葡萄牙人，但完成后葡萄牙人被驱逐，取而代之的是1641年荷兰商馆从平户迁移到这里。其面积约13 100平方米，是管理设施、荷方设施、仓库等混合在一起的单重结构，四周环绕着分隔开大海的石墙和土墙，只通过一座桥连接到市内。

出资建设的是被称为出岛町人的长崎、京都、大阪、堺、博多等地的25位豪商，荷方并无选择和取得土地的权利。他们作为租屋者必须付房租给豪商们，出岛町人身为建筑物的拥有者，则要负责管理建筑物和租住在这里的荷兰商馆人员，这个权利也是一种可以买卖、继承的"股票"。

从巴达维亚来的荷兰船，在18世纪通常被定为一年两艘，大约在旧历六七月驶入长崎。在出岛停留的有荷兰商馆长、次席商馆长、仓库长、书记长、商馆长的助手、医生、厨师等十位左右，船停靠期间也不过是二三十位。大多数船员被迫在船上生活，严格限制日本人进出出岛以及荷兰人的外出。工匠、杂役等人员进出，也需要出岛乙名发行的被称为门鉴的通行证。

另一方面，华人海商当初是住在市内的，但因走私贸易无法根绝，故1689年在郊外新设唐人屋敷，在这里收留华人。1698年把近处的海岸填成新地作为唐船货物的货仓，然后用桥与唐人屋敷相连。这些设施由当局借钱给町建造，华商再向町支付租金偿还。还清后，租金就成为町的收入。

唐人屋敷的面积约26 400平方米，1760年扩大至约31 000平方米，土地被练塀（瓦片与泥土交互层叠，最后覆盖上瓦片的墙）和壕沟包围，外围还有竹墙，并设有番所（守卫室），戒备森严。内部由大门、二门形成双重区隔，从大门到二门是日方人员的驻地和交易设施林立的公共空间，二门里才是唐人的生活空间。

设置出岛的主要目的是驱逐基督教，相比之下，设置唐人屋敷虽部分是为了防止基督教通过清朝传入日本，但最大目的是杜绝走私贸易。停留长崎的华商原则上要入住这个唐人屋敷，与出岛的荷兰商馆员一样，禁止外出，并禁止女性同伴上岸。反过来，日本人出入也需要唐人屋敷出入证（门票），即使是官员也不能任意进入二门以内。到1730年代为止，有一两千名华商停留，相当混杂。但之后随着商船来航数目减少，停留人口也趋于稳定。

还有，在掌管与琉球关系的萨摩设有鹿儿岛琉球馆，作为琉球派遣来的上国使者和稽古人（留学生）的停留设施。起初被称为琉球假屋（琉假屋），位于鹿儿岛城（鹤丸城）东南，但最迟在17世纪末左右迁到城北，1784年改称琉球馆。当初也有琉球人质居住的宅邸，但17世纪后半期开始成为琉球唐物（经琉球而来的中国制品）和砂糖贸易的据点，由萨摩的守卫监视进入，一般民众没有获得许可，被禁止入内。

朝鲜

近世朝鲜的对外关系窗口，基本上仅限于西北的义州（道中的中江、栅门），东北的庆源、会宁，东南的釜山。因为与清的交通往来是经陆路的，因此开放的海域只有作为对日窗口的釜山而已。

釜山的日本人居留设施被称为倭馆（和馆[1]）。虽说是日本人，但只有接到对马的命令和取得许可的人[2]可以居留，也不许女性居住。倭馆是最初在17世纪初日朝关系改善后在豆毛浦设立的，但因空间局促不便，因此1678年迁到南郊新建，是为草梁倭馆，占地达33万平方米，相当于豆毛浦倭馆的10倍、长崎出岛的约25倍、福州琉球馆的近60倍，相当宽广。广大的土地中央是小小的龙头山，以此为界，大致分为东西两区。倭馆的东面和南面临海，四周被两米高的墙围绕住。朝鲜设立了六个番所（守卫站）严格监视。

通常的出入经由东侧的守门，而从守门到之后的设门之间的空间，是为了举行仪礼和设宴招待的草梁客居、宴大厅和翻译的办公处等朝方设施。倭馆内部以进行贸易的开市大厅为首，还有宅邸、寺院、商店、停船处、仓库等设施，平常的停留人数是在500位左右，与当时对马成年男子人口相比，约为二十分之一。

他们的外出受到限制，除了在倭馆周边散步外，只能前往设门内的朝鲜设施，或到豆毛浦倭馆扫墓等而已，所以18世纪的倭馆可以说几乎是朝鲜境内唯一的日朝交流、接触窗口。进出倭馆的朝鲜人，仅限于与倭馆有关的官员，以及被称为东莱

1　倭馆（和馆）：朝鲜对日本虽然使用"日本"这一国名，但对其他如倭人、倭馆、倭船等，几乎都以"倭"称之，对马方面则忌讳倭字而称之和馆。

2　取得许可的人：使者、馆守（倭馆的总负责人）、裁判（特定的外交谈判负责人）、代官（贸易管辖官）、书记、翻译、僧侣、船夫、商人、留学生等。

商贾（莱商[1]）的特权商人团。即使如此，走私贸易和私通之事仍频发。1709年左右新修了石墙的设门。这些相关费用和停留费用，原则上是由朝鲜方面支出，造成很大负担。

这些居留地的特征之一，是严防各政权对外国男性与本国女性的接触，以及管制外国女性的往来，结果导致停留在居留地的外国人几乎都是男性。

不过，男性社会的宿命所产生的"女性问题"，会因地域不同产生差异性。在最严格的朝鲜，禁止围绕倭馆发生的一切日朝间男女交往，甚至是游女也不许进入。私通的话，法律原则上规定是当事人与中介一律死罪。但日本方面并不存在这些法律文化，因此对马在处理日本的私通嫌疑人时，通常很棘手，这些差异在日朝间经常引起摩擦。而在日本长崎，不论出岛还是唐人屋敷，得到奉行所的许可，游女是可以进入的。在琉球，虽然有部分禁止规范，但实际上相当宽松自由。清朝则没有特别禁止。

另一方面，关于随之而生的混血儿问题，在长崎，进出出岛和唐人屋敷的游女怀孕的事当然有，但禁止出生的小孩随父亲前往海外，因此他们只能作为日本人过完一生。

漂流民与遣返体制

环绕东海的"近世国家"实施的进出国内外的管理、统制中，对入国的管理尤其严格，并严格限制、禁止移居本国及与

---

1 莱商：获准从事对日贸易的特权贸易商人，以被称为"都中"的团体为核心，取得东莱府发行的进出倭馆的通行证进行贸易。

本地人混居的情况。但管理主要着眼于维持治安，因此关于出国大概是采取"一旦出国就不给予保护，也禁止回国"的措施。日本"锁国令"中的禁止归国，就是其中的代表。1740年巴达维亚发生华人虐杀事件[1]时，清朝并没有采取保护在外华人的措施或报复行动。

相反地，如果是因为无法预期的海难而漂流到他国，则并不被视为"违反国家规定"，反而成为各国保护、救助的对象。因此这个时期东海周边各国之间形成的互相遣返外国人漂流民的制度，是值得一提的现象。

在清朝，原本外国船漂抵时，地方官会依照中央政府的指示和当地的先例进行救助、保护，但因原本没有国家层面的统一规定，故1737年乾隆皇帝下令："对全体外国漂流民加以抚恤，供给衣粮、修理舟楫，令其归国。"以后这条命令成为处理漂流民问题时的统一方针。其内容包括漂流地的地方官支出公费提供衣服、修理船只，不能载货和无法使用的船体可兑换现金，货物原则上可免税；若因船体破损等无法自行回国，就让他们坐贡使的船或与该国往来的民间贸易船归国。日本人的话，会被移送到对日贸易据点的乍浦，然后从那里乘到日本的船遣返。萨摩船的传兵卫等人就是适用于上述内容而被保护、遣送回国。还有，琉球人漂流者则是被移送到福州，暂居琉馆，再让他们乘坐渡唐船回国。

在日本，漂流到沿海各地的外国人，首先会辨别其是否为

---

1 华人虐杀事件：1740年在荷兰的据点爪哇岛巴达维亚，荷兰人与居留华人发生冲突，导致1万多名华人被虐杀。其背景是伴随流入的华人人口激增，引发对治安恶化和暴动的担忧。

吉利支丹（天主教徒）。按惯例，若是吉利支丹的话会被捆缚送往长崎，非吉利支丹的漂流民则进行救助、保护，也是送到长崎。后来，如果是清人就乘往来长崎的华人商船的便船回国，如果是朝鲜人则通过对马宗氏、琉球人则委托萨摩岛津氏经手处理。救助、保护的费用原则上由漂流地负担，各大名家完善了关于处理漂流民问题的规定。由上述可知，日本的遣返漂流民制度，正如首先确认是否为吉利支丹的程序所示，是与沿岸警备体制互为表里而建立的。

琉球一开始将外国漂流民移送到萨摩，但随着1684年清朝解除海禁，并要求各朝贡国保护、遣返清朝漂流民，于是改为直接遣返清朝。具体而言，1704年萨摩下达了"御条目"，明文规定了如何应对外国漂流民。这成为琉球处理外国漂流民的原则。首里王府依此规定，在国内发布各种相关规定，建立了一套独立完整的救助、遣返制度。

即使在琉球，漂流民是否为吉利支丹也需要严加辨别。若是，则规定要缚送萨摩；若不是，而且能自行回国，就给予粮食、水，修理船体让他们回国。如果无法自力回国，则移送到泊村（现那霸市内），乘渡唐船顺道遣送回清朝。救助、保护的费用由王府财政支付，但劳工方面的费用由漂流地等各个地方负担。这样，遣返方法就脱离了日本体制，但对漂流民的处置，包括吉利支丹禁令和贸易禁令，仍处于德川政权的对外管制政策影响下。

在朝鲜，南部的釜山、巨济、济州岛等地所在的庆尚道、全罗道，各地都设置了倭学译官以处理日本人的漂流问题。当日本人漂抵时，这些译员会听取事情原委，向中央政府报告。至于琉球漂流民的情况，因为没有专门的译员，故用笔谈或手势沟通，之后由各地的地方官按中央政府的指示救助、移送漂流民，日本人就移送到釜山倭馆，琉球人送往清朝。

　　清朝在这个时代发挥了东海、南海各地漂流民的中转站功能。在这个体制下，例如琉球和朝鲜、朝鲜和越南这些没有直通航线的国家之间，通过与双方维持关系的清朝做中转站，间接地互相遣返。还有，漂流到东南亚的话可通过华人海商等移送清朝，如同开头叙述的孙太郎的例子，如果是日本人的话就乘前往长崎的民间商船归国。

　　另一方面，也有利用这些漂流民保护、遣返体制，假装成漂流、漂抵船故意接近他国沿海地区从事走私贸易的例子。尤其是在日本九州、山阴近海，常常发生贸易体制外的华人海商假扮的漂流、漂抵，甚至多到要下令驱逐。

　　综上所述，在围绕18世纪东海的地区，人员的往来被限定为公权所认可的外交使节、商人、遣返的漂流民等，与"外国人"的接触、交流的地方，也被限定于指定的居留地。海上的往来呈现安定且活跃的景象，但与第一部、第二部的时代不同，例如同样是港口城市，虽然有程度差异，但是不允许混居，更不用说定居。过去有中国僧侣和倭寇跨越海洋来往，在这个时代已不复见。于是"内"和"外"有了明确的边界，与外国人和外来文物的接触机会也受限制。

　　但跨海的海域交流并没有因此而封闭。不只是在放任的南海，即使在东海，随着人的往来，携带的物品当然是更加大量、多样，并且在各地流通，在各自的社会里扎下根来。接下来我们就来探讨这些状况。

四　跨越海洋的商品和信息

海域交流的变化——从人到物品

1715年冬，在大阪道顿堀戎桥的净琉璃小屋竹本座，上演了近松门左卫门[1]创作的《国性爷合战》。主角是以郑成功为原型、拥有日本母亲的混血英雄和藤内，他为复兴明朝，与被比拟为清朝的"鞑靼人"战斗。这部作品立刻在街头巷尾获得热烈欢迎，破例演出长达17个月，相当卖座。

18世纪初日本的《国性爷合战》受欢迎，是因为当时大多数人被隔绝在跨海域的交流之外。从第二部以海为舞台互相争夺的时代开始，经过日本的"锁国"和清朝迁界令等海禁时代，跨海直接交流的场所与机会逐渐受限。以前，织田信长筑安土城、丰臣秀吉建造方广寺大佛，都有华人工匠参与其中；德川家康有英国人担任顾问，但这些时代已成过去。京都宇治的黄檗宗本山万福寺自1654年渡来的开山隐元隆琦[2]起，按惯例每代住持都从中国大陆迎来，但1721年赴日的大成照汉成为最后一位。直接原因是清朝浙江总督李衡[3]强化了航行的管制。但即使在放宽后，渡来僧也没有恢复，往后的住持就由日僧代代相传。

1　近松门左卫门：1653—1724，活跃在京都、大坂的净琉璃、歌舞伎作者。他原为武士出身，后来投入艺能界，成为专为竹本座写剧本的作者，留下了许多受欢迎的作品，如《曾根崎心中》等生活剧和《国性爷合战》等时代剧。

2　隐元隆琦：1592—1673，日本黄檗宗的开山祖师。他是福建福州人，明亡后的1654年赴日，将军德川家纲赐他寺院土地，在宇治设立万福寺。

3　李衡：1686—1738，雍正时代活跃于地方行政的汉人官僚，江苏出身，通过捐官进入官场，治理江南有成。

　　然而另一方面，刚好在《国性爷合战》开演的同年发布了正德新例，正好说明驶向长崎的华商贸易船络绎不绝，银、铜的流出和近海的走私贸易成为日本防不胜防的难题。像这样，通过被压缩集中的渠道往来的物品与信息日益丰富与扩大，也是这个时代的特征之一。在此之前的章节从交通、交易的紧缩一面介绍了这个时代的样貌，本章则将把焦点放在经被挤压的路线进行的物品和信息的流通。

某漂流唐船上的货物

　　1800（宽政十二）年十二月四日凌晨，有一艘唐船被发现漂抵远州滩（今静冈县沿岸）。唐船名万胜号，于同年十一月九日搭载船主刘然乙、汪晴川及85位（一说86位）船员从乍浦出海，但在前往长崎的途中遇到暴风，漂流到太平洋沿岸，由当地居民通报给沿岸的领主、代官，再呈报给江户，进行货物回收、船员救助，并调查事发经过。

　　万胜号运载了什么样的货物到长崎呢？幸运的是，船员被收留后，万胜号方面提交的货物清单被保留下来。根据那份清单，货物里占大多数的是药材，绢、棉、毛等纺织品，还有白砂糖、冰糖。药材的种类多且大量，有木通、甘草、大黄、槟榔、肉桂、山归来、藿香、儿茶、厚朴等，总量约69.5吨。

　　以量来看，超过中药材的是砂糖，光是标示为"泉糖"的白砂糖就大约有134吨，标示为"漳冰"的冰糖也运载了约3.1吨。还有水晶、印鉴、雕刻等额外交易（基本贸易范围"常高"以外的买卖）物品，虽然是少量，但标示着"上用"的文字，或许可推测是长崎的指定购买品。其他还有书籍和作为红色染料的苏木，以及献给长崎唐人屋敷寺庙等处的供品。很多货物都被浸水，尤其是砂糖类几乎全流入海中，勉强可回收的商品在严加戒备的置物场晾干，之后随着船员一起送回长崎。

接着，这些货物在长崎又是如何处理、实际上是否曾进行了交易，从记录上无法得知。不过，根据与同时期来航长崎的华人商船有关的荷兰人取得的信息来看，华商在长崎采购带回的主要货物，首先是日文中称为"棹铜"的铜原料，还有干海参、干鲍、鱼翅等所谓的俵物（装在稻草袋里的商品）三品，以及昆布、鲣鱼干等被称为诸色的海产。一支棹铜的重量约固定为10万斤（60吨），于是配合剩余空间，购买大量海产，甚至是香菇、红藻（做琼脂的材料）、鸡头（食用或药用的花）、茯苓（真菌类中药材），还有酱油、酒、漆器、陶器，甚至连伞和薪木都有，在回途的船上运载了相当多样的物品。其中运载的陶器和薪木等，显然是辅助的压舱物。

像这样的漂流船的货物，展现了这个时代的哪些特征，又发生了怎样的变化呢？

由交易路线所见的东海和南海

支撑18世纪东亚海域的经济，是环绕着东海的地域间、地域内的交易，还有以南海为中心的兴盛的跨国境贸易。这里说的"地域"，是指在地理条件和生产、流通、消费方面形成的具有一定整合性的广大市场所构成的地理范围。日本列岛和朝鲜半岛通过政权的管制和商业、流通的发达，让经济地域几乎等同于政权领域，建立起自给自足型的市场。另外，清朝则因为幅员辽阔且富多样性，无法形成国家规模的市场，华北、江南、福建、岭南等几个地区并存，而福建以南的地域市场则通过南海与东南亚各地紧密相连。

在海上交通的路线上，东海反映了"近世国家"分栖共存的状态，例如进入长崎的船舶不能再继续前往博多和大阪，因此呈现出国家之间的交通网络和领域内的交通完全分离的特征。相对地，南海的海上交通路线以福建厦门和广东广州、澳门这两大窗口为中心，东南亚的主要港口也与之相连接，呈现出复杂的各种航线。

这时的东海因为各自的贸易管制和出入境管理，限制了跨国的物品移动，国际贸易的总量增长遇到瓶颈，呈现低迷。与之相反的是，中国大陆沿岸的地域间贸易和日本、朝鲜的地域内贸易则蓬勃发展。

在生产、消费方面都是东亚海域重心的长江下游江南地区，拥有庞大人口，也是世界上规模最大的市场之一。从江南的浏河港、上海、乍浦、宁波等港口延伸出的海上航线，往北边连接了山东各港口、北京的外港天津，甚至辽东沿岸；往南则是经温州等浙江南部港口到福建的福州、厦门，甚至连接广东的潮州和广州。南北航线的衔接点是杭州湾口的舟山群岛，这里也是连接去向长崎的东方航线的东海中继港。还有从福州到琉球，从厦门和广州到环绕着南海的马尼拉、大城、巴达维亚等主要港市，甚至发展出连接更远方的航线网络。与广州合为一体发挥机能的澳门，在确立"一口通商"后，成为不只是葡萄牙，整体上也是欧美各国的南海贸易据点，国际色彩强烈。

在日本列岛，直到16世纪，海上势力纷乱群起，大名之间经常发生纷争，导致沿岸航线分成小段。但随着统一权力的登场，在17世纪濑户内海与日本海航线连接。在这个世纪的后半期，太平洋航线[1]也趋于完备，包括虾夷地区在内的列岛各地得以与作为生产和消费两个中心的上方（大阪、京都）和江户紧密结合。对外窗口的"四口"虽然处于这个环岛航线之外，但作为延续港口，物品的流向也与日本列岛沿岸的交易网络联结。

相对于此，在政权制约比较宽松的南海，海上贸易是贯穿18世纪的发展基础。厦门、广州的海关税收在整个世纪出现了急增，且海关税收在关税收入中的整体比重也一直在上升。上海、乍浦等江南各港口作为贸易中转站的功能愈加突出，形成了即使不直接前往东南亚，也能筹措到必要物资的贸易体制。例如长崎贸易，18世纪前半期暹罗国王直营的贸易船（委托华人经营）从大城直航日本，到18世纪中期这些来自东南亚的"奥船"却销声匿迹，原因是在江南就可筹措到东南亚的产品。是否存在直接的往来与物品的动向未必一致，故从政治层面来看，18世纪东海和南海看似处于完全不同的世界；但从物品移动来看，通过广州、厦门、江南等衔接点又是联动的。

从交易来看，这个时期的另一特征是北方航线崭露头角，与东海紧密结合。越过日本海的贸易，不只受政治制约，要横渡暗潮汹涌的日本海也很困难，所以会从黑龙江、松花江等中国东北的内陆河川出发，经库页岛抵达虾夷地。通过这条路线

1　太平洋航线：从日本海沿岸出发、经本州太平洋岸南下到达江户的海运，被称为东回海运。从奥羽地方到江户的海运，一开始是途中经利根川的内河水运，1670年江户商人河村瑞贤开拓了绕道房总半岛的直航路线，之后兴盛起来。

进行的山丹贸易[1]，其带来的虾夷锦[2]在日本国内相当珍贵，还有昆布、鲍鱼、海獭皮等北方物产，经长崎、琉球运往遥远的江南。这方面的特征是在政权的宽松统治下进行，以及不见华人船舶的踪迹。这与东海不同。

渡海商品的"日用品化"

那么具体来看一下，是什么样的东西往来于18世纪的东亚海域上呢？在东海，以留下完整记录的长崎为例，来自中国大陆的输出品在17世纪以生丝为中心，18世纪中期是纺织品，到了18世纪后半期则是药材占了主要地位。日本列岛的输出品，17世纪是以银为中心，但随着产量的减少，铜的比重增加；甚至18世纪是以俵物和大量昆布等海产为主角。也就是说，16、17世纪来自中国大陆的生丝换取日本产的银为主轴的形态，经过18世纪以纺织品换取铜的时期，不久之后过渡到以药材和海产物交易为主轴的形态。先前看到的万胜号所载的药材种类和数量就是最佳证明。还有，在药材输入的同时，书籍的输入也逐渐扩大。这与18世纪后半期以后的日本列岛上各门学问百花齐放有关。这种转变，在联结日本、朝鲜、中国的釜山—对马路线的交易，以及衔接日本、琉球、中国的琉球—福州路线的

1　山丹贸易：山丹是阿伊努语对黑龙江下游地区至库页岛的居民的称呼，故在库页岛、虾夷地和阿伊努人进行的交易称为山丹贸易。从18世纪中期起约一个世纪，是其最鼎盛的时代。

2　虾夷锦：经松前输入日本国内的中国产绢织物。本来是清朝赐予黑龙江下游、库页岛地区首领的官服，之后作为输往日本的交易品。

交易中，几乎都出现了。

那么，南海的情况又是如何？以18世纪末往来于越南会安和广东的商船搭载的货物为例，从中国输出包括首饰配件的工艺品、各种陶瓷器、茶、药材等物品，相反地，输入中国的物品比起输出品，种类多样，而且以动植物和矿物等未加工的原料占较大比例。虽然也可看到海参和燕窝等高级食材和昂贵香料、药材，但以重量来看，槟榔、干鱼货等低廉的日常商品压倒性居多，其中最大量的是砂糖。

故可知，在对中贸易的盛况下，南海华人商船运载的货物里，16—17世纪当红的银和生丝消失了，乍看之下不太可能专程海运过来的廉价日用品，却占了越来越大的比重，不容小觑。这些变化也在东海悄悄发生，例如18世纪后半期的琉球进贡船从福州启程回国时，运载的货物里也有日本市场需要的药材，被称为"圆簸箕"的竹制农具，以及茶、伞、铁杵、粗夏布、粗冬布、粗扇、粗瓷器等琉球社会里到处常见的生活用品也大量包含在内。这种现象可称为交易品的"日用品化"。欧美船的贸易中，也存在18世纪后半期茶（绿茶、红茶二者）的比重显著增加这样为人所知之事。

这些发生在跨国远距离海上交易的各种路线上的变化，不是转向直到17世纪为止的银和生丝这样在某种程度上普遍具有高价值并和庞大市场联结的物品，而是随着各地区的社会、经济需要，逐渐迈向个别化。同时，反过来说，各地区的社会、经济会发生变化，也可以说是陆上的社会对海上交易网络的改变产生的适应。

往来海域的商品与货币

在"日用品"之外接着介绍一些特色商品。在18世纪的交易品中，海产的比重明显增加，主要品类前面已经列举了从长崎和经萨摩—琉球运到中国大陆的俵物和昆布。清日间海产物交易的兴盛，是一直以来烦恼贵重金属流出的日本对输出商品的改变，而在被歌颂为"盛世"的清朝治下，中国社会对高级料理和高级食材的需求度大增，双方形成供需一致的状态。高级食材的对中输出，在南海方面也可见，尤其是苏禄群岛经福建的船上所运载的东印尼产鱼翅和海参、燕窝等输出品，在这时期也急速成长。

区域内贸易中的海产交易也呈现同样的发展。昆布和鲣鱼干等海产，通过与日本列岛各地紧密结合的海上交通，在这一时期开始成为列岛各地的日常食物；不只如此，还成为不生产、制造这些海产品的琉球的饮食文化中不可或缺的部分。这个流通甚至经长崎、琉球，联结到中国大陆。另一方面，在这些海产的主要产地虾夷地，在松前氏的统治下，近江商人等本州商人承接生产、流通的业务（场所请负制度[1]），形成列岛规模的物流网。各地的阿伊努人也在其下作为渔场的劳动力被肆意差遣，造成贫穷和人口继续减少的状况，而这与横渡东海的物流密不可分。从蛎崎波响的名画《夷酋列像》可得知1789年的国后目

1　场所请负制度：商人缴纳运上金（租税）承包虾夷地规定场所的交易权。场所是指划分交易权的规定地方，但是随着虾夷地产品的需求扩大，渔场经营也逐渐普及，阿伊努人被用作劳力奴役。

梨之战（宽政虾夷蜂起[1]），就是在这种情况下发生的道东（北海道东北部）阿伊努人反抗事件。

另外，与这些海产并列的18世纪代表性国际商品，就是万胜号也大量运载的砂糖。当然，砂糖之前就已流通，但17世纪的制糖技术经过改良、传播，以及甘蔗作为单一作物（plantation）被大量栽培，因此摇身成为"世界商品"。砂糖是因应农业、经济政策和航海状况、饮食文化等多种条件而呈现出各种面貌的商品。例如琉球是一边生产、输出黑糖，一边输入白砂糖。在荷兰的长崎贸易中，砂糖被作为压舱商品。

还有，另一个可以表现出这个时代特征的是货币与铸造材料。第二部描述了17世纪国际交易的主角是白银，18世纪的新大陆银一直经马尼拉传入，但没多久就退居幕后，不再是当初横扫世界的当红商品，比重越来越小，取而代之的是大量铜钱的铸造。这种领域性更强的货币备受瞩目，因此各国需要的铜条和铜钱在17世纪后半期成为日本的主要输出品，由华人商船运到中国和东南亚，以及由荷兰东印度公司主要运到印度，均获得庞大利益。然而，德川政权担忧铜的流出而强化输出管制，日本铜的输出额在18世纪初达到顶点后就明显减少。对此，清朝开发云南的铜山等来勉强支撑，但问题并不容易解决。在18世纪中期的上海和乍浦，日本的宽永通宝（钱币）大量流入并直接流通。大半地区的"钱荒"（铜钱不足）要到18世纪后半期

1　宽政虾夷蜂起：1789年国后岛南部的国后地方发生大规模袭击和人事件，叛乱势力经阿伊努有力人士的说服而平息。《夷酋列像》是事件第二年在松前绘制的12位阿伊努有力人士的画像，作者蛎崎波响（1764—1826）也是松前氏的家老。

才平稳下来。

产业、贸易构造的重整与国产化的进展

要说明18世纪的东亚海域产业，就必须留意到商品作物的生产。其背景是在农业经营中，各地形成了以核心家庭或再加上祖父母的四到七人为基本单位的"小农社会"。

小农社会在中国形成是16世纪左右，在日本、朝鲜半岛则是17世纪左右，在越南是18世纪。随着小农社会的普及，适用于小农经营的农耕方法和农业技术，通过农书和农业专家等方式传播开来，同时剩余劳动力也投入到家庭代工等农家副业里；日本的家庭制度与汉人的宗族等家族、亲戚组织也演变成适合这种形态的样貌。其中，选择生产棉、桑、烟草、茶这些经济作物来作为本业而不再只是副业的地区也逐渐增加。在之前的时代已形成的流通网络，支撑着这些生产与地域间的分工模式。

在中国，18世纪地域间的分工、交易有了新的发展和重整。其中福建、广东专门生产砂糖、烟草等高附加价值的商品，台湾、广西作为腹地供应稻米谷物。即使如此，仍经常面临稻米不足的问题，因此越过南海从暹罗、越南输入稻米。18世纪前半期，山东是供给江南的大豆、豆渣的主要产地，在后半期则被大量汉人移居的辽东取代，后来连谷物也转移到华北各地栽培。这些产品通过内陆的河川流通路线运送，原本在明朝作用不大的东海—黄海—渤海的沿岸交易路线，在这一时期得到了充分利用。地域间分工有所进展、支撑分工现象的流通网相当

发达，两者的关系如同一对车轮，相辅相成。

在日本，就与国际贸易的关联性而言，这一时期不只开发出海产等输出品，也积极进行输入品的国产化、替代化。虽然海产的大量输出有效抑制了铜的流出，但生丝、砂糖、朝鲜半岛人参等这些国内调配困难的物品，仍要仰赖贸易取得，因此17世纪以来，不断致力于农产品的国内栽培与手工业制品的国产化。

努力的成果，是18世纪生丝和黑糖的国内生产，以及纺织品和棉制品的国产化。京都的西阵织和全国各地普遍使用砂糖做出的和菓子，就是最佳产物。朝鲜特产的昂贵的药用人参，也在将军吉宗的主导下进行了努力不懈的栽培，于1730年代终于成功在国内生产。东南亚产的苏木无法自产，故用红花作为代替的红色染料，18世纪红花栽培在各地普及。其中，联结最上川船运、日本海海运与纺织品产地京都的出羽，享保年间（1716—1736）的生产量占了全国四成。今天山形县也以红花为县花，可见一斑。东海的国际贸易呈现低迷，也是因受到日本和朝鲜商品国产化、替代化的很大影响。

在这里，也可看出东海和南海的不同样貌。南海在贸易总量上有大幅增长，但并没有进行特殊输入品的国产化、替代化。以绢和陶瓷器为首的中国制品持续大量输出到东南亚，使越南的绢和陶瓷器产业也失去了海外市场和国内高端市场。整体而言，东南亚地域是向中国大陆供应未加工产品的主要地方，也是中国制轻工业产品市场，由此形成的产业、贸易结构成为近代亚洲交易圈的原型。

人口的增加与移动——南海的"华人世纪"

为18世纪带来特色的一大动态，就是中国大陆的人口爆发。17世纪也是日本列岛和朝鲜半岛人口增加的时代，但到了18世纪中叶则进入停滞。相比之下，中国大陆的人口从17世纪末开始爆发，估算那时大约有1.5亿人，在100年后的18世纪末突破3亿人。1750年左右，日本大约有3000万人口，朝鲜有约700万人口，但清朝已多达1.9亿到2.2亿人，且几乎都是汉人。先前看到的产业结构重整，也与东海周边各个社会的人口动态有密切关系。

中国大陆的人口爆发为社会带来不可逆转的变化。增加的人口最初前往明末清初因战乱而荒废的地区，和一直以来未被开发的山间地带。在山间不适合栽培水稻、小麦的倾斜地带也种植了番薯和玉米等，这些原产南美的作物对人口增加发挥了很大作用。番薯在日本和朝鲜半岛也成为救荒作物，有助于维持人口。

海外的话，来自广东、福建的大量人口移居越南的湄公河三角洲和婆罗洲等南海各地的未开垦区域。这一时期移居海外的特征，比起之前以交易为目的，则是围绕农地开发和当地的劳动展开。故当地的职业有金矿和锡矿的劳工、在砂糖种植农场的农工、湄公河三角洲的开垦农民等，五花八门。但他们并非单纯的劳动力，其中也包括技术转移的现象。

像这样，在华人进出的背景里，未开发地区的"边境民"和入国管制严格的东海沿海各国存在不同的政治环境。与东海方面不同，缺乏形成"分栖共存"状态的"近世国家"伙伴，因此在事实上对海外移居放任不管的南海各地，这个时期华人社会纷纷出现，催生了近现代的华侨。相对于此，如上所述，东海的各政权都限制并禁止本国人民出国和与外国人的往来，可以说这种与近代国家的国民管理、出入境管理相通的经验，为东海周边各国的"近代"做好了准备。

如此一来，随着华人移民的扩大，南海沿岸各地的中华街迅速增加。当地华人社会是以自己的地缘、血缘关系而形成的，并非依靠政权。在当地的存在形态也很多元，有固守妈祖信仰等故乡文化的情况，也有像西班牙属菲律宾的麦士蒂索华人[1]那样改信天主教、被当地同化的现象。在中华街之中，暹罗湾沿岸地区宋卡（Songkhla）[2]的吴氏和河仙（Hà Tiên）[3]的郑氏等华人主导的港市，发展为半独立的政权。

华人的网络和经济影响力在南海一带普及开来，在衣食住和信仰等生活文化方面留下很大的影响，其中有很多是源自福建、广东这些中国东南沿海地区的庶民文化。但是，这几乎不被称为"中国化"。因为由"中国化"所联想到的以"四书五经"为代表的儒教等所谓高级文化，除了传统上接受中国文明影响的越南之外，并没有在南海各地区普及、扎根。这一点与

---

1 麦士蒂索华人：指华人和当地居民的混血儿。他们改信天主教，与当地的菲律宾社会同化和活动，18 世纪后成为对抗华人移民的社会、经济上的精英阶级。

2 宋卡：马来半岛东岸的商埠，18 世纪中期福建移民吴让的势力崛起，因交易带来繁荣，同时被暹罗任命为国王，建立朝贡国体制，掌握了政治、经济双方面的权力。

3 河仙：印度支那半岛南部的商埠。17 世纪末广东移民郑玖的势力兴起，在统治越南南部的广南阮氏底下扩大势力，也向清朝朝贡。

通过中国书籍积极吸收这个高级文化的日本和朝鲜形成了鲜明对比。

信息交流的印刷化

这个时期跨海往来的物品里，值得一提的是书籍。与前一个世纪相比，虽然这个时代在东海上往来、进出的四个"近世国家"的人和物品减少，但书籍的流通却相当兴盛，信息的移动范围反而扩大了许多。清朝治下以江南为首的各都市，通过海路和陆路向日本和朝鲜、琉球、越南方面传播了大量汉籍。

这个时代汉籍的最大买主，是和清朝没有建立正式邦交的日本。德川政权与各大名的政权，通过来航长崎的华商和唐通事贪婪地搜集汉籍。其中，在背后积极推进的是1716年继承德川宗家的八代将军吉宗。他的汉籍搜集有政策、有系统，从中可看出两个明确的企图。第一是为了科技的转移和实用化，吉宗在1720年放宽与基督教教义有关的书籍之外的书禁，允许输入和出版历法、天文学、数学、医学等自然科学类的书籍。吉宗还超乎寻常地热心于调查、收集药材和医书等朝鲜文物。配合兰学的成熟，这些累积的知识在19世纪后开花结果。以这些趋势为背景，18世纪的清朝考据学问具有代表性，考据并非竞相解释文本，而是要确立文本并进行严谨解读的学问，它在日本确立，并形成潮流。

第二是彻底钻研明、清法律与各种制度，其成果反映在政策上。吉宗为了制度、法制的研究，大量输入清朝的规章、法律书籍和方志，由寄合（指无特定官职）儒者进行翻译、研究。

作为中心的荻生北溪[1]和深见玄岱、有邻父子[2]翻译、研究《大清会典》[3]等，还根据华商的口述记录整理为《清朝探事》。于是不止《公事方御定书》等法制得以完善，更实施了诸国人数调（全国性的户口调查），以及根据国役普请制实施全国性的大规模河川整治工程等。吉宗的各项政策是拜这些信息流通的成果所赐。相隔70年再次参拜日光东照宫，借此名义大规模出巡，或许是从康熙帝下江南等事件中得到了启发。

还有，教训书《六谕衍义》[4]经儒者室鸠巢的摘要整理后，以道德教本《六谕衍义大意》在日本社会普及开来，这也不容忽视。这个文本由琉球儒者程顺则[5]从福州带来，再由萨摩的岛津吉贵——萨摩船的传兵卫所说的"松平大隅寺"、岛津继丰的父亲——献给吉宗将军。从此事中可见吉宗政策之一端，同时也知道从清朝流向日本的汉籍并不只有经长崎的一条路线。

值得一提的是，此时也有在中国难以获得的散佚书籍，经华商之手从日本回流到中国的例子。歙县出身的有名徽商、安

1　荻生北溪：1673—1754，荻生徂徕之弟，以寄合儒者身份为官，担任德川吉宗的智囊，在校订汉籍和清朝研究上留下重大研究成果。

2　深见玄岱、有邻父子：深见家为17世纪初从福建移民来的长崎唐通事家族。玄岱（1649—1722）受到赏识而被召到江户成为儒官。其子有邻（1691—1773）被提拔为书物奉行，是江户城内红叶山文库（将军家图书馆）的负责人。

3　《大清会典》：历经五次编纂的清朝国制总览，其康熙刊本（1690年刊）在享保年间被带到日本。

4　《六谕衍义》：《六谕》是明朝洪武帝在1397年为教化民众而颁布的六条教训，《六谕衍义》则是明末编纂的解说书。

5　程顺则：1663—1735，琉球的官员，又称为名护亲方（琉球王国的一个官阶）、名护圣人。他在清朝学习儒学，在琉球致力于儒学的教育、普及，擅长书法与汉诗，和日本、清朝的文人有交流。

徽省的大藏书家鲍廷博，收集珍贵典籍编纂的《知不足斋丛书》中收录了在中国大陆已散佚的《古文孝经孔氏传》《论语集解义疏》，这是由1770年代常常赴日的浙江商人汪鹏于长崎获得并带回中国的。

像这样的交流中有一件精彩的展开，那就是徂徕门下的山井鼎编纂、殁后由荻生北溪补订完成的《七经孟子考文补遗》被带入清朝宫廷，收录在钦定的重大丛书《四库全书》里。这是据足利学校保留下来的古抄本、刊本校勘了七种儒教经典，其中包含在中国大陆消失的内容，是非常贵重的成果。在日本盛行的唐刑法典注释书《唐律疏议》的校订、研究成果，也同样回流到北京宫廷里。因此可知，从长久以来大陆单向传入的文化传播，到此可说达到真正的"交流"。

从抄写到改编，再到成为"传统文化"

在日本，接受汉文典籍的重要特征是民间书店刊刻和刻本（在日本翻刻的汉籍）。当然，朝鲜和琉球的使节和留学生带入了许多汉籍，包括吉宗手上的《六谕衍义》，也是琉球朝贡使为了在本国推行汉语学习和风俗教化，在福州停留时请人印刷的。朝鲜的燕行使[1]在北京等地购入了大量汉籍与汉译西洋书籍，也从日本输入书籍，虽然为数不多，但有通信使带回的《和汉三

---

1 燕行使：朝鲜派遣到清朝，即前往燕京（北京的雅称）的使节。除每年年初固定的朝贡使之外，还有逢庆贺吊唁之际派遣的临时使节。许多相关人员留下被称为"燕行录"的游记、见闻录。

才图会》[1]等实用书籍。不过多数情况下，输入的汉籍只由部分官僚和学者抄写，以抄本的形式传承下去。相比起来，日本在17世纪已于京都等地的书店出版了很多和刻本汉籍。这些书并非单纯地复制，而是为了日本人的阅读方便加上训点、进行了重新编辑。其内容从经书、史书到随笔、文学，范围广泛。1711年朝鲜通信使来到日本，看到书店陈列着本国书籍的和刻本，感到相当惊讶，可知日本对于朝鲜书籍的输入和出版也一样贪婪。

相比汉籍信息靠训点本的刊行在知识分子之间广泛传播的17世纪，18世纪则是这些影响以各种形式深化的时代。书籍的大量输入，使更加多样的阶级接触到中国文化，但这些现象不能够称为"中国化"。因为抄写和改编本身，会随着接受者的文化体系产生不同的解读和变化。

18世纪的日本流行汉诗，与同时代的清朝和朝鲜并无任何关系，是列岛独自产生的文化本地化现象。而且，像这样的汉文化接受，是与古典文化的普及同时进行的。与17世纪的汉籍和刻本并行的有《古事记》《源氏物语》《徒然草》《太平记》等日本历史、法制、文学等方面的训点、注释、解说书等，甚至在18世纪，对这些"古典"进行滑稽化、讽刺化改编的作品也陆续诞生，并作为俳谐的题材而普及开来。

当时日本列岛的町和村中，曹操与足利尊氏，李白与西行（平安末、镰仓初期以和歌知名的僧人）、杨贵妃与小野小町等被放在同一个参照系里进行讨论。从寺子屋传出孩子朗诵《贞永

---

1 《和汉三才图会》：正确的称呼是《倭汉三才图会略》，寺岛良安编，1713年刊行。此书模仿明朝的《三才图会》，是绘制各式各样事物作为插图进行解说的图说百科辞典。

式目》[1]和《论语》的声音，热闹市集上讲释师[2]滔滔不绝地讲述诸
葛孔明和楠木正成的故事，但因"和""汉"区分显著，所以也
不至于出现"白乐天是日本人"等混淆两者的情况。如此一来，
18世纪列岛各地"古文"和"汉文"、"和样"和"唐样"并存
的"传统文化"也油然而生。

对海域交流的憧憬和警戒

在这个时代，如《国性爷合战》这样由海外信息、交流的记
忆交错而成的作品，在日本很受欢迎，其背景是此时代与过去各
种自立势力积极参与海域交流的时代之间产生了很大的落差。在
和"异国"接触的场所大幅减少的日本，许多人憧憬、渴望、好
奇的念头也越加强烈。作为外来文化的窗口，尤其是对文化人而
言，长崎当然成为圣地。"长崎诣"指文化人特地前往长崎与来
航的华人会面，以书面方式与华人进行的交流虽然在各种限制下
偷偷进行，但相当盛行。这种风气在全国蔓延，大阪木村蒹葭堂[3]
的文化沙龙就是充满异国信息和文物的地方。来过长崎的程赤城[4]

---

1 《贞永式目》：原称"御成败式目"，是在镰仓时代的贞永元年由执权北条
泰时所制定的武士政权法律。——译校注
2 讲释师：以讲述战记、武勇传记、复仇、侠客传等故事为业的说书人。——译注
3 木村蒹葭堂：1736—1802，大坂的文化人。他一边经营酿酒业，一边勤学，
文艺才能出众，而且搜集贵重的书画古董，并与全国的文人、名士交游，平户
的松浦静山是其之一。
4 程赤城：1770年代到1811年左右赴日的江苏商人，字赤城，名霞生，是赴日
的清人中具有代表性的存在。他与日本文人交流，并留下多本著作。1778年初
将《知不足斋丛书》带到日本的就是他。

的书迹制成的匾额在以九州为中心的日本各地均可找到。

因此外交使节的到来，是能与异国人接触的绝佳机会，民间学者、文化人乃至百姓都表现出强烈关心。在朝鲜通信使和琉球使节住宿的地方，当地文化人提出作汉诗唱和及题字的请求，队伍行经之处必引起大批百姓围观。特别是1748年和1764年的通信使一抵达九州，关于使节团的真真假假的信息就在上方和江户出版了，引起一阵旋风般的社会现象。还有，朝鲜通信使和琉球使节、荷兰商馆长队伍经过的地区，"唐人踊"和"唐人芝居"在祭祀典礼上重现，成为各地"传统文化"的一环。

从这一点来看，清朝和朝鲜呈现不同面貌。在清朝，基督教的传教士在北京宫廷里做官，欧洲商人停留在广州、澳门。本来，以满人为统治阶级的清朝本身由多样的族群构成，要注意的是就连明朝原有领地的汉人社会也并非铁板一块。18世纪，为了传教而潜入江南和四川的基督教传教士[1]们，能够自然地通行，不会被当作特别的怪事。这一点与假扮日本人企图潜入日本、却立即露出马脚的传教士西多契（Giovanni Sidotti）[2]的遭遇大相径庭。还有，朝贡使节等人在中国境内移动很寻常，但在日本格外引人注目。比起外国人，康熙帝、乾隆帝多次下江南巡幸更能引起社会上的兴趣和关注。

在朝鲜，倭馆内部因贸易等业务每天接触的日朝官员之间

1　清朝一开始是承认基督教的，但是18世纪禁止传教，宫廷里的传教士持续担任学术、技艺的顾问。即使在地方上，也不像日本随时进行严格的取缔。

2　西多契：1668—1714，意大利传教士，1708年想前往日本传教而在屋久岛上岸被捕，死于牢中。在江户审问他的新井白石以此为基础写成《采览异言》《西洋纪闻》。

也有可能建立深厚交谊，但在居留地以外，倭馆的日本人是被嫌恶的对象，一般民众向其掷石侮辱也不稀奇。因此看来，与朝鲜通信使在日本引起了围观热潮相比，朝鲜人对日本人的出现几乎是漠不关心的。

　　不管是憧憬和反感，能观察到这些反应的前提是存在着自我／他者区别意识和以此为表象的标签。这个时代在"分栖共存"的状态下，人与人直接的接触机会减少，于是外国人的形象就被概念化、刻板化，作为标签特点鲜明的有服装，还有以头发为代表的"毛"。在《国性爷合战》里，主角和藤内将投降的"鞑靼人"的发型从辫发改为日本人的丁髷，由这场面可知，对围绕东海的"近世国家"而言，发型和服装也是自我／他者区分的表象标签。因此在萨摩的传兵卫船上的两位琉球人，为了隐瞒日本船上有琉球人，才断发绑成日式的丁髷。

　　尤其在鲜少与外国人接触的日本，不只是对西洋人，对于邻近的汉人、朝鲜人，也倾向用他们的外表形象来做区分。例如鬓须浓密的"毛唐"（毛发浓密的唐人）这一形象在18世纪有扩大、深化的倾向。这样对"异国"的记号化，也是这个时代因为缺乏和真实人物的接触，只能够通过物品即书籍、绘画等吸收知识的交流方式的产物。

航海信仰的"本地化"和"近代化"

　　这个时期的海域交流特征也可以从航海信仰的面貌及其变化中观察到，从中国大陆出发的船舶所到之处，皆可看到航海神妈祖（天妃、天后）。琉球有祈求保佑和福州之间航海安全的天妃宫，南海的华人街中妈祖信仰也很兴盛。日本列岛中，华商在长崎兴建的唐寺和唐人屋敷里设有妈祖堂，入港的华船可以把船上的妈祖像暂存于此。而奉请船上妈祖到妈祖堂的"菩萨扬"（护送妈祖的队伍）充满了异国风情，成为18世纪长崎的特色。

另一方面，九州的萨摩和北关东的常陆（今茨城县东北部）等地，日本渔民和船员也祭拜妈祖。萨摩的妈祖祭拜的是从海上看很醒目的野间（Noma）山顶上名为娘妈（nouma）权现的神。深见玄岱于1706年在《娘妈山碑记》里写道，由于无法拯救哥哥而悔恨投海的妈祖，其遗骸漂抵岸边。这是改写自《天后显圣录》的作品。而常陆的妈祖信仰，据说是德川光圀受17世纪末从水户聘来的明僧东皋心越[1]的影响。这个地区的天妃被视为相当于龙宫的乙姬（龙王女儿），而在那珂凑和几原两座港口的小山上，兴建了名为"天妃妈祖权现社"的神社，夜晚则发挥灯塔的作用。常陆的妈祖信仰甚至沿海北上，在仙台湾的七滨和下北半岛的大间也建起天妃的神社。由此可知，起源中国的妈祖信仰在日本出现了"本地化"。

不只如此，妈祖也与日本的神并列，在船舶领域的传统文化中担任一角。在日本，自古有把作为船魂的钱等物品封入船中的造船仪式，将此作为船的守护神而开始神格化的船玉神在18世纪普及开来。船主和其下的船员之间年初订立契约仪式的船祝之宴，也在此神像前进行，并成为惯例。船玉神有时也被视为相当于住吉神和猿田彦神等的日本神，但在相信此神为女性的船员们的支持下，祭拜妈祖的做法开始普及。

---

1 东皋心越：1639—1696，浙江金华出身的曹洞宗高僧，1677年来到长崎，1683年在德川光圀邀请下来到水户，向江户的佛教界传授明朝的仪礼作法。

　　另一方面，这个时期出现的"内"和"外"的区别意识，到19世纪也反映在妈祖信仰的变迁上。1793年访问大间的菅江真澄[1]提到"这里的天妃跟日本的猿田彦同样尊贵，没有差别"，但进入19世纪，也出现了"船玉神是三韩征伐时守护神功皇后之船的住吉三神，不接受关于天妃的民间说法"（《百露草》）这样的想法。1829年成为水户藩主的德川齐昭[2]，认为祭拜那珂凑等地的天妃是"卑俗"而对其加以非难，没收神像，把祭神换成日本武尊之妻弟橘媛。之后在明治维新前后，娘妈权现被以琼琼杵尊为祭神的野间神社代替，大间的天妃权现也被废社。这样，在国家主义意识的崛起过程中，妈祖被《日本书纪》体系中的神取代，身影隐藏起来。这是包含海域交流各种渊源的"传统文化"，和想用单一价值体系对文化进行规格化改编的这种"近代化"动态之间所产生的矛盾局面。

　　另一方面，在妈祖的本家中国，来自欧美各国的外在压力加大，妈祖作为国家守护神的重要性提高了。1870年在同治帝宫廷制作的《天后圣母圣迹图志》里，增补了从宋到清许多国家层面的灵验事迹。在1880年代后半期，集结了英国和德国制新锐船舰的北洋舰队，也在舰艇的舰桥上设立安奉"天上圣母（妈祖）之神位"的壮丽神祠。

1　菅江真澄：1754—1829，三河出身的国学家、旅行家。他跟随贺茂真渊的弟子植田义方学习，自1783年起，到访东北各地长达40多年，并留下许多游记、记录。

2　德川齐昭：1800—1860，是御三家之一水户德川家的当主，也是最后的将军庆喜之生父。他致力于藩政改革，但因强行实施神佛分离等而引起反弹，被迫隐居；之后也参与幕政，因与大老井伊直弼对立而遭处分。

作为"边界"的海——走向"分道扬镳"的时代

还有一个特征正好可以说明接下来的时代变化，就是通过这一时期，海被视为"边界"的认知逐渐成形，与之互为表里的是"外国"的概念也日益明晰。这个问题不是在东海和南海尖锐起来的，而是在北方的海。

到了18世纪，朝鲜从之前的空岛政策改为设镇政策。其背景之一是随着清朝解除海禁，黄海成为中国大陆渔船和海盗船的跳板；另一个是在和平环境下随着人口增加和商业活跃，需要向岛屿展开移居和开发。于是不采取岛屿无人化的手段来铲除不安要素，而是以商人、渔民的往来、居住为前提，设镇监督，积极管理。在这个过程中，没过多久，就围绕日本海上的竹岛、郁陵岛和日本之间产生了问题[1]。

而在北方的鄂霍次克海方面，俄罗斯也以新选手的姿态加入，到了18世纪后半期，用在其足迹所及的岛屿上立碑等方式来宣示"主权"。环绕东海的地区原本维持着"分栖共存"的状态，别无问题，但北方边界自古以来是以面而非以线划定，因此这里的"主权"就成为棘手问题。

顺应这些趋势，日本也在18世纪末以后，派出最上德内[2]、

---

1 关于竹岛、郁陵岛问题：围绕隐岐岛西北方两岛的问题。17世纪时，现在的竹岛被称为松岛，郁陵岛被称为竹岛。因为在郁陵岛（当时的竹岛）与朝鲜渔民有接触，故日方禁止日本人前往郁陵岛。日本不承认竹岛（松岛）为朝鲜领土，在1905年将其正式编入日本领土，因"二战"后被韩国占领而产生争议。
2 最上德内：1755—1836，出羽人，在江户向本多利明学习天文、航海、测量。1785年以后奉幕府之命到虾夷地、千岛、桦太（库页岛）方面探险。

近藤重藏[1]、间宫林藏[2]等人根据政权的意向考察北方。他们的功绩绝非单纯基于个人动机的探险而已，其成果填补了空白的地图，也记录了区分自我/他者领域的分界线和地名，标示海域和岛屿归属于谁。

　　其中具象征性的是接近18世纪末的1798年，奉幕府命令到千岛群岛、择捉岛探险的近藤重藏和最上德内，在择捉岛上树立了"大日本惠土吕府"的标柱。时代也从彼此默认的"分栖共存"的近世，进入"分道扬镳"的近代。海域上彼此划清界限，并成为各国明争暗斗的场所。

1　近藤重藏：1771—1829，江户出身的幕臣，名守重，号正斋，1798年成为松前虾夷地公务执行人，前往千岛方面探险。
2　间宫林藏：1775—1844，常陆人，向伊能忠敬学习测量，到虾夷地测量。1808年他与松田传十郎共同探险桦太（库页岛），确认桦太为一座岛屿，间宫海峡则是以他的名字来命名的。

参考文献

◇　前言

安達裕之《日本の船》(和船編)，船の科学館，1998 年

岩生成一《朱印船貿易史の研究 新版》，吉川弘文館，1985 年

山形欣哉《歴史の海を走る——中国造船技術の航跡》，農山漁
　　村文化協会，2004 年

◇　第一部

〔日文〕

相田二郎《中世の関所 (復刻増補版)》，有峰書店，1972 年

荒野泰典ほか編《アジアのなかの日本史》一—六，東京大学
　　出版会，1992—1993 年

池内宏《元寇の新研究》，東洋文庫，1931 年

池端雪浦ほか編《東南アジア古代国家の成立と展開》(岩波講

座東南アジア史二），岩波書店，2001 年

イブン・バットゥータ（イブン・ジュザイイ編、家島彦一訳註）
《大旅行記》一一八，平凡社東洋文庫，1996—2002 年

植松正 "元代の海運万戸府と海運世家"《京都女子大学大学院
文学研究科研究紀要》史学編三，2004 年

榎本渉 "初期日元貿易と人的交流"《長江流域の宋代——社会
経済史の視点から》汲古書院，2006 年

榎本渉《東アジア海域と日中交流——九一一四世紀》吉川弘
文館，2007 年

榎本渉《僧侶と海商たちの東シナ海》講談社選書メチエ，
2010 年

太田弘毅《蒙古襲来——その軍事史的研究》錦正社，1997 年

大庭康時ほか編《中世都市・博多を掘る》海鳥社，2008 年

岡田英弘 "元の恵宗と済州島"《モンゴル帝国から大清帝国へ》
藤原書店，2010 年

尾崎貴久子 "元代の日用類書《居家必用事類》にみえる回回
食品"《東洋学報》八八一三，2007 年

愛宕松男《中国社会文化史》（愛宕松男東洋史学論集二）三一
書房，1987 年

川添昭二 "鎌倉中期の対外関係と博多"《九州史学》八八、
八九、九〇，1987 年

川添昭二 "鎌倉初期の対外交流と博多"《鎖国日本と国際交流》
吉川弘文館，1988 年

川添昭二 "鎌倉末期の対外関係と博多"《鎌倉時代文化伝播の
研究》吉川弘文館，1993 年

北村秀人"高麗時代の漕倉制について"旗田巍先生古稀記念
　　会編《朝鮮歴史論集（上）》龍渓書舎，1979年

木下尚子ほか《一三――一四世紀の琉球と福建》平成十七―
　　二十年度科学研究費補助金基盤研究（A）（2）研究成果報告
　　書，2009年

金文京、玄幸子、佐藤晴彦（訳註）、鄭光（解説）《老乞大――
　　朝鮮中世の中国語会話読本》平凡社東洋文庫，2002年

桑原隲蔵《蒲寿庚の事蹟》平凡社東洋文庫，1989年

木宮泰彦《日華文化交流史》冨山房，1955年

佐伯弘次《モンゴル襲来の衝撃》（日本の中世九）中央公論新
　　社，2003年

佐伯弘次"鎮西探題・鎮西管領と東アジア"《から船往来――
　　日本を育てたひと・ふね・まち・こころ》中国書店，2009年

佐々木銀弥《日本中世の流通と対外関係》吉川弘文館，1994年

斯波義信《宋代商業史研究》風間書房，1968年

斯波義信"綱首・綱司・公司――ジャンク商船の経営をめぐ
　　って"森川哲雄、佐伯弘次編《内陸圏・海域圏交流ネット
　　ワークとイスラム》九州大学21世紀COEプログラム（人文
　　科学）"東アジアと日本――交流と変容"，2006年

新城常三《中世水運史の研究》塙書房，1994年

須川英徳"高麗後期における商業政策の展開――対外関係を
　　中心に"《朝鮮文化研究》四，1997年

杉山正明《クビライの挑戦》朝日選書，1995年

出川哲朗ほか編《アジア陶芸史》昭和堂，2001年

中島楽章"鷹島海底遺跡出土の南宋殿前司をめぐる文字資料"

《鷹島海底遺跡八——長崎北松浦郡鷹島町神崎港改修工事に
　伴う発掘調査概報二》長崎縣鷹島町教育委員會，2003 年

南基鶴《蒙古襲来と鎌倉幕府》臨川書店，1996 年

深見純生 "元代のマラッカ海峡 —— 通路か拠点か"《東南ア
　ジア——歴史と文化》三十三，2004 年

深見純生 "ターンブラリンガの発展と一三世紀東南アジアの
　コマーシャルブーム"《国際文化論集》（桃山学院大学総合
　研究所）三四，2006 年

藤田明良 "'蘭秀山之亂' と東アジアの海域世界——一四世紀
　の舟山群島と高麗・日本"《歴史学研究》六九八，1997 年

藤田豊八《東西交渉史の研究——南海篇》岡書院，1932 年

ポーロ、マルコ（愛宕松男訳註）《東方見聞録》一、二，平凡
　社東洋文庫，1970、1971 年

前田元重 "金沢文庫古文書にみえる日元交通史料——称名寺
　僧俊如房の渡唐をめぐって"《金沢文庫研究》二四九、二五
　〇，1978 年

桝屋友子《すぐわかるイスラームの美術——建築・写本芸
　術・工芸》東京美術，2009 年

宮紀子 "Tanksūq nāamah の《脈訣》原本を尋ねて——モンゴ
　ル時代の書物の旅" 窪田順平編《ユーラシア中央域の歴史
　構図—— 一三— 一五世紀の東西》総合地球環境学研究所，
　2010 年

向正樹 "蒲寿庚軍事集団とモンゴル海上勢力の台頭"《東洋学
　報》八九—三，2007 年

向正樹 "クビライ朝初期南海招諭の実像——泉州における軍

事・交易集団とコネクション"《東方学》一一六，2008年

向正樹"モンゴル治下福建沿海部のムスリム官人層"《アラ
　　ブ・イスラム研究》七，2009年

向正樹"元朝初期の南海貿易と行省——マングタイの市舶行
　　政関与とその背景"《待兼山論叢》四三（史学），2009年

村井章介《アジアのなかの中世日本》校倉書房，1988年

村井章介《中世の国家と在地社会》校倉書房，2005年

村上正二《モンゴル帝国史研究》風間書房，1993年

桃木至朗編《海域アジア史研究入門》岩波書店，2008年

森克己《新編森克己著作集》一一三，勉誠出版，2008—2010年

森平雅彦"高麗における元の站赤——ルートの比定を中心に"
　　《史淵》一四一，2004年

森平雅彦《モンゴル帝国の覇権と朝鮮半島》（世界史リブレッ
　　ト九九）山川出版社，2011年

森安孝夫"日本に現存するマニ教絵画の発見とその歴史的背
　　景"《内陸アジア史研究》二五，2010年

家島彦一《海が創る文明——インド洋海域世界の歴史》朝日
　　新聞社，1993年

家島彦一《海域から見た歴史——インド洋と地中海を結ぶ交
　　流史》名古屋大学出版会，2006年

山内晋次"日宋貿易の展開"加藤友康編《摂関政治と王朝文化》
　　（日本の時代史六）吉川弘文館，2002年

山内晋次《奈良平安朝の日本とアジア》吉川弘文館，2003年

山内晋次《日宋貿易と"硫黄の道"》（日本史リブレット七五）
　　山川出版社，2009年

四日市康博"元朝宮廷における交易と廷臣集団"《早稲田大学大学院文学研究科紀要》四五—四，2000年

四日市康博"元朝の中売宝貨——その意義および南海交易・オルトクとの関わりについて"《内陸アジア史研究》一七，2002年

四日市康博"元朝南海交易経営考——文書行政と銭貨の流れから"《九州大学東洋史論集》三四，2006年

四日市康博"元朝斡脱政策にみる交易活動と宗教活動の諸相——附《元典章》斡脱関係条文訳註"《東アジアと日本——交流と変容》三，2006年

四日市康博《モノから見た海域アジア史——モンゴル——宋元時代のアジアと日本の交流》九州大学出版会，2008年

和島芳男《中世の儒学》吉川弘文館，1965年

和田久徳"東南アジアにおける初期華僑社会（九六〇——二七九）"《東洋学報》四二——一，1959年

〔中文〕

王赛时《山东沿海开发史》齐鲁书社，2005年

高荣盛"元代海运试析"《元史及北方民族史研究集刊》七，1983年

高荣盛《元代海外贸易研究》四川人民出版社，1998年

陈高华《元史研究新论》上海社会科学院出版社，2005年

陈高华、吴泰《宋元时期的海外贸易》天津人民出版社，1981年

〔韩文〕

金日宇《高丽时代耽罗史研究》新书苑，2000年

东北亚历史财团、庆北大学韩中交流研究院编《一三——一四世纪高丽—蒙古関系探究》东北亚历史财团，2011年

东北亚历史财团、韩日文化交流基金编《蒙古侵略高丽、日本与韩日関系》景仁文化社，2009年

尹龙爀《高丽三别抄的对蒙抗争》一志社，2000年

李康汉 "关于元—日之间交易船来访高丽形态的探讨"《海洋文化财产》一，2008年

《韩国史》一九—二一，国史编纂委员会，1994—1996年

◇　第二部

〔日文〕

青木康征《南米ポトシ銀山》中公新書，2000年

アブー＝ルゴド・ジャネット・L（佐藤次高ほか訳）《ヨーロッパ覇権以前——もうひとつの世界システム》（上、下）岩波書店，2010年

網野徹哉《インカとスペイン帝国の交錯》（興亡の世界史一二）講談社，2008年

荒川浩和《南蛮漆芸》美術出版社，1971年

荒木和憲《中世対馬宗氏領国と朝鮮》山川出版社，2007年

有馬成甫《火砲の起原とその伝流》吉川弘文館，1962年

伊川健二《大航海時代の東アジア——日欧通交の歴史的前提》吉川弘文館，2007年

生田滋《大航海時代とモルッカ諸島——ポルトガル、スペイン、

テルテナ王国と丁字貿易》中公新書，1998年

池端雪浦編《東南アジア史二　島嶼部》（新版世界各国史六）
　　山川出版社，1999年

石澤良昭、生田滋《東南アジアの伝統と発展》（世界の歴史
　　一三）中央公論新社，1998年

石原道博《倭寇》吉川弘文館，1964年

伊藤幸司《中世日本の外交と禅宗》吉川弘文館，2002年

伊藤幸司“中世後期外交使節の旅と寺”中尾堯編《中世の寺
　　院体制と社会》吉川弘文館，2002年

井上進《中国出版文化史》名古屋大学出版会，2002年

猪熊兼樹“館蔵《大航海時代の工芸品》に関する小考”《東風
　　西声》二，2006年

岩井茂樹“十六・十七世紀の中国辺境社会”小野和子編《明
　　末清初の社会と文化》京都大学人文科学研究所，1996年

岩井茂樹“十六世紀中国における交易秩序の模索”岩井茂樹
　　編《中国近世社会の秩序形成》京都大学人文科学研究所，
　　2004年

岩井茂樹“明代中国の礼制覇権主義と東アジアの秩序”《東洋
　　文化》八五，2005年

岩井茂樹“帝国と互市”　籠谷直人、脇村孝平編《帝国とアジ
　　ア・ネットワーク——長期の一九世紀》世界思想社，2009年

岩生成一《南洋日本町の研究》岩波書店，1966年

上里隆史“古琉球・那覇の‘倭人’居留地と環シナ海世界”《史
　　学雑誌》一一四—七，2005年

上田信《トラが語る中国史——エコロジカル・ヒストリーの可

能性》山川出版社，2002年

上田信《海と帝国——明清時代》（中国の歴史九）講談社，
　2005年

ウォーラーステイン、イマニュエル（川北稔訳）《近代世界シ
　ステム——農業資本主義と“ヨーロッパ世界経済”の成立》
　岩波書店，1981年

宇田川武久《東アジア兵器交流史の研究》吉川弘文館，1993年

宇田川武久《戦国水軍の興亡》平凡社新書，2002年

江嶋壽雄《明代清初の女直史研究》中国書店，1999年

榎一雄《商人カルレッティ》大東出版社，1984年

大木康《明末江南の出版文化》研文出版，2004年

大田由紀夫 “一五——一六世紀の東アジア経済と貨幣流通”《新
　しい歴史学のために》二七九号，2011年

岡美穂子《商人と宣教師　南蛮貿易の世界》東京大学出版会，
　2010年

岡田譲《南蛮工芸》（日本の美術八五）至文堂，1973年

岡本隆司 “朝貢と互市と海関”《史林》九〇—五，2007年

岡本弘道《琉球王国海上交渉史研究》榕樹書林，2010年

岡本良知《改訂増補　十六世紀日欧交通史の研究》六甲書房，
　1942年

長節子《中世日朝関係と対馬》吉川弘文館，1987年

長節子《中世国境海域の倭と朝鮮》吉川弘文館，2002年

小野和子《明季党社考——東林党と復社》同朋舎出版，1996年

鹿毛敏夫《戦国大名の外交と都市・流通》思文閣出版，2006年

鹿毛敏夫編《戦国大名大友氏と豊後府内》高志書院，2008年

鹿毛敏夫《アジアン戦国大名大友氏の研究》吉川弘文館，
　　2011年

勝俣鎮夫"中世の海賊とその終焉"《戦国時代論》岩波書店，
　　1996年

金谷匡人《海賊たちの中世》吉川弘文館，1998年

紙屋敦之《幕藩制国家の琉球支配》校倉書房，1990年

川瀬一馬《古活字版之研究》（増補版）Antiquarian Booksellers
　　Association of Japan，1967年

韓国図書館学研究会編《韓国古印刷史》同朋舎，1978年

岸田裕之《大名領国の経済構造》岩波書店，2001年

岸本美緒《清代中国の物価と経済変動》研文出版，1997年

岸本美緒"東アジア・東南アジア伝統社会の形成"岸本美緒
　　編《東アジア・東南アジア伝統社会の形成》（岩波講座世界
　　歴史一三）岩波書店，1998年

岸本美緒《東アジアの"近世"》（世界史リブレット一三）山
　　川出版社，1998年

岸本美緒、宮島博史《明清と李朝の時代》（世界の歴史一二）
　　中央公論新社，2008年

北島万次《豊臣秀吉の朝鮮侵略》吉川弘文館，1995年

鬼頭宏《人口から読む日本の歴史》講談社学術文庫，2000年

久田松和則《伊勢御師と旦那——伊勢信仰の開拓者たち》弘
　　文堂，2004年

久芳崇《東アジアの兵器革命——十六世紀中国に渡った日本
　　の鉄砲》吉川弘文館，2010年

黒田明伸《貨幣システムの世界史——〈非対称性〉をよむ》

岩波書店，2003年

合田昌史《マゼラン——世界分割を体現した航海者》京都大
　学学術出版会，2006年

小葉田淳《中世日支通交貿易史の研究》刀江書院，1941年

小葉田淳《改訂増補　日本貨幣流通史》刀江書院，1942年

小葉田淳《金銀貿易史の研究》法政大学出版局，1976年

小林宏光《中国の版画》（世界美術叢書四）東信堂，1995年

佐伯弘次 "一六世紀後期倭寇の活動と対馬宗氏" 中村質編《鎖
　国と国際関係》吉川弘文館，1997年

佐伯弘次《対馬と海峡の中世史》（日本史リブレット七七）山
　川出版社，2008年

佐伯弘次 "博多商人神屋寿禎の実像" 九州史学研究会編《境
　界からみた内と外》岩田書院，2008年

坂本満、吉村元雄《南蛮美術》（日本の美術三四）小学館，
　1974年

佐久間重男《日明関係史の研究》吉川弘文館，1992年

桜井英治 "山賊・海賊と関の起源"《日本中世の経済構造》岩
　波書店，1996年

桜井由躬雄《前近代の東南アジア》放送大学教育振興会，
　2006年

サントリー美術館ほか編《BIOMBO（ビオンボ）屏風　日本
　の美展》日本経済新聞社，2006年

菅谷成子 "スペイン領フィリピンの成立" 石井米雄編《東南
　アジア近世の成立》（岩波講座東南アジア史三）岩波書店，
　2001年

鈴木恒之 "東南アジアの港市国家" 前掲《東アジア・東南ア
　ジア伝統社会の形成》岩波書店，1998年

関周一《中世日朝海域史の研究》吉川弘文館，2002年

錢存訓《中国の紙と印刷の文化史》法政大学出版局，2007年

高橋公明 "十六世紀の朝鮮・対馬・東アジア海域" 加藤榮一、
　北島万次、深谷克己編《幕藩制国家と異域・異国》校倉書房，
　1989年

高良倉吉《琉球王国》岩波新書，1993年

武野要子《藩貿易史の研究》ミネルヴァ書房，1979年

田名真之 "古琉球の久米村"《新琉球史　古琉球編》琉球新報社，
　1991年

田中健夫《倭寇——海の歴史》講談社学術文庫，2012年

田中健夫《東アジア通交圏と国際認識》吉川弘文館，1997年

玉永光洋、坂本嘉弘《大友宗麟の戦国都市・豊後府内》新泉社，
　2009年

檀上寛 "明初の海禁と朝貢——明朝専制支配の理解に寄せて"
　森正夫ほか編《明清時代史の基本問題》汲古書院，1997年

檀上寛 "明代海禁概念の成立とその背景——違禁下海から下
　海通番へ"《東洋史研究》六三—二，2004年

檀上寛 "明代'海禁'の実像——海禁＝朝貢システムの創設
　とその展開" 歴史学研究会編《港町と海域世界》青木書店，
　2005年

津野倫明《長宗我部氏の研究》吉川弘文館，2012年

鄭樑生《明・日関係史の研究》雄山閣出版，1985年

天理図書館編《キリシタン版の研究》天理図書館，1973年

長澤規矩也《図解和漢印刷史》汲古書院，1976年

中島楽章"十六・十七世紀の東アジア海域と華人知識層の移動——南九州の明人医師をめぐって"《史学雑誌》一一三——二，2004年

中島楽章"ポルトガル人の日本初来航と東アジア海域交易"《史淵》一四二，2005年

中島楽章"十六世紀末の福建——フィリピン—九州貿易"《史淵》一四四，2007年

中島楽章"十六世紀末の九州—東南アジア貿易——加藤清正のルソン貿易をめぐって"《史学雑誌》一一八—八，2009年

中島楽章"ポルトガル人日本初来航再論"《史淵》一四六，2009年

中島楽章"銃筒から仏郎機銃へ——十四—十六世紀の東アジア海域と火器"《史淵》一四八，2011年

中島楽章"ルーベンスの描いた朝鮮人——十六・十七世紀における東アジア人のディアスポラ"森平雅彦ほか編《東アジア世界の交流と変容》九州大学出版会，2011年

中島楽章"十四—十六世紀、東アジア貿易秩序の変容と再編——朝貢体制から一五七〇年システムへ"《社会経済史学》七六—四，2011年

永原慶二《内乱と民衆の世紀》（大系日本の歴史六）小学館，1992年

二階堂善弘"海神・伽藍神としての招宝七郎大権修利"《白山中国学》一三，2007年

灰野昭郎《漆工（近世編）》（日本の美術二三一）至文堂，1985年

萩原淳平《明代蒙古史研究》同朋舎出版，1980年

橋本雄"撰銭令と列島内外の銭貨流通"《出土銭貨》九，1998年

橋本雄"遣明船の派遣契機"《日本史研究》四七九，2002年

橋本雄《中世日本の国際関係——東アジア通行圏と偽使問題》
　　吉川弘文館，2005年

浜下武志《朝貢システムと近代アジア》岩波書店，1997年

坂野正高《近代中国政治外交史——ヴァスコ・ダ・ガマから
　　五四運動まで》東京大学出版会，1973年

日高薫《異国の表象　近世輸出漆器の想像力》ブリュッケ，
　　2008年

日高薫"異国へ贈られた漆器——天正遣欧使節の土産物"《国
　　立歴史民俗博物館研究報告》一四〇，2008年

ヒル、ファン（平山篤子訳）《イダルゴとサムライ——
　　一六・一七世紀のイスパニアと日本》法政大学出版局，
　　2002年

ピレス、トメ（生田滋ほか訳）《東方諸国記》岩波書店，1966年

弘末雅士《東南アジアの港市世界——地域社会の形成と世界
　　秩序》岩波書店，2004年

フェーブル、リュシアン／マルタン、アンリ＝ジャン（関根
　　素子ほか訳）《書物の出現》筑摩書房，1987年

深瀬公一郎"十六・十七世紀における琉球・南九州海域と海商"
　　《史観》一五七冊，2007年

藤木久志《豊臣平和令と戦国社会》東京大学出版会，1985年

藤木久志《新版　雑兵たちの戦場》朝日選書，2005年

藤本幸夫"印刷文化の比較史"荒野泰典ほか編《文化と技術》

（アジアのなかの日本史六）東京大学出版会，1993年

フリン、デニス（秋田茂、西村雄志編）《グローバル化と銀》山川出版社，2010年

洞富雄《鉄砲——伝来とその影響》思文閣出版，1991年

真栄平房昭"一六——一七世紀における琉球海域と幕藩制支配"《日本史研究》五〇〇，2004年

三鬼清一郎"朝鮮役における水軍編成について"《名古屋大学文学部二十周年記念論集》名古屋大学文学部，1969年

宮嶋博史"東アジア小農社会の形成"溝口雄三ほか編《長期社会変動》（アジアから考える六）東京大学出版会，1994年

村井章介《中世倭人伝》岩波新書，1993年

村井章介《海から見た戦国日本——列島史から世界史へ》ちくま新書，1997年

村井章介"倭寇とはだれか"《東方学》一一九，2010年

桃木至朗編《海域アジア史研究入門》岩波書店，2008年

森上修、山口忠男"慶長勅版《長恨歌琵琶行》について(上)——慶長勅版の植字組版技法を中心として"《ビブリア》九五，1990年

森上修"慶長勅版《長恨歌琵琶行》について（下）——わが古活字版と組立式組版技法の伝来"《ビブリア》九七，1991年

モルガ、アントニオ・デ（神吉敬三、箭内健次訳）《フィリピン諸島誌》岩波書店，1966年

山内譲《海賊と海城——瀬戸内の戦国史》平凡社選書，1997年

山内譲《中世瀬戸内海地域史の研究》法政大学出版局，1998年

山崎岳"巡撫朱紈の見た海"《東洋史研究》六二——一，2003年

山崎岳 "江海の賊から蘇松の寇へ"《東方学報》(京都) 八一冊、
　　京都大学人文科学研所，2007年

山崎岳 "朝貢と海禁の論理と現実——明代中期の '奸細' 宋
　　素卿を題材として" 夫馬進編《中国東アジア外交交流史の
　　研究》京都大学学術出版会，2007年

山崎岳 "舶主王直功罪考——《海寇議》とその周辺"《東方学報》
　　(京都) 八五，2010年

山崎剛《海を渡った日本漆器一 (一六・一七世紀)》(日本の
　　美術四二六) 至文堂，2001年

弓場紀知《青花の道——中国陶磁器が語る東西交流》NHKブ
　　ックス，2008年

米谷均 "豊臣政権期における海賊の引き渡しと日朝関係"《日
　　本歴史》六五〇，2002年

米谷均 "後期倭寇から朝鮮侵略へ" 池享編《天下統一と朝鮮
　　侵略》(日本の時代史一三) 吉川弘文館，2003年

李献璋 "嘉靖年間における浙海の私商及び舶主王直行蹟考
　　(上・下)"《史学》三四——一・二，1961年

リード、アンソニー (平野秀秋、田中優子訳)《大航海時代の
　　東南アジアI・II》法政大学出版局，1997、2002年

六反田豊 "十五・十六世紀朝鮮の '水賊' ——その基礎的考察"
　　森平雅彦編《中近世の朝鮮半島と海域交流》(東アジア海域
　　叢書一四) 汲古書院，2013年

和田博徳 "明代の鉄砲伝来とオスマン帝国——神器譜と西域
　　土地人物略"《史学》三一——一、二、三、四，1958年

〔中文〕

王兆春《中国火器史》军事科学出版社，1991年

黄一农"红夷炮与明清战争"《清华学报》新二六卷第一期，
　1996年

晁中辰《明代海禁与海外贸易》人民出版社，2005年

郑永常《来自海洋的挑战——明代海贸政策演变研究》稻乡出
　版社，2004年

邱炫煜《明帝国与南海诸番国关系的演变》兰台出版社，1995年

万明《中国融入世界的步履——明与清前期海外政策比较研究》
　社会科学文献出版社，2000年

万明《中葡早朝关系史》社会科学文献出版社，2001年

李云泉《朝贡制度史论——中国古代对外关系体制研究》新华
　出版社，2004年

李金明《明代海外贸易史》中国社会科学出版社，1990年

李庆新《明代海外贸易制度》社会科学出版社，2007年

刘旭《中国古代火药火器史》大象出版社，2004年

〔英语〕

Atwell, Willam S.,"Ming China and Emerging World Economy, c.1470-
　1650", *Cambridge History of China*, Vol.8, Cambridge University Press,
　1998.

Atwell, Willam S., "Time, Money, and the Weather: Ming China and the
　'Great Depression' of the Mid-Fifteenth Century", *The Journal of Asian
　Studies*, 61-1, 2002

Blair, Emma Helen and Robertson, James A. eds., *The Philippine Islands,*

1493-1803, Cleveland: A. H. Clark, 1903-1909.

Boxer, Charles R., *The Great Ship from Amacon: Annals of Macao and Old Japan Trade, 1555-1640.* Lisbon: Centro de Estudos Historicos Ultramarinos, 1959.

Carletti, Francesco (trans. by Herbert Weinstock), *My Voyage around the World,* New York: Pantheon Books, 1964.

Fairbank, John King ed., *The Chinese World Order; Traditional China's Freign Relations,* Cambridge Mass.: Harvard University Press, 1968.

Impey, Oliver and Jörg, Christiaan, *Japanese Export Lacquer 1580-1850,* Amsterdam: Hotei, 2005.

Needham, Joseph, *Science and Civilization in China, Vol.5: Chemistry and Chemical Technology, Pt.7: Military Technology; The Gunpowder Epic,* Cambridge: Cambridge University Press, 1986.

Ptak, Roderich,"Ming Maritime Trade to Southeast Asia, 1368-1567: Visions of a 'System'",In Roderich Ptak, *China, the Portuguese, and the Nangyang: Oceans and Routes, Regions and Trade(c.1000-1600).* Aldershot: Ashugate Publishing Limited, 2003.

Reid, Anthony, *Southeast Asia in the Age of Commerce, 1450-1680, vol. 1-2*: New Haven: Yale University Press, 1988, 1993.

Sousa, Lucio de, *Early European Presence in China, Japan, the Philipines and South-East Asia 1550-1590: the Life of Bartolomeo Landeiro,* Macao: Macao Foundation, 2010.

Souza, George Bryan, *The Survival of Empire: Portuguese Trade and Society in China and the South China Sea 1630-1754,* Cambridge: Cambridge University Press, 1986.

Von Glahn, Richard, *Fountain of Fortune: Money and Monetary Policy in China, 1000-1700*, Berkeley: University of California Press, 1996.

◇第三部

〔日文〕

赤嶺守《琉球王国——東アジアのコーナーストーン》講談社選書メチエ，2004年

赤嶺守監訳、河宇鳳ほか共著《朝鮮と琉球——歴史の深淵を探る》榕樹書林，2011年（原著1999年）

安達裕之《異様の船——洋式船導入と鎖国体制》平凡社，1995年

荒野泰典《近世日本と東アジア》東京大学出版会，1988年

荒野泰典編《江戸幕府と東アジア》（日本の時代史一四）吉川弘文館，2003年

荒野泰典、石井正敏、村井章介編《近世的世界の成熟》（日本の対外関係六）吉川弘文館，2010年

池内敏《大君外交と"武威"——近世日本の国際秩序と朝鮮観》名古屋大学出版会，2006年

池田晧編《日本庶民生活資料集成》五，三一書房，1968年

池端雪浦編《東南アジア史二　島嶼部》（新版世界各国史六）山川出版社，1999年

石井研堂編《異国漂流奇譚集》福永書店，1927年

岩井茂樹"帝国と互市：一六—一八世紀東アジアの通交"籠谷直人、脇村孝平編《帝国とアジア・ネットワーク——長期の一九世紀》世界思想社，2009年

岩井茂樹 "朝貢と互市"《東アジア世界の近代》(岩波講座東アジア近現代通史一) 岩波書店，2010年

岩下哲典、真栄平房昭編《近世日本の海外情報》岩田書院，1997年

上田信《海と帝国——明清時代》(中国の歴史九) 講談社，2005年

榎一雄編《西欧文明と東アジア》(東西文明の交流五) 平凡社，1971年

大庭脩《漢籍輸入の文化史——聖徳太子から吉宗へ》研文出版，1997年

大庭脩《徳川吉宗と康熙帝——鎖国下での日中交流》大修館書店，1999年

大庭脩《漂着船物語——江戸時代の日中交流》岩波新書，2001年

岡田英弘編《清朝とは何か》(別冊環一六) 藤原書店，2009年

岡本隆司《近代中国と海関》名古屋大学出版会，1999年

オドレール、フィリップ (羽田正編訳、大峰真理訳)《フランス東インド会社とポンディシェリ》山川出版社，2006年

懐徳堂記念会編《世界史を書き直す　日本史を書き直す——阪大史学の挑戦》和泉書院，2008年

片桐一男《出島——異文化交流の舞台》集英社新書，2000年

加藤榮一ほか編《幕藩制国家と異域・異国》校倉書房，1989年

加藤雄三ほか編《東アジア内海世界の交流史——周縁地域における社会制度の形成》人文書院，2008年

紙屋敦之《琉球と日本・中国》（日本史リブレット四三）山川
　　出版社，2003年

川勝平太編《"鎖国"を開く》同文館，2000年

菊池勇夫《アイヌ民族と日本人——東アジアのなかの蝦夷地》
　　朝日選書，1994年

菊池勇夫編《蝦夷島と北方世界》（日本の時代史一九）吉川弘
　　文館，2003年

菊池勇夫、真栄平房昭編《列島史の南と北》（近世地域史フォ
　　ーラム一）吉川弘文館，2006年

岸本美緒《清代中国の物価と経済変動》研文出版，1997年

岸本美緒 "東アジア・東南アジア伝統社会の形成"《岩波講座
　　世界歴史一三》岩波書店，1998年

岸本美緒《東アジアの "近世"》（世界史リブレット一三）山
　　川出版社，1998年

岸本美緒、宮嶋博史《明清と李朝の時代》（世界の歴史一二）
　　中央公論新社，1998年

財団法人沖縄県文化振興会公文書管理部史料編集室編《沖縄
　　県史》各論編第四巻・近世，沖縄県教育委員会，2005年

桜井由躬雄編《東南アジア近世国家群の展開》（岩波講座東南
　　アジア史四）岩波書店，2001年

佐々木史郎《北方から来た交易民——絹と毛皮とサンタン人》
　　NHKブックス，1996年

佐々木史郎、加藤雄三編《東アジアの民族的世界——境界地
　　域における多文化的状況と相互認識》有志舎，2011年

杉山清彦 "大清帝国の支配構造と八旗制——マンジュ王朝と

しての国制試論"《中国史学》一八，2008年

田代和生《近世日朝通交貿易史の研究》創文社，1981年

田代和生《日朝交易と対馬藩》創文社，2007年

田代和生《新・倭館——鎖国時代の日本人町》ゆまに書房，2011年

朝鮮史研究会編《朝鮮史研究入門》名古屋大学出版会，2011年

鶴田啓《対馬から見た日朝関係》（日本史リブレット四一）山川出版社，2006年

寺田隆信"清朝の海関行政について"《史林》四九—二，1966年

トビ、ロナルド《"鎖国"という外交》（全集日本の歴史九）小学館，2008年

豊見山和行編《沖縄・琉球史の世界》（日本の時代史一八）吉川弘文館，2003年

豊見山和行《琉球王国の外交と王権》吉川弘文館，2004年

中川忠英（孫伯醇、松村一弥編）《清俗紀聞》（全二巻，平凡社東洋文庫，1966年）

永積洋子編《"鎖国"を見直す》（シリーズ国際交流一）山川出版社，1999年

長森美信"朝鮮近世漂流民と東アジア海域"《文部省科研費・特定領域研究"東アジアの海域交流と日本伝統文化の形成——寧波を焦点とする学際的創成"研究成果報告書》六，2010年

長森美信"朝鮮伝統船研究の現況と課題——近世の使臣船を中心に"森平雅彦編《中近世の朝鮮半島と海域交流》（東アジア海域叢書一四）汲古書院，2013年

西里喜行"中琉交渉史における土通事と牙行（球商）"《琉球

大学教育学部紀要》五〇集，1997年

根室シンポジウム実行委員会編《三十七本のイナウ——寛政
　　アイヌの蜂起二〇〇年》北海道出版企画センター，1990年

羽田正《東インド会社とアジアの海》（興亡の世界史一五）講
　　談社，2007年

濱下武志編《東アジア世界の地域ネットワーク》（シリーズ国
　　際交流三）山川出版社，1999年

春名徹"漂流民送還制度の形成について"《海事史研究》
　　五二，1995年

春名徹"港市・乍浦覚え書"《調布日本文化》六，1996年

平川新《開国への道》（全集日本の歴史一二）小学館，2008年

藤田明良"日本近世における古媽祖像と船玉神の信仰"黄自
　　進編《近現代日本社會的蛻変》中央研究院人文社会科学研
　　究中心，2006年

藤田覚編《十七世紀の日本と東アジア》山川出版社，2000年

夫馬進編《増訂使琉球録解題及び研究》榕樹書林，1999年

夫馬進編《中国東アジア外交交流史の研究》京都大学学術出
　　版会，2007年

夫馬進"一六〇九年、日本の琉球併合以降における中国・朝
　　鮮の対琉球外交——東アジア四国における冊封、通信そし
　　て杜絶"《朝鮮史研究会論文集》四六，2008年

北海道・東北史研究会編《メナシの世界》北海道出版企画セ
　　ンター，1996年

松井洋子"長崎出島と異国女性——'外国婦人の入国禁止'
　　再考"《史学雑誌》一一八一二，2009年

松浦章《清代海外貿易史の研究》朋友書店，2002年

松浦章《清代中国琉球貿易史の研究》榕樹書林，2003年

松浦章《中国の海商と海賊》（世界史リブレット六三）山川出
　版社，2003年

松浦章《江戸時代唐船による日中文化交流》思文閣出版，
　2007年

松尾晋一《江戸幕府の対外政策と沿岸警備》校倉書房，2010年

松方冬子《オランダ風説書》中公新書，2010年

水林彪《封建制の再編と日本的社会の確立》（日本通史二）山
　川出版社，1987年

村尾進 "懐遠駅"《中国文化研究》一六，1999年

村尾進 "乾隆己卯——都市広州と澳門がつくる辺彊"《東洋史
　研究》六五—四，2007年

桃木至朗編《海域アジア史研究入門》岩波書店，2008年

柳澤明 "康熙五六年の南洋海禁の背景——清朝における中国
　世界と非中国世界の問題に寄せて"《史観》一四〇，1999年

山本博文《鎖国と海禁の時代》校倉書房，1995年

山脇悌二郎《長崎の唐人貿易》吉川弘文館，1964年

米谷均 "近世日朝関係における対馬藩主の上表文について"《朝
　鮮学報》一五四，1995年

劉序楓 "十七、八世紀の中国と東アジア——清朝の海外貿易
　政策を中心に"溝口雄三ほか編《地域システム》（アジアか
　ら考える二）東京大学出版会，1993年

歴史学研究会編《港町の世界史》全三巻，青木書店，2005—
　2006年

渡辺美季"清代中国における漂着民の処置と琉球（1）（2）"《南島史学》五四・五五，1999—2000年

渡辺美季"清に対する琉日関係の隠蔽と漂着問題"《史学雑誌》一一四――一一，2005年

渡辺美季"中日の支配論理と近世琉球――'中国人・朝鮮人・異国人'漂着民の処置をめぐって"《歴史学研究》八一〇，2006年

渡辺美季《近世琉球と中日関係》吉川弘文館，2012年

《歴史学事典》全一五巻・別巻，弘文堂，1994—2009年

〔中文〕

刘序枫"清代的乍浦港与中日贸易"张彬村、刘石吉编《中国海洋发展史论文集》第五辑，台湾"中央研究院"中山人文社会科学研究所，2002年

刘序枫"清政府对出洋船只的管理政策（1684—1842）"同编《中国海洋发展史论文集》第九辑，台湾"中央研究院"中山人文社会科学研究中心，2005年

〔韩文〕

禹仁秀"朝鲜后期海禁政策的内容与特性"李文基等人《韩、中、日的海洋认识与海禁》东北亚历史财团，2007年

后　记

　　本书诞生的契机，来源于在"东亚海域交流和日本传统文化的形成（宁波计划）"的共同研究架构里所展开的自主研究活动"东亚海域史研究会"上进行的信息和意见交换。若是没有宁波计划的资金支援将分散在日本各地的专家召集起来举行研究会，大概无法充分进行讨论。再次强调这一点，是为了向各位相关人士的理解和体谅，表达由衷的谢意。

　　"东亚海域史研究会"从2007年4月到2010年3月，持续了大约三年。在此期间，密集地召开了内容充实的研究会，每场的参加者通常维持在30位左右，全体会议有十数次，关于本书的这三部内容也举办了十次左右的会议（偶尔采用合宿研修的形式）。此外，召集人会议以及小组自行召开的集会也很频繁，这三年间几乎每个月都会在某个地方进行"东亚海域史研究会"的聚会。

实际上，不只见面讨论，大家还通过邮件群组踊跃地发表、交换意见。到2010年3月底为止，投稿件数累计1676则，简单计算的话，平均一天就有1.5则。2008年11月，在"宁波计划"统筹组主办的广岛县宫岛研讨会上，研究会发表了进展到一半的讨论成果，平常没有参与此研究会的各位学者，也赐予诸多的批评和指教。2009年6月，在中国复旦大学文史研究院召开的"世界史中的东亚海域"国际研讨会上，各组汇报了研究情况，并与中国学者讨论。现在回想起这三年间热情而充实的共同研究活动，真是非常怀念。

人文学、社会科学的共同研究，比较常见的是在共通的主题下，召开数次研习营和学术研讨会，研究者本人活用讨论中得到的意见和信息，再动笔写成个人论文，然后与多位作者的论文结集出版成一本书的情况。在成书的过程中难免因为研究者的独特性和多样性，造成论文之间的观点和见解出现明显分歧；又或者厘清问题的所在，是值得肯定的。而不管如何，重视的是个人的研究成果。

相对于此，我们抱着实验态度，采用了在人文学、社会科学领域鲜少使用的共同研究的方法，频繁召开研究会议，彼此交换意见并切磋琢磨，直到参加者全员认同，使全员在几个概念和历史观点、历史的叙述方法上达成共识。接着，以此为基础，尝试解读、叙述"东亚海域"的过去。在既有的各种看法中，要推出新的历史认识和叙述方法，势必遭遇困难，因此研究会上的讨论都相当白热化，不同见解的研究者同仁互不相让，会议时而陷入僵局。虽然以结果来看，很遗憾地无法在全部的议题上达到全体的一致认同，但通过这些方法，无疑使参加者之间的信息共享得到飞跃性的进步，并使探讨深入。因此这项工程浩大的共同研究，获得了兼具研究水平和广度的成果，这是无法单凭一位研究者的个别研究所能达到的。

关于公开成果的方式，我身为研究会的发起人之一，当初提议采取理科研究常见的研究者联名的方式发表，即主研究者的名字置于开头，参与研究的人也以作者的身份列名。若是通过彻底的讨论而得出彼此共有的新见解和方法，那就应该将研究会全体参加者作为作者一一列出名字。但考虑到这一系列研究的整体特性和构成，要采用这种方式来出版为一册书实属不易。还有，本书依然属于重视个人研究成果的文科领域，实际上提出新概念和负责执笔的诸位并不能认同以理科的联名方式来进行出版。

以文科的脉络来说，本书提供了许多新的论点和事实，故也必须厘清在叙述内容上的责任所在。以下对本书的执笔、编辑作业等实际分工进行说明。

1. 前言、第一到第三部这四部分，先确定了数位负责执笔和编集的编著者，由他们准备草稿，在各小组和全体研究会上提出；之后，编著者团队接收研究会参加者的意见和信息，并适当修改草稿。

2. 原稿梗概大致完成后，由四人通读并提供意见。这四位在百忙中阅读原稿并赐下宝贵意见的同人，是井上智贵、深泽克己、村井章介、渡边淳成（敬称谨略）。

3. 编著者团队决定各部分的主编，由主编负责整理该部分的原稿，并通读四个部分，为各部分重复矛盾的内容、术语用法等问题提供意见，各自推敲原稿。我则统一全书的文风和用语。之后由宁波计划代表、本系列丛书的监修者小岛毅阅读并给予意见。

4. 四部分的主编将完成的定稿提交给东京大学出版会，并在拿到校样后，根据出版会编辑的意见，负责校订、修改注脚和插图等实际编辑工作。

以下是负责这些极为复杂的执笔、编辑工作的各位学者。

前 言

编辑：羽田正（主编）、藤田明良

参与执笔者：冈元司、森平雅彦、吉尾宽

第一部

编辑：森平雅彦（主编）、榎本涉、冈元司、佐伯弘次、向正树、山内晋次、四日市康博

参与执笔者：小畑弘己、高桥忠彦

第二部

编著者：中岛乐章（主编）、伊藤幸司、冈美穗子、桥本雄、山崎岳

参与执笔者：鹿毛敏夫、久芳崇、高津孝、野田麻美、藤田明良、四日市康博、米谷均

第三部

编著者：杉山清彦（主编）、渡边美季、藤田明良

参与执笔者：岩井茂树、冈本弘道、长森美信、莲田隆志、羽田正

当原稿大致成形后，由我、森平、中岛、杉山、藤田五人进行实际的编辑工作，由衷感谢其他四位同人在繁忙的工作之余不辞辛劳的付出。而本书内容的责任也由这五人共同承担。但根据这套丛书的整体方针，我身为本书的编者，毫无疑问应负起最终责任。

除上述的执笔者分组，许多人士也经常或偶尔参加研究会，发表意见、提供建议和信息等，尽其所能给予诸多贡献。在书中虽没有列举名字，但在此一并致上无比的谢意。

2006年4月上旬，在已故冈元司先生的号召之下，对海域研究感兴趣的冈元司本人、伊藤幸司、中岛乐章和我四人在山口聚会，共同讨论以海域作为共同研究的可能性。现在回想起来，这个聚会正是这本书诞生的出发点。若是没有公正无私且热情的冈元司领导，本书大概无法问世。然冈氏"壮志未酬身先死"，留下了无限的遗憾。本书是在学问上受过他恩惠的各位，所奉上的小小回报。

因为种种缘故，本书的出版日期晚于当初的预期，在现代东亚海域的激荡中问世。虽然并没有直接涉及现在的东亚海域，但本书内容为棘手问题的解决出路提供了线索。我们由衷希望翻阅本书的读者们，能初步认识书中描绘的东亚海域过去的样貌，从多方的立场考虑解决问题的方法。

2012年10月

羽田正